陕西区域统计年鉴

SHAANXI REGIONAL STATISTICAL YEARBOOK

2012

陕西省统计局 编

图书在版编目（CIP）数据

陕西区域统计年鉴. 2012 / 陕西省统计局编.
-- 北京 : 中国统计出版社, 2012.12
ISBN 978-7-5037-6763-0

Ⅰ. ①陕… Ⅱ. ①陕… Ⅲ. ①统计资料－陕西省－2012－年鉴 Ⅳ. ①C832.41-54

中国版本图书馆 CIP 数据核字(2012)第 300191 号

陕西区域统计年鉴—2012

作　　者/陕西省统计局
责任编辑/郭　栋
封面设计/翟　竞
出版发行/中国统计出版社
通信地址/北京市丰台区西三环南路甲 6 号　邮政编码/100073
电　　话/邮购（010）63376909　书店（010）68783171
网　　址/http://csp.stats.gov.cn
印　　刷/河北天普润印刷厂
经　　销/新华书店
开　　本/880mm×1230mm　1/16
字　　数/650 千字
印　　张/22.5
版　　别/2012 年 12 月第 1 版
版　　次/2012 年 12 月第 1 次印刷
定　　价/320.00 元

如有印装差错，由本社发行部调换。

《陕西区域统计年鉴—2012》

编委会和编辑工作人员

编 者 说 明

一、《陕西区域统计年鉴-2012》是一部全面、系统反映陕西区域经济社会发展状况的资料书，书中收集了2008-2011年关中-天水经济区、2000-2011年陕西关中、陕南、陕北及各市县的主要社会经济统计数据。

二、本书有关指标统计口径变化说明如下:

1. 各市县年底总人口2005年以前为户籍人口数，2005年及以后为常住人口数。

2. 生产总值按当年价格计算，生产总值指数按不变价格计算。

3. 2011年起固定资产投资统计起点由50万元以上项目调整为500万元以上。

4. 规模以上工业2007年以前为全部国有和年主营业务收入500万元及以上的非国有企业，2007年调整为年主营业务收入500万元及以上的企业，2011年起为年主营业务收入2000万元及以上的企业。

5. 单位GDP能耗按不变价格计算，2011年按2010年价格计算。

6. 邮电业务总量按不变价格计算，2000年、2011年按2010年价格计算。

7. 卫生机构数2011年含诊所和村卫生室。

编　者

2012年12月

目　　录

一、行政区划和面积

二、经济区域

三、陕西省

四、西安市

五、铜川市

六、宝鸡市

七、咸阳市

八、渭南市

十二、安康市

十三、商洛市

十四、杨凌示范区

一、行政区划和面积

资料整理：孙士梅

1-1 陕西省行政区划(2011年)

单位：个

地　　区	地级市	县级市	县	市辖区	镇	乡	街道办事处
全　　省	**11**	**3**	**80**	**24**	**1134**	**90**	**194**
西 安 市	1		4	9	69	6	101
铜 川 市	1		1	3	20	8	13
宝 鸡 市	1		9	3	105		15
咸 阳 市	1	1	10	2	126		25
渭 南 市	1	2	8	1	124	6	12
延 安 市	1		12	1	91	31	3
汉 中 市	1		10	1	180		8
榆 林 市	1		11	1	137	39	7
安 康 市	1		9	1	157		4
商 洛 市	1		6	1	122		4
杨凌示范区	1			1	3		2

1-2 陕西省行政区划一览(2011年)

单位：个

地　区	镇	乡	街道办事处	村民委员会	居民委员会
全　省	**1134**	**90**	**194**	**27018**	**1814**
西安市	**69**	**6**	**101**	**3044**	**713**
新城区			9		101
碑林区			8		103
莲湖区			9	5	129
灞桥区			9	223	37
未央区			10	185	80
雁塔区			8	97	112
阎良区	2		5	80	23
临潼区		3	20	284	38
长安区		2	23	668	39
蓝田县	22			520	9
周至县	22			376	14
户　县	16			518	20
高陵县	7	1		88	8
铜川市	**20**	**8**	**13**	**543**	**62**
王益区	1	1	5	39	20
印台区	5	2	3	107	24
耀州区	8	2	5	219	16
宜君县	6	3		178	2
宝鸡市	**105**		**15**	**1729**	**162**
渭滨区	5		5	104	55
金台区	4		7	102	51
陈仓区	15		3	332	13
凤翔县	12			233	4
岐山县	10			144	14
扶风县	8			169	5
眉　县	8			123	7
陇　县	12			158	3
千阳县	8			98	2
麟游县	7			100	2
凤　县	9			100	4
太白县	7			66	2
咸阳市	**126**		**25**	**2766**	**149**
秦都区	1		11	146	48
渭城区	1		9	130	38
三原县	11			208	9
泾阳县	13			231	8
乾　县	16			256	8

1-2 续表 1

单位：个

地　　区	镇	乡	街道办事处	村民委员会	居民委员会
礼 泉 县	12			317	5
永 寿 县	11			249	3
彬　　县	13			247	4
长 武 县	9			160	1
旬 邑 县	11			187	2
淳 化 县	12			204	2
武 功 县	8			212	6
兴 平 市	8		5	219	15
渭 南 市	**124**	**6**	**12**	**3221**	**171**
临 渭 区	16		8	510	52
华　　县	10			242	15
潼 关 县	5	1		84	9
大 荔 县	18			415	10
合 阳 县	12			353	5
澄 城 县	8	2		266	14
蒲 城 县	17			359	7
白 水 县	7	3		194	11
富 平 县	17			337	9
韩 城 市	10		2	275	23
华 阴 市	4		2	186	16
延 安 市	**91**	**31**	**3**	**3386**	**92**
宝 塔 区	11	5	3	611	31
延 长 县	7	2		288	6
延 川 县	8	2		346	7
子 长 县	9	1		358	8
安 塞 县	8	1		211	6
志 丹 县	7	1		200	5
吴 起 县	6	3		164	3
甘 泉 县	3	3		117	4
富　　县	9	1		240	5
洛 川 县	7	5		371	2
宜 川 县	6	3		202	4
黄 龙 县	4	3		87	3
黄 陵 县	6	1		191	8
汉 中 市	**180**		**8**	**2692**	**124**
汉 台 区	7		8	210	44
南 郑 县	22			398	15
城 固 县	18			392	9
洋　　县	20			362	6
西 乡 县	18			267	10
勉　　县	19			233	10
宁 强 县	21			269	8
略 阳 县	18			183	16
镇 巴 县	21			221	4
留 坝 县	8			98	1
佛 坪 县	8			59	1

1-2 续表 2 单位：个

地区	镇	乡	街道办事处	村民委员会	居民委员会
榆林市	**137**	**39**	**7**	**5379**	**120**
榆阳区	14	7	7	487	45
神木县	15			631	8
府谷县	15			232	10
横山县	12	2		361	6
靖边县	11	6		213	6
定边县	14	6		335	6
绥德县	12	4		661	8
米脂县	8	2		396	4
佳县	11	5		653	7
吴堡县	6			221	5
清涧县	8	4		639	4
子洲县	11	3		550	11
安康市	**157**		**4**	**2434**	**134**
汉滨区	30		4	871	47
汉阴县	14			179	8
石泉县	11			202	10
宁陕县	12			98	9
紫阳县	21			212	20
岚皋县	15			188	6
平利县	11			190	4
镇坪县	9			78	1
旬阳县	22			292	26
白河县	12			124	3
商洛市	**122**		**4**	**1757**	**70**
商州区	19		4	396	22
洛南县	19			359	22
丹凤县	16			196	12
商南县	13			164	3
山阳县	23			318	6
镇安县	19			204	4
柞水县	13			120	1
杨凌示范区	**3**		**2**	**67**	**17**
杨陵区	3		2	67	17

1-3 陕西省及各市（县）行政区划面积

单位：平方千米

县(市、区)	行政区划面积	县(市、区)	行政区划面积	县(市、区)	行政区划面积
陕西省	**205624.3**	永寿县	887.9	宁强县	3256.0
西安市	**10106.2**	彬　县	1181.1	略阳县	2826.1
新城区	30.3	长武县	570.3	镇巴县	3406.7
碑林区	22.9	旬邑县	1774.4	留坝县	1951.3
莲湖区	38.5	淳化县	982.5	佛坪县	1268.7
灞桥区	324.3	武功县	392.1	**榆林市**	**42921.1**
未央区	263.2	兴平市	508.6	榆阳区	6796.5
雁塔区	152.0	**渭南市**	**13032.9**	神木县	7480.7
阎良区	244.4	临渭区	1262.1	府谷县	3201.8
临潼区	916.3	华　县	1127.9	横山县	4299.1
长安区	1594.1	潼关县	428.6	靖边县	4974.6
蓝田县	2005.9	大荔县	1696.2	定边县	6821.3
周至县	2945.6	合阳县	1308.3	绥德县	1852.8
户　县	1280.9	澄城县	1122.9	米脂县	1168.4
高陵县	287.8	蒲城县	1582.0	佳　县	2028.7
铜川市	**3881.1**	白水县	987.9	吴堡县	421.1
王益区	156.1	富平县	1245.9	清涧县	1849.5
印台区	608.7	韩城市	1595.9	子洲县	2026.6
耀州区	1608.4	华阴市	675.2	**安康市**	**23534.5**
宜君县	1507.9	**延安市**	**37031.3**	汉滨区	3643.6
宝鸡市	**18161.9**	宝塔区	3537.6	汉阴县	1365.0
渭滨区	842.4	延长县	2361.6	石泉县	1516.4
金台区	310.9	延川县	1986.5	宁陕县	3663.8
陈仓区	2471.8	子长县	2393.4	紫阳县	2244.2
凤翔县	1229.1	安塞县	2951.3	岚皋县	1956.6
岐山县	855.1	志丹县	3790.2	平利县	2648.3
扶风县	745.0	吴起县	3788.5	镇坪县	1502.2
眉　县	857.9	甘泉县	2276.1	旬阳县	3540.8
陇　县	2278.6	富　县	4179.9	白河县	1453.6
千阳县	998.6	洛川县	1791.3	**商洛市**	**19580.8**
麟游县	1707.9	宜川县	2937.2	商州区	2644.6
凤　县	3148.3	黄龙县	2751.0	洛南县	2832.5
太白县	2716.3	黄陵县	2286.7	丹凤县	2407.4
咸阳市	**10189.4**	**汉中市**	**27091.9**	商南县	2313.8
秦都区	259.4	汉台区	545.6	山阳县	3531.3
渭城区	268.8	南郑县	2807.5	镇安县	3487.9
三原县	576.6	城固县	2217.3	柞水县	2363.3
泾阳县	776.8	洋　县	3194.2	**杨凌示范区**	**93.2**
乾　县	999.6	西乡县	3229.0	杨陵区	93.2
礼泉县	1011.3	勉　县	2389.5		

注：本表数据来源于《陕西基本地理省情白皮书(2011)》。

二、经济区域

资料整理：孙士梅

2-2 关中经济

指　　标	单 位	2000年	2001年	2002年	2003年	2004年
年底常住人口	万人	2151.41	2164.35	2179.90	2199.63	2219.27
城镇单位在岗职工人数	万人	226.12	224.27	226.65	222.73	226.02
生产总值	亿元	1282.15	1440.05	1610.66	1842.19	2185.99
第一产业	亿元	164.56	169.27	176.81	191.31	234.38
第二产业	亿元	555.79	620.65	703.83	822.07	1000.92
# 工　业	亿元	448.82	499.80	565.88	663.64	817.38
第三产业	亿元	561.80	650.13	730.02	828.81	950.69
人均生产总值	元	6010	6673	7415	8413	9894
全社会固定资产投资总额	亿元	447.84	532.37	615.68	822.52	1014.89
# 房地产开发投资	亿元	67.18	84.43	99.40	157.32	200.62
地方财政收入	亿元	70.78	82.28	85.62	98.54	111.55
地方财政支出	亿元	95.50	112.15	126.39	140.93	162.35
城镇居民人均可支配收入	元	5537	6058	6599	7119	7842
农村居民人均纯收入	元	1747	1820	1924	2046	2255
农林牧渔业总产值	亿元	280.87	287.37	301.49	301.83	373.44
粮食产量	万吨	729.50	680.38	696.29	680.37	760.49
水果产量	万吨	424.32	422.87	418.79	444.44	520.14
# 苹果	万吨	339.82	339.49	311.49	335.54	392.98
规模以上工业总产值	亿元	915.30	1024.02	1136.16	1463.22	1851.71
公路里程	公里	17073	17881	18384	20034	20925
# 高速公路	公里	349	538	571	635	635
邮电业务总量	亿元	65.36	71.21	100.63	130.61	177.35
固定电话	万户	264.20	318.71	394.04	495.39	579.15
移动电话	万户	116.87	216.95	348.52	433.93	562.16
社会消费品零售总额	亿元	576.75	645.01	724.77	803.00	925.48
进出口总额	万美元			219125	274910	360542
# 出口	万美元			135094	170230	236053
实际利用外商直接投资额	万美元			22709	32105	35007
卫生机构数	个	3221	3085	2908	2800	2938
卫生机构床位数	张	65521	66329	68091	70711	70651
卫生技术人员	人	90509	91311	91342	90597	90242
# 执业(助理)医师	人	40557	41475	38817	39215	38973
注册护师、护士	人	26423	26545	26501	27370	27349

社会主要指标

2005年	2006年	2007年	2008年	2009年	2010年	2011年
2326.88	2340.34	2347.53	2357.57	2335.06	2341.81	2349.77
229.36	230.41	235.70	236.96	240.72	243.92	260.70
2580.31	2997.68	3610.31	4523.39	5235.86	6352.90	7722.10
265.36	289.77	354.00	439.44	467.34	594.42	737.35
1168.05	1389.88	1676.84	2149.60	2478.63	3128.96	3888.10
942.72	1115.65	1342.25	1698.09	1911.64	2441.61	3055.20
1146.90	1318.03	1579.47	1934.35	2289.89	2629.52	3096.65
11352	12846	15403	19228	22315	27167	32919
1314.40	1756.66	2430.20	3340.01	4560.57	6032.13	6737.16
271.06	357.92	484.93	684.67	869.75	1059.91	1283.18
108.81	130.82	175.43	224.16	283.55	374.38	495.28
193.89	253.30	353.65	500.69	642.66	875.46	1124.65
8697	9644	11188	13588	16893	19648	22983
2463	2699	3177	3827	4602	5633	7154
436.21	485.19	595.43	740.41	781.87	996.61	1229.78
773.08	818.05	695.72	836.32	867.52	911.70	745.67
524.54	615.35	627.00	748.26	911.10	991.17	1082.83
376.03	445.98	453.98	534.07	654.92	695.25	761.43
2146.03	2686.52	3488.44	4626.35	5527.86	7201.50	8864.59
21631	43988	55039	58844	62271	63268	63926
811	858	955	1104	1176	1291	1392
239.83	302.04	367.64	432.46	449.24	173.88	238.16
622.86	638.44	638.14	614.83	570.92	542.45	544.14
657.58	824.43	1088.89	1264.33	1604.54	1727.85	2001.00
1059.47	1225.75	1453.24	1824.12	2139.16	2532.87	3011.54
451982	530041	679598	817921	818188	1161206	1408611
302288	357274	459495	525766	387702	601277	683775
61196	91533	116026	130171	134512	170967	221952
3188	3239	2830	2643	2599	2779	18030
72528	75316	79231	83289	89282	92677	99319
91852	93700	94823	99627	110905	120963	134448
39617	39450	38227	38127	40603	42159	44531
27927	29998	30748	33554	39008	43722	49615

2-3 陕南经济

指　　标	单 位	2000年	2001年	2002年	2003年	2004年
年底常住人口	万人	898.08	899.03	900.45	903.68	909.58
城镇单位在岗职工人数	万人	47.70	47.23	46.38	45.16	44.60
生产总值	亿元	250.38	269.58	299.49	360.90	419.94
第一产业	亿元	70.83	72.34	74.79	82.11	97.43
第二产业	亿元	78.78	81.49	93.61	117.72	146.14
#工　业	亿元	47.40	48.45	56.81	72.40	96.74
第三产业	亿元	100.77	115.75	131.09	161.07	176.37
人均生产总值	元	2797	3000	3329	4001	4632
全社会固定资产投资总额	亿元	89.88	98.63	118.24	144.53	155.42
# 房地产开发投资	亿元	9.72	12.07	15.85	20.21	22.27
地方财政收入	亿元	11.34	12.24	12.24	13.35	14.84
地方财政支出	亿元	30.43	36.74	41.19	45.25	51.19
城镇居民人均可支配收入	元	4259	4670	5109	5563	6008
农村居民人均纯收入	元	1286	1343	1428	1510	1634
农林牧渔业总产值	亿元	123.94	128.25	134.36	136.00	163.93
粮食产量	万吨	297.46	286.40	259.66	234.40	271.30
水果产量	万吨	13.83	13.18	18.99	23.13	26.97
# 苹果	万吨	1.25	1.12	1.30	1.32	1.51
规模以上工业总产值	亿元	99.95	111.12	130.54	162.52	207.30
公路里程	公里	16722	16907	17235	18185	19156
# 高速公路	公里					55
邮电业务总量	亿元	10.80	12.69	16.92	20.06	32.04
固定电话	万户	50.36	61.35	80.21	108.26	128.39
移动电话	万户	17.03	36.65	63.00	90.82	118.83
社会消费品零售总额	亿元	90.49	97.68	106.07	117.40	131.13
进出口总额	万美元			1983	2199	2043
# 出口	万美元			1657	2054	1966
实际利用外商直接投资额	万美元			900	799	696
卫生机构数	个	1435	1421	1424	1344	1303
卫生机构床位数	张	19813	20902	20014	19424	19490
卫生技术人员	人	27417	27956	27344	27398	27467
# 执业(助理)医师	人	15355	15672	12619	12815	12395
注册护师、护士	人	5932	6095	6310	5993	6147

社会主要指标

2005年	2006年	2007年	2008年	2009年	2010年	2011年
851.18	852.36	854.18	856.00	839.94	839.13	838.20
44.69	44.37	44.62	44.37	44.71	46.06	48.75
475.91	551.17	651.48	804.88	915.06	1122.66	1417.60
110.21	126.39	149.33	196.00	203.95	235.51	284.91
165.46	194.70	231.29	285.63	333.06	448.27	613.74
110.82	128.91	154.54	185.20	209.03	296.96	426.68
200.24	230.08	270.86	323.25	378.05	438.88	518.95
5406	6471	7635	9413	10791	13372	16903
164.56	299.12	400.98	528.97	731.54	962.92	1024.18
20.83	22.55	31.50	38.20	42.82	63.10	90.52
12.32	15.13	20.99	26.65	33.07	43.87	57.39
59.54	77.76	115.48	183.49	260.24	327.23	393.18
6476	7104	8318	10223	12642	14654	17229
1758	1892	2201	2741	3289	3977	5030
188.89	214.15	254.98	334.73	353.30	406.38	494.99
282.19	287.52	218.60	243.70	265.98	278.27	235.07
33.54	34.72	43.70	46.73	55.60	53.72	64.20
1.64	1.74	1.77	1.90	1.99	2.02	1.96
241.74	302.05	382.76	432.51	547.83	773.56	1119.72
19841	39964	38736	39552	45515	46895	48940
106	166	296	550	702	1003	1245
39.33	52.97	66.42	82.69	80.17	36.43	49.06
137.36	155.96	165.41	155.99	144.61	141.66	133.23
124.47	159.29	227.57	269.71	322.19	356.26	411.75
148.02	169.94	202.14	254.08	293.37	347.48	406.35
2508	2718	4176	7437	16438	36827	40001
2153	2457	2869	5219	5386	9869	6082
541	732	3038	6484	8186	8026	9875
1295	1240	1093	1052	1032	1059	9756
19907	20792	21943	24024	25863	28069	31176
26891	27343	27164	28375	29934	32908	35866
12177	12727	12372	11776	12137	11745	12607
6203	6210	6793	7854	8626	9795	11020

2-4 陕北经济

指 标	单 位	2000年	2001年	2002年	2003年	2004年
年底常住人口	万人	522.68	526.13	530.30	539.15	545.59
城镇单位在岗职工人数	万人	35.75	35.60	35.31	35.79	36.72
生产总值	亿元	235.68	287.64	342.54	423.09	553.89
第一产业	亿元	33.11	35.71	42.62	42.34	52.10
第二产业	亿元	125.29	160.48	196.72	264.30	360.04
# 工 业	亿元	114.90	149.75	185.17	250.10	344.55
第三产业	亿元	77.28	91.45	103.20	116.45	141.75
人均生产总值	元	4557	5485	6485	7912	10212
全社会固定资产投资总额	亿元	80.85	106.67	131.43	201.29	273.89
# 房地产开发投资	亿元	1.98	3.28	8.31	11.03	8.28
地方财政收入	亿元	15.03	20.38	23.44	32.47	48.52
地方财政支出	亿元	29.48	38.82	47.97	58.03	76.92
城镇居民人均可支配收入	元	4266	4751	5185	5531	6016
农村居民人均纯收入	元	1199	1218	1420	1534	1759
农林牧渔业总产值	亿元	59.24	59.44	72.22	68.57	86.01
粮食产量	万吨	137.50	111.46	167.10	157.37	204.90
水果产量	万吨	55.25	57.16	67.34	66.08	104.16
# 苹果	万吨	47.11	50.30	57.51	58.81	89.85
规模以上工业总产值	亿元	167.61	228.98	307.72	398.20	626.49
公路里程	公里	10210	10484	10945	11799	12639
# 高速公路	公里		4	4	154	286
邮电业务总量	亿元	8.55	10.69	15.63	23.47	35.38
固定电话	万户	30.68	39.00	50.03	68.84	84.40
移动电话	万户	17.77	38.11	69.81	86.25	107.69
社会消费品零售总额	亿元	58.40	66.62	76.80	90.54	106.18
进出口总额	万美元			1409	1263	1653
# 出口	万美元			967	1239	1639
实际利用外商直接投资额	万美元			512	900	56
卫生机构数	个	916	1057	908	895	897
卫生机构床位数	张	11523	11837	12109	12571	12934
卫生技术人员	人	14923	16053	16594	16737	16882
# 执业(助理)医师	人	8343	8852	8093	8264	8315
注册护师、护士	人	3291	3584	3716	3820	3980

社会主要指标

2005年	2006年	2007年	2008年	2009年	2010年	2011年
541.78	542.35	546.29	548.47	551.67	554.29	554.64
38.21	39.05	40.70	42.08	43.16	45.73	48.32
842.28	1134.20	1443.44	1933.60	2030.57	2642.09	3405.60
57.81	69.85	88.79	118.26	125.16	163.35	198.60
546.96	773.82	1002.32	1374.30	1376.67	1841.26	2445.11
527.31	750.02	973.79	1339.69	1334.55	1792.79	2387.41
237.51	290.53	352.33	441.04	528.74	637.48	761.89
15492	20924	26518	35325	36915	47779	61422
312.69	544.42	768.12	1006.87	1407.81	1829.99	2193.94
7.06	14.39	18.89	39.36	31.16	36.46	37.20
68.92	96.03	122.81	150.06	181.64	230.73	300.97
101.76	148.67	197.82	253.71	328.02	429.89	539.95
6767	7572	9314	12214	15047	17711	20922
1943	2213	2702	3456	4172	5134	6537
100.83	117.73	152.44	201.10	216.42	278.04	339.35
180.72	182.44	153.62	203.10	229.93	247.17	210.50
115.87	156.87	162.38	222.12	270.13	284.26	326.68
98.94	129.28	147.66	175.02	209.21	235.52	258.74
897.03	1292.27	1679.06	2323.37	2362.06	3145.01	4118.39
13020	29350	27521	32642	36323	37298	39120
383	622	811	811	901	1109	1166
50.35	69.22	90.77	113.58	120.14	44.99	61.03
99.10	120.07	122.14	110.42	99.45	97.77	98.12
156.04	199.86	296.19	378.21	410.64	434.12	494.43
123.86	146.68	181.87	238.91	267.14	315.32	372.10
3204	3265	5030	7509	5915	10250	13731
3143	3229	4880	7081	5727	9627	11228
	43	434	272	834	2977	3656
883	906	830	734	790	800	8617
14270	15066	16671	17877	19319	21625	23352
17792	18022	19700	20156	22022	23813	27071
8512	8389	8726	8177	8542	8870	8570
4365	4495	4976	5496	6740	7802	9597

三、陕西省

资料整理：孙士梅

3-1 陕西省经济

指 标	单 位	2000年	2001年	2002年	2003年	2004年
年底常住人口	万人	3644	3653	3662	3672	3681
# 城镇人口	万人	1176	1228	1268	1305	1338
人口自然增长率	‰		4.16	4.12	4.29	4.26
年底总户数	万户	948.06	960.84	978.45	1003.06	1029.31
生产总值	亿元	1804.00	2010.62	2253.39	2587.72	3175.58
第一产业	亿元	258.22	263.63	282.21	302.66	372.28
第二产业	亿元	782.58	878.82	1007.56	1221.17	1553.10
# 工业	亿元	629.88	706.62	819.51	1006.92	1306.50
第三产业	亿元	763.20	868.17	963.62	1063.89	1250.20
人均生产总值	元	4968	5511	6161	7057	8638
生产总值指数	上年=100	110.4	109.8	111.1	111.8	112.9
第一产业	上年=100	104.0	101.9	103.5	104.1	108.6
第二产业	上年=100	111.1	111.2	113.4	115.8	116.7
# 工业	上年=100	111.3	111.8	115.2	116.8	118.6
第三产业	上年=100	112.1	111.2	111.0	109.8	109.7
人均生产总值指数	上年=100	109.6	109.3	110.9	111.5	112.6
非公有制经济增加值	亿元					
非公有制经济增加值比重	%					
文化产业增加值	亿元					
文化产业增加值比重	%					
单位GDP能耗	吨标准煤/万元					
单位GDP能耗比上年增长	%					
单位工业增加值能耗	吨标准煤/万元					
就业人员	万人	1813	1785	1874	1912	1941
第一产业	万人	1010	994	1003	997	965
第二产业	万人	299	297	308	364	361
第三产业	万人	504	494	563	551	615
城镇单位就业人员	万人	337.08	333.12	331.61	330.29	331.58
城镇国有单位	万人	272.35	265.12	260.76	254.38	251.30
城镇集体单位	万人	30.24	27.98	26.40	24.80	23.90
城镇其他单位	万人	34.49	40.03	44.46	51.11	56.38
城镇私营经济就业人员	万人		56.50	116.40	122.49	110.25
城镇个体经济就业人员	万人		61.89	63.54	62.40	73.80
城镇单位在岗职工人数	万人	327.60	323.79	321.76	319.36	318.54
城镇单位在岗职工平均工资	元	7804	9120	10351	11461	13024

社会主要指标

2005年	2006年	2007年	2008年	2009年	2010年	2011年
3690	3699	3708	3718	3727	3735	3743
1374	1447	1506	1565	1621	1707	1770
4.01	4.04	4.05	4.08	4.00	3.72	3.69
1055.74	1081.88	1111.79	1140.38	1173.74	1198.37	1224.90
3933.72	4743.61	5757.29	7314.58	8169.80	10123.48	12512.30
435.77	484.81	592.63	753.72	789.64	988.45	1220.90
1951.36	2452.44	2986.46	3861.12	4236.42	5446.10	6935.59
1650.63	2094.02	2544.42	3274.57	3501.25	4558.97	5857.92
1546.59	1806.36	2178.20	2699.74	3143.74	3688.93	4355.81
10674	12840	15546	19700	21947	27133	33464
113.7	113.9	115.8	116.4	113.6	114.6	113.9
107.7	107.4	105.0	107.6	104.9	105.8	105.9
116.1	114.6	117.5	118.5	113.8	118.0	116.4
115.9	114.5	118.1	118.7	111.6	118.7	117.1
112.5	114.9	116.5	115.8	115.3	112.1	112.5
113.5	113.7	115.6	116.1	113.3	114.4	113.7
1651.14	2059.16	2599.06	3462.21	3971.78	5011.39	6318.20
43.3	44.4	45.6	47.3	48.6	49.5	50.5
			186.65	226.64	285.96	380.26
			2.6	2.8	2.8	3.0
1.416	1.368	1.306	1.228	1.172	1.129	0.846
	-3.41	-4.55	-5.94	-4.56	-3.64	-3.56
2.620	2.460	2.270	2.009	1.892	1.770	1.249
1976	1986	2013	2039	2060	2074	2059
957	956	933	909	876	856	824
368	375	401	420	493	561	585
651	655	679	710	691	657	650
334.19	334.77	342.00	344.39	352.39	364.81	393.70
249.09	246.50	247.34	248.06	243.91	253.20	263.52
22.40	21.10	20.73	19.78	16.63	15.00	15.24
62.69	67.17	73.93	76.55	91.85	96.61	114.94
108.80	118.50	134.60	136.59	142.60	190.28	206.72
62.44	108.60	122.80	138.60	139.70	142.50	151.90
323.23	323.74	330.86	332.06	335.28	342.77	371.28
14796	16918	21296	25942	30185	34299	39043

3-1 续表 1

指　　标	单 位	2000年	2001年	2002年	2003年	2004年
全社会固定资产投资	亿元	745.85	850.66	974.63	1278.72	1544.19
# 房地产开发	亿元	78.89	99.79	123.57	188.56	231.17
房地产开发企业（单位）数	个	359	466	509	624	699
商品房销售面积	万平方米	402.81	416.29	477.54	581.45	509.36
# 住宅	万平方米	377.11	371.19	441.41	533.40	472.93
财政总收入	亿元	187.00	225.98	252.28	326.94	415.50
地方财政收入	亿元	114.97	135.81	150.29	177.33	214.96
# 税收收入	亿元	97.28	115.00	125.50	143.13	168.99
地方财政支出	亿元	271.76	350.05	404.91	418.20	516.31
农村居民人均总收入	元	2041	2141	2261	2281	2579
农村居民人均纯收入	元	1470	1520	1596	1676	1867
工资性收入	元	454	508	551	616	690
家庭经营收入	元	917	900	915	920	1028
财产性收入	元	48	39	40	49	51
转移性收入	元	51	74	91	91	97
农村居民人均生活费支出	元	1251	1331	1491	1455	1618
# 食品支出	元	544	558	565	573	686
城镇居民人均总收入	元	5149	5514	6747	7314	8043
工资性收入	元	3392	3885	4685	5170	5725
经营性收入	元	109	112	144	140	201
财产性收入	元	153	54	61	138	138
转移性收入	元	1496	1463	1857	1866	1978
城镇居民人均可支配收入	元	5124	5484	6331	6806	7492
城镇居民人均生活消费性支出	元	4277	4638	5378	5667	6233
# 食品支出	元	1532	1589	1833	1960	2236
城镇人均住房使用面积	平方米	16.1	16.4	16.8	17.5	17.9
农村人均住房面积	平方米	22.9	23.8	25.1	26.1	26.9
城市人均公园绿地面积	平方米					
城市人均道路面积	平方米		5.9	5.6	6.2	7.2
城市用水普及率	%		68.3	76.9	93.8	94.4
城市燃气普及率	%		53.7	59.2	77.7	76.7
常用耕地面积	千公顷	3113.96	2965.83	2854.81	2795.82	2795.52
农林牧渔业总产值	亿元	464.89	478.84	509.08	511.25	651.21
农作物总播种面积	千公顷	4555.49	4264.84	4198.37	4090.26	4303.04
# 粮食作物	千公顷	3821.59	3517.63	3397.29	3157.28	3362.01

2005年	2006年	2007年	2008年	2009年	2010年	2011年
1982.04	2610.22	3642.13	4851.41	6553.39	8561.24	10023.53
298.95	394.86	535.32	762.23	943.73	1159.47	1410.90
933	918	946	1366	1217	1274	1430
892.01	1117.75	1460.17	1513.01	2086.92	2590.18	3051.77
849.43	1061.12	1377.91	1426.06	1995.67	2471.95	2874.51
529.02	696.77	893.02	1104.36	1391.13	1801.11	2579.30
275.32	362.13	475.24	591.48	735.27	958.21	1500.18
206.62	273.16	355.50	455.60	532.80	710.57	933.84
638.96	821.55	1053.97	1428.52	1841.64	2218.83	2930.81
3037	3338	3816	4484	4831	5794	7045
2052	2260	2645	3136	3438	4105	5028
757	848	1036	1244	1428	1734	2384
1119	1219	1346	1475	1570	1882	2029
57	53	73	86	93	97	165
120	140	189	332	346	391	450
1896	2181	2560	2979	3349	3794	4496
813	850	942	1116	1175	1299	1349
8902	9938	11533	13847	15311	17065	20070
6348	6958	8292	9795	10775	12078	14051
179	203	396	631	544	573	772
135	175	56	65	152	187	214
2240	2496	2789	3357	3839	4226	5033
8272	9268	10763	12858	14129	15695	18245
6656	7553	8427	9772	10706	11822	13783
2402	2589	3064	3586	3989	4381	5040
18.5	19.3	19.4	20.2	21.0	21.0	22.0
26.0	26.9	27.8	29.0	30.4	31.7	37.2
	7.1	8.0	8.7	9.3	10.7	11.4
8.2	9.9	11.6	12.7	12.9	13.4	13.7
93.2	94.1	95.7	96.7	98.1	99.4	95.7
79.8	78.3	86.2	89.6	89.6	90.4	92.1
2788.45	2783.30	2840.73	2848.37	2860.04	2860.53	2860.98
730.72	821.54	1002.85	1277.86	1337.22	1666.06	2058.60
4391.24	3983.48	4044.74	4274.45	4154.10	4185.58	4181.04
3453.33	3081.27	3099.81	3234.70	3133.97	3159.70	3134.87

3-1 续表 2

指　标	单 位	2000年	2001年	2002年	2003年	2004年
粮食产量	万吨	1089.10	976.61	1005.60	968.40	1160.36
棉花产量	万吨	2.74	4.98	4.30	5.27	8.23
油料产量	万吨	38.76	37.54	41.08	41.33	46.06
蔬菜产量	万吨	556.53	525.46	660.48	708.94	785.34
水果产量	万吨	493.79	534.19	577.35	621.14	735.61
# 苹果	万吨	388.57	408.57	440.59	461.79	555.21
肉类产量	万吨	92.12	96.32	105.83	113.94	122.55
# 猪牛羊肉	万吨	83.01	86.55	95.30	102.26	110.43
奶类产量	万吨	63.88	69.47	83.08	107.10	125.52
# 牛奶	万吨	39.25	43.47	54.03	74.21	96.19
禽蛋产量	万吨	42.49	42.48	46.36	49.05	48.38
水产品产量	万吨	6.08	6.33	6.41	6.67	6.86
规模以上工业企业单位数	个	2553	2440	2461	2493	3012
规模以上工业总产值	亿元	1268.43	1457.62	1667.10	2118.17	2735.22
规模以上工业增加值	亿元	455.07	521.82	619.88	805.35	1039.85
原煤产量	万吨	3493.00	4531.87	5859.31	7392.76	8425.99
原油产量	万吨	746.44	915.94	1063.77	1267.25	1527.97
天然气产量	亿立方米	21.10	34.40	40.04	51.85	74.56
发电量	亿千瓦小时	272.28	303.47	343.51	411.21	480.95
粗钢产量	万吨	53.65	69.44	87.96	173.93	220.71
钢材产量	万吨	57.70	64.18	82.05	131.94	201.28
水泥产量	万吨	989.44	1110.20	1328.30	1534.39	1800.50
汽车产量	万辆	1.93	1.86	3.23	4.27	4.95
建筑业企业单位数	个	912	890	909	780	853
建筑业企业年末从业人员	万人	39.51	42.06	44.49	41.13	42.13
建筑业总产值	亿元	242.30	279.74	347.35	440.96	523.16
房屋建筑施工面积	万平方米	2396.54	2772.45	3325.04	3897.19	4004.71
房屋建筑竣工面积	万平方米	1087.17	1311.50	1453.91	1580.01	1448.97
公路里程	公里	44225	45273	46564	50019	52720
# 等级公路	公里	38128	39300	40801	44422	47324
# 高速公路	公里	348	543	576	844	976
民用汽车拥有量	万辆	36.47	45.34	48.34	54.01	62.53
# 私人汽车	万辆	14.12	15.21	19.26	29.51	31.71
邮电业务总量	亿元	85.04	94.59	133.17	174.14	244.77
邮政业务总量	亿元	5.33	11.29	12.50	13.82	14.82
电信业务总量	亿元	79.71	83.30	120.67	160.32	229.94

2005年	2006年	2007年	2008年	2009年	2010年	2011年
1139.50	1041.90	1067.91	1150.90	1131.40	1164.90	1194.70
7.78	8.83	8.98	10.07	8.58	6.92	6.74
45.35	41.36	39.15	49.46	54.38	56.08	58.97
869.93	848.48	928.10	1067.12	1257.59	1384.02	1432.50
765.74	881.95	940.23	1067.67	1150.45	1238.50	1332.68
560.12	649.98	701.57	745.51	805.17	856.01	902.93
134.11	101.72	96.07	111.52	98.71	102.64	99.60
120.91	91.00	84.80	100.18	90.10	93.70	91.39
141.73	157.41	180.26	197.65	185.83	177.62	182.37
113.34	127.36	149.02	164.37	149.20	137.50	140.50
48.73	41.00	43.30	47.92	48.10	47.07	50.30
7.36	4.82	5.03	5.22	5.60	6.04	8.18
2997	3375	3372	3526	4480	4564	3684
3397.71	4442.81	5692.33	7480.79	8470.40	11199.84	14283.48
1321.67	1831.00	2382.97	2962.91	3147.58	4229.04	5527.88
10810.72	15457.62	18313.26	23981.47	29611.13	36115.50	41135.08
1778.16	1988.89	2265.87	2463.60	2695.89	3017.28	3225.42
80.59	80.47	110.10	143.79	189.52	223.47	272.21
504.94	577.31	698.76	840.74	899.22	1101.91	1208.82
307.28	388.60	396.27	304.95	522.50	604.82	751.49
337.10	499.79	559.73	504.80	887.34	994.89	1025.29
1972.13	2375.40	3026.12	3639.88	4464.66	5463.79	6430.63
4.26	10.81	17.06	26.82	50.68	65.21	55.67
830	846	905	1011	1026	1026	1145
42.40	50.30	57.57	71.68	88.48	104.72	90.88
658.64	830.70	1173.46	1655.62	2309.27	3063.73	3498.50
4563.92	5445.81	6741.82	7843.73	9046.32	11490.67	13934.20
1900.78	2127.95	2351.47	3049.83	3128.20	3781.25	5895.96
54492	113303	121297	131038	144109	147461	151986
49273	60796	90829	107618	128487	134498	139453
1300	1645	2063	2466	2779	3403	3803
69.29	104.36	122.62	139.45	175.21	231.04	274.12
39.05	73.31	88.13	100.25	125.53	181.81	220.14
331.13	424.23	529.40	628.73	654.92	262.28	348.25
16.40	20.36	22.77	25.56	28.78	24.03	28.89
314.73	403.87	506.63	603.17	626.14	238.24	319.37

3-1　续表 3

指　　标	单 位	2000年	2001年	2002年	2003年	2004年
固定电话用户	万户	345.24	419.06	524.29	672.49	791.94
移动电话用户	万户	151.67	291.71	481.33	611.00	788.69
互联网宽带用户	万户	19.87	69.79	110.68	168.76	194.62
限额以上企业数						
批发业						
零售业						
住宿业						
餐饮业						
社会消费品零售总额	亿元	725.64	809.31	907.64	1010.95	1162.80
进出口总额	万美元	214009	206444	222517	278371	364238
# 出口	万美元	131003	111044	137717	173523	239658
实际外商直接投资额	万美元	28842	36455	41064	46602	52664
接待入境旅游者人数	万人次	71.28	75.92	85.01	46.58	80.02
# 外国人	万人次	58.48	63.75	71.81	30.78	60.93
国际旅游外汇收入	万美元	28025	30871	35097	19800	36136
国内旅游人数	万人次	3060	3360	3733	3300	5232
国内旅游收入	亿元	127.00	142.20	158.10	143.60	271.00
星级饭店数	个			203	221	221
金融机构人民币各项存款余额	亿元	2663.00	3204.89	3798.27	4593.10	5380.28
金融机构人民币各项贷款余额	亿元	2193.12	2537.55	2950.84	3549.60	3829.57
幼儿园数	所	2803	2219	2103	2288	2346
在园儿童数	万人	60.36	53.28	50.20	48.29	47.74
普通小学学校数	所	33336	29359	26989	24922	22988
普通小学专任教师数	人	182297	183464	188394	190964	188062
普通小学在校学生数	万人	480.93	461.57	433.22	401.48	370.97
普通中学学校数	所	2599	2680	2699	2714	2719
普通中学专任教师数	人	122279	131183	140192	148437	154242
普通中学在校学生数	万人	230.52	254.75	278.26	295.41	302.56
普通高等学校数	所	39	47	52	57	62
普通高等学校专任教师数	人	20723	23613	27637	35716	37145
普通高等学校在校学生数	万人	24.17	31.74	41.16	49.97	58.39
卫生机构数	个	5572	5563	5240	5039	5138
卫生机构床位数	万张	9.69	9.91	10.00	10.27	10.31
卫生技术人员	万人	13.34	13.53	13.53	13.47	13.46
# 执业(助理)医师	万人	6.43	6.60	5.95	6.03	5.97
注册护师、护士	万人	3.56	3.62	3.65	3.72	3.75

2005年	2006年	2007年	2008年	2009年	2010年	2011年
859.32	914.47	925.69	881.24	814.97	781.89	775.48
938.10	1183.58	1612.66	1912.25	2337.37	2518.23	2907.18
236.90	161.36	193.63	235.17	255.05	368.83	389.08
				2263	2751	3183
				331	407	458
				896	1162	1420
				441	504	507
				595	678	798
1331.35	1542.37	1837.25	2317.11	2699.67	3195.67	3789.99
457684	536025	688804	832867	840539	1208283	1462344
307581	362960	467244	538066	398815	620773	701085
62839	92489	119516	136954	151053	182006	235483
92.84	106.11	123.13	125.73	145.08	212.17	270.41
74.57	83.17	98.15	93.67	114.43	155.24	189.91
44625	51000	61200	66011	77107	101596	129505
5988	6950	8015	9056	11410	14354	18135
316.30	378.00	458.00	561.00	715.28	915.92	1240.00
221	221	309	311	347	358	369
6446.48	7452.53	8501.39	10790.87	13860.43	16386.18	19147.62
3983.19	4463.21	5121.16	6056.82	8276.64	9971.56	11796.58
2433	2578	2448	2813	2902	3928	5310
49.36	50.49	49.08	55.09	57.36	70.48	102.78
20711	18590	16316	14185	11583	9710	8867
186644	184573	182940	180898	178320	175184	160643
340.09	325.11	305.53	286.48	271.44	261.04	253.60
2727	2688	2637	2583	2509	2436	2363
159138	162876	166340	169126	170177	170482	181246
304.56	307.93	300.09	288.87	274.68	259.91	246.80
72	76	76	76	77	78	78
42864	47549	50741	53740	56171	58288	59171
66.69	72.62	77.65	83.97	89.37	92.78	95.07
5366	5385	4753	4429	4421	4638	36403
10.67	11.12	11.78	12.52	13.45	14.24	15.38
13.66	13.91	14.17	14.82	16.29	17.77	19.73
6.03	6.06	5.93	5.81	6.13	6.28	6.57
3.85	4.07	4.25	4.69	5.44	6.13	7.02

四、西安市

资料整理：栾立森 侯 艳 栗海燕 王春霞

4-1 西安市经济

指　　标	单 位	2000年	2001年	2002年	2003年	2004年
年底总人口	万人	688.01	694.84	702.59	716.58	725.01
人口自然增长率	‰					
年底总户数	万户	187.08	188.98	191.71	195.32	199.33
生产总值	亿元	646.13	734.86	826.68	946.66	1102.39
第一产业	亿元	44.65	45.87	47.77	50.72	60.21
第二产业	亿元	277.13	312.90	353.58	407.38	476.92
# 工业	亿元	218.44	246.90	280.20	324.88	383.46
第三产业	亿元	324.35	376.09	425.33	488.56	565.26
人均生产总值	元	9484	10628	11831	13341	15294
生产总值指数	上年=100	113.0	113.1	113.3	113.5	113.5
第一产业	上年=100	103.5	102.5	103.1	101.8	106.7
第二产业	上年=100	115.1	115.3	115.0	117.5	115.9
# 工业	上年=100	113.8	116.3	116.4	115.7	115.5
第三产业	上年=100	111.5	112.6	113.0	111.2	112.0
人均生产总值指数	上年=100	111.4	111.4	112.1	111.7	111.7
非公有制经济增加值	亿元					
文化产业增加值	亿元					
单位GDP能耗	吨标准煤/万元					
单位GDP能耗比上年增长	%					
单位工业增加值能耗	吨标准煤/万元					
就业人员	万人	389.10	389.30	397.16	404.92	409.57
第一产业	万人	147.03	145.09	143.04	146.67	141.81
第二产业	万人	107.26	108.96	111.62	109.09	111.70
第三产业	万人	134.81	135.25	142.50	149.16	156.06
城镇单位就业人员	万人	112.45	113.93	115.77	116.68	118.15
# 国有单位	万人	84.21	81.32	81.80	79.58	78.76
集体单位	万人	13.35	12.25	11.98	11.56	11.04
城镇单位在岗职工人数	万人	105.56	106.62	112.70	109.92	113.44
城镇单位在岗职工平均工资	元	9197	10786	12138	13504	15473

社会主要指标

2005年	2006年	2007年	2008年	2009年	2010年	2011年
806.81	822.52	830.54	837.52	843.46	847.41	851.34
4.42	4.52	4.52	4.58	4.45	4.39	4.33
203.05	207.04	211.12	216.52	221.51	226.71	234.34
1313.93	1538.94	1856.63	2318.14	2724.08	3241.69	3862.58
66.01	70.44	82.51	103.45	110.38	140.06	173.14
540.50	645.65	781.94	981.58	1144.75	1406.72	1674.31
420.00	494.22	594.95	721.40	816.92	1003.57	1189.61
707.42	822.85	992.18	1233.11	1468.95	1694.91	2015.13
16406	18890	22463	27794	32411	38343	45475
114.0	114.0	115.6	116.3	114.5	114.5	113.8
107.5	107.1	104.5	107.6	106.3	106.9	106.7
112.3	113.7	115.7	116.4	114.0	118.0	114.9
110.3	112.3	114.9	115.7	111.7	118.1	116.2
116.3	114.9	116.4	116.9	115.5	112.5	113.4
112.2	112.9	113.9	115.3	113.7	113.8	113.2
568.45	684.66	854.26	1103.95	1327.49	1611.28	1952.78
			127.44	151.02	190.62	250.70
1.030	0.987	0.930	0.869	0.820	0.803	0.610
	-4.15	-5.75	-6.65	-5.56	-2.02	-3.56
1.220	1.100	1.092	0.915	0.800	0.703	0.502
415.83	422.15	436.36	448.05	462.52	477.58	495.99
136.31	135.10	133.33	127.87	122.13	117.27	121.05
114.20	116.09	125.06	130.23	131.57	145.40	151.33
165.32	170.96	177.97	189.95	208.82	214.91	223.61
123.66	125.10	129.40	130.85	135.64	140.38	154.30
81.98	82.84	83.22	83.38	85.42	88.84	91.60
10.00	9.47	9.23	8.73	6.41	4.75	5.33
119.73	121.06	125.56	126.89	129.61	130.70	142.71
17728	20475	25012	29749	34032	37870	41083

4-1 续表 1

指　标	单 位	2000年	2001年	2002年	2003年	2004年
全社会固定资产投资	亿元	233.15	312.34	341.73	463.54	552.58
# 房地产开发	亿元	52.48	67.42	78.97	124.82	163.30
商品房销售面积	万平方米	212.92	225.35	252.90	252.74	305.47
# 住宅	万平方米	200.77	192.20	237.04	230.29	279.90
地方财政收入	亿元	41.40	51.45	54.49	64.80	75.31
地方财政支出	亿元	46.50	54.21	63.80	72.37	84.20
金融机构人民币各项存款余额	亿元	1335.63	1629.72	2191.47	2665.87	3061.66
金融机构人民币各项贷款余额	亿元	972.51	1185.97	1598.42	1954.18	2052.33
农村居民人均总收入	元	2919	3186	3370	3571	3889
农村居民人均纯收入	元	2344	2490	2641	2838	3143
工资性收入	元					
家庭经营收入	元					
财产性收入	元					
转移性收入	元					
农村居民人均生活消费支出	元	1605	1676	1782	1803	2277
# 食品支出	元	588	568	554	677	812
城镇居民人均总收入	元	6394	6743	7671	8315	9151
工资性收入	元	3678	4288	5076	5443	6050
经营性收入	元	95	135	159	112	251
财产性收入	元	137	49	61	194	187
转移性收入	元	2484	2270	2375	2566	2662
城镇居民人均可支配收入	元	6364	6705	7184	7748	8544
城镇居民人均生活消费性支出	元	5446	5816	6419	6805	7428
# 食品支出	元	1986	2024	2205	2371	2685
城镇人均住房使用面积	平方米	14.8	14.3	20.2	20.0	20.6
农村人均住房面积	平方米	28.3	29.7	32.5	33.9	34.7
城市人均公园绿地面积	平方米					
城市人均道路面积	平方米	5.1	5.1	5.4	6.2	8.0
城市用水普及率	%	99.0	98.6	98.6	99.0	99.1
城市燃气普及率	%	81.5	85.4	87.5	91.2	91.2
常用耕地面积	千公顷	295.58	287.79	282.97	275.89	269.91
农林牧渔业总产值	亿元	74.37	76.75	79.74	75.54	91.48
农作物总播种面积	千公顷	523.29	508.77	500.73	491.37	502.55
# 粮食作物	千公顷	465.03	452.03	437.06	421.70	420.43

2005年	2006年	2007年	2008年	2009年	2010年	2011年
835.10	1066.62	1435.33	1906.36	2500.13	3250.56	3346.26
212.29	285.76	387.33	545.71	696.34	842.34	996.81
497.34	621.50	833.92	760.72	1256.02	1587.81	1778.02
476.39	584.06	782.91	715.75	1202.12	1523.24	1674.85
73.05	85.89	112.92	145.61	181.40	241.86	318.55
97.82	119.22	161.25	226.99	276.85	371.62	494.58
3599.70	4066.16	4582.71	5749.35	7522.08	8933.23	10430.27
2158.10	2344.77	2683.77	3275.12	4482.63	6482.28	7564.93
4495	4969	5605	6746	7961	9737	11910
3460	3808	4399	5212	6275	7750	9788
1293	1499	1752	2161	2587	3308	4282
1630	1661	1888	2092	2470	2827	3413
330	388	449	553	739	1025	1418
207	260	310	405	479	590	675
2603	2709	3381	3938	4771	5633	6705
946	997	1290	1455	1708	1833	2138
10387	11708	13421	16366	20299	23880	27710
6926	7623	8896	10945	13562	15734	18241
164	346	376	411	716	979	1442
193	318	209	241	357	506	640
3104	3422	3940	4769	5664	6661	7387
9628	10905	12662	15207	18963	22244	25981
7900	8987	10098	12016	14251	16543	19306
2926	3093	3697	4374	4621	5177	6041
21.8	23.2	23.6	26.3	28.4	28.7	27.3
36.7	40.1	42.9	55.0	56.7	66.7	67.0
	7.6	7.6	7.8	7.9	9.1	9.9
8.1	9.9	12.7	14.0	14.8	15.4	15.9
99.0	99.1	100.0	111.2	100.6	98.8	100.0
91.3	92.6	98.6	97.7	98.2	97.0	97.5
266.78	263.86	261.18	260.51	258.59	255.54	251.40
106.54	114.15	134.14	168.27	178.70	227.10	272.66
505.27	512.99	508.25	504.04	504.74	501.16	469.42
428.50	432.00	424.70	420.21	419.13	414.47	382.08

4-1 续表 2

指　　标	单 位	2000年	2001年	2002年	2003年	2004年
粮食产量	万吨	201.92	197.09	192.41	176.34	195.75
棉花产量	吨	1367	1742	1826	2244	4006
油料产量	吨	13692	12346	12176	11275	11405
蔬菜产量	吨	1621400	1528000	1697368	1577614	1809604
水果产量	吨	343551	339189	375776	384262	462989
# 苹果	吨	89416	77906	55233	65845	66725
肉类产量	吨	147571	157277	161092	165860	171545
# 猪牛羊肉	吨	122969	130406	135544	141180	145919
奶类产量	吨	245913	255437	288009	336296	384319
# 牛奶	吨	176155	179977	202826	245407	289564
禽蛋产量	吨	138305	132303	134336	128833	117597
水产品产量	吨	11384	12480	12017	9967	9721
规模以上工业企业单位数	个	816	777	763	736	1066
规模以上工业总产值	亿元	433.43	505.02	546.24	676.93	892.60
规模以上工业增加值	亿元	131.19	145.50	165.52	196.00	281.29
纱产量	万吨	6.56	6.32	6.94	7.13	7.18
布产量	万米	27819	25378	27163	27911	28752
发电量	亿千瓦小时	19.24	18.44	18.99	20.41	47.78
粗钢产量	万吨	3.06	3.23	3.10	3.58	1.81
钢材产量	万吨	1.04	0.43	2.91	2.39	6.73
水泥产量	万吨	107.21	124.09	145.53	134.82	139.06
汽车产量	辆	8832	10029	25407	41051	35254
建筑业企业单位数	个	200	205	223	204	182
建筑业企业年末从业人员	万人	13.67	14.57	15.11	13.38	14.08
建筑业总产值	亿元	105.93	114.81	133.47	177.11	244.42
房屋建筑施工面积	万平方米	793.32	867.06	1012.91	1291.62	1410.86
房屋建筑竣工面积	万平方米	336.80	394.93	436.98	440.42	384.61
公路里程	公里	3010	3298	3414	3766	3856
# 等级公路	公里	2908	3242	2255	3853	6402
# 高速公路	公里	100	159	192	238	238
民用汽车拥有量	辆	179014	197378	209662	224942	266012
# 私人汽车	辆	63146	64027	93709	157978	168471
邮电业务总量	亿元	39.89	42.11	61.74	81.88	102.75
邮政业务总量	亿元	1.70	4.54	4.48	5.02	5.24
电信业务总量	亿元	38.19	37.57	47.05	77.07	97.51

2005年	2006年	2007年	2008年	2009年	2010年	2011年
205.53	212.85	189.06	214.40	218.20	221.65	182.04
4515	4812	5903	6173	6251	5861	5649
11554	10800	9555	11544	11217	12000	11722
1956992	1893000	2044395	2215303	2424110	2531000	2615200
512869	553433	603193	716902	789587	847822	911361
53387	51809	52180	53194	53023	39130	34313
182046	108634	102191	115352	126182	136501	144631
156640	170099	84954	97829	108309	117025	120321
422229	471438	528037	589697	618186	633663	647978
327961	374813	428462	475681	498394	509178	509777
118115	97816	98140	108515	116685	123793	125639
9370	11937	12402	12487	13044	11850	13350
901	904	937	1032	1134	1126	890
952.18	1194.60	1623.85	2030.76	2490.50	3130.15	3552.21
286.61	371.54	508.98	605.25	700.31	862.28	1012.58
6.72	6.47	6.99	5.88	4.68	4.32	3.93
27012	26508	27995	22721	22202	23811	16344
48.04	66.80	71.03	71.69	83.21	96.94	95.01
1.29	1.39	1.10	1.40	0.92	2.37	2.14
24.02	71.53	78.73	47.88	110.51	110.77	18.48
121.01	156.57	263.13	404.76	487.72	236.50	409.99
41325	103469	170596	268191	506758	652050	556664
223	212	274	329	326	322	334
15.94	17.31	25.49	34.89	44.31	53.90	49.21
326.65	416.48	604.65	915.12	1296.58	1820.34	1900.72
1773.81	2140.12	2940.92	3236.53	3947.01	4592.57	6183.02
566.19	594.20	835.12	1076.14	1209.88	1391.91	2610.85
3901	9672	11063	11895	12378	12575	12599
6542	7139	7281	10891	11839	12118	12142
240	286	324	374	377	371	382
330480	393778	473216	595735	754803	957162	1168238
205442	258081	330507	452347	596835	778902	970440
149.06	186.76	226.76	264.86	275.65	102.51	143.46
5.94	7.10	7.64	8.41	9.07	6.88	8.69
126.10	179.66	219.13	256.45	266.58	95.63	134.77

4-1 续表 3

指　　标	单 位	2000年	2001年	2002年	2003年	2004年
固定电话用户	万户	141.28	171.15	204.49	253.84	296.58
移动电话用户	万户	69.01	124.64	189.33	237.24	320.12
互联网用户	万户	20.71	1.72	3.52	16.09	24.34
限额以上企业数	个					
批发业	个					
零售业	个					
住宿业	个					
餐饮业	个					
社会消费品零售总额	亿元	360.42	406.21	459.76	502.65	578.60
进出口总额	万美元	173696	169914	186966	230917	309258
# 出口	万美元	106062	87948	112479	140312	203502
实际外商直接投资额	万美元	15633	17687	20212	25556	28835
接待入境旅游者人数	万人次	65.03	67.20	74.13	33.66	65.03
# 外国人	万人次	54.65	58.75	65.88	25.55	52.75
国际旅游外汇收入	万美元	27000	29002	32000	14600	33000
国内旅游人数	万人次	1502	1685	1984	1648	2149
国内旅游收入	亿元	82.59	88.93	105.00	94.30	127.01
星级饭店数	个			61	63	63
幼儿园数	所	367	366	378	610	660
在园儿童数	万人	12.85	11.97	11.53	12.39	12.16
普通小学学校数	所	2323	2277	2137	2084	2016
普通小学专任教师数	人	30215	29281	29428	29531	29367
普通小学在校学生数	万人	77.81	74.51	70.78	66.78	63.75
普通中学学校数	所	466	470	467	467	461
普通中学专任教师数	人	26230	27190	28335	29887	30600
普通中学在校学生数	万人	48.31	52.50	55.36	56.44	56.54
卫生机构数	个	1453	1420	1292	1187	1243
卫生机构床位数	张	31690	31727	31605	33518	32854
卫生技术人员	人	42243	41686	40791	40129	40289
# 执业(助理)医师	人	18473	18578	16818	16674	16749
注册护师、护士	人	13543	13613	13034	13005	13433

2005年	2006年	2007年	2008年	2009年	2010年	2011年
324.04	330.07	334.99	332.48	305.44	297.99	305.16
372.61	480.21	605.70	693.53	940.45	986.56	1141.70
33.93	50.88	58.62	81.40	116.79	146.18	172.44
				844	894	980
				162	178	200
				260	275	299
				156	177	189
				266	264	292
670.56	784.95	936.21	1176.58	1381.12	1637.04	1965.98
390146	415393	536162	701366	725234	1038293	1257852
263441	272852	347133	444508	333271	531713	580369
57112	82463	105317	114738	121873	156665	200522
77.56	86.73	100.01	63.20	67.29	84.18	100.23
65.86	73.40	85.09	53.58	59.09	73.21	88.63
40900	46700	54323	35900	39000	53000	64100
2423	2738	3118	3232	3929	5201	6553
144.96	166.47	194.77	214.80	266.35	362.78	478.87
63	63	92	93	104	116	116
737	863	830	905	896	1004	1122
12.75	13.38	14.00	15.46	16.30	18.40	24.03
1980	1929	1872	1781	1666	1531	1424
29674	30018	30533	30382	30334	29944	28453
60.47	59.33	56.83	54.66	52.52	51.60	51.39
460	457	453	442	439	436	423
31094	31203	31373	31425	31415	31506	33122
55.74	56.11	54.68	52.83	50.63	48.90	47.20
1478	1478	1214	1071	1017	1117	5554
32323	32137	33598	34618	36849	39407	41010
42241	43862	43707	47431	51641	56579	61281
17721	18007	17266	18066	19284	20913	21551
14000	15538	15337	17186	20167	22640	25043

4-2 新城区经济

指　　标	单 位	2000年	2001年	2002年	2003年	2004年
年底总人口	万人	46.95	47.18	47.57	48.18	48.51
生产总值	万元	778400	908400	1004300	1107800	1296200
第一产业	万元	200	200	200	200	100
第二产业	万元	378400	482300	520200	537000	635300
# 工业	万元	69674	41568	49832	56870	530500
第三产业	万元	399800	425600	483900	570600	660800
人均生产总值	元	16588	19301	21199	23137	26809
生产总值指数	上年=100	117.9	115.7	111.4	110.9	113.2
城镇单位在岗职工人数	人	16079	18379	14441	13989	104340
乡村从业人员	人		5300	5100	5000	5000
全社会固定资产投资	万元	27100	53100	275800	279600	402700
地方财政收入	万元	24900	27377	24256	53980	60584
地方财政支出	万元	24712	27625	30080	32951	37597
农村居民人均纯收入	元	5571	5705	5825	5930	6184
城镇居民人均可支配收入	元					
城镇单位在岗职工平均工资	元	7535	8247	11740	11287	15311
常用耕地面积	公顷	127	124	49	16	7
粮食产量	吨	247	186	176	88	7
农林牧渔业总产值	万元	388	362	312	394	172
社会消费品零售总额	万元	706800	788100	900400	989900	1145600
普通小学专任教师数	人	1947	1926	1884	1825	1823
普通小学在校学生数	人	44312	43373	42938	42636	44051
普通中学专任教师数	人	1933	2044	2104	2170	2187
普通中学在校学生数	人	35576	38859	41552	43285	44493
卫生机构床位数	张	530	600	470	315	5500
卫生技术人员	人					6601
# 执业(助理)医师	人					2808
注册护师、护士	人					2450

社会主要指标

2005年	2006年	2007年	2008年	2009年	2010年	2011年
62.24	63.92	64.32	64.43	62.80	59.01	59.23
1448100	1679400	1984700	2442200	2769700	3260200	3798900
	100					
678500	791900	847400	973900	1055600	1324500	1529900
559900	635600	644300	668100	645200	817700	903500
769500	887400	1137300	1468300	1714100	1935700	2269000
29598	26623	30953	37937	43538	53529	64257
108.4	112.2	114.0	114.1	114.6	114.3	113.0
104884	105295	110100	108843	122844	130299	134323
4000	4600					
625600	820000	1120141	1513400	2036600	2637266	2884809
61072	69097	93033	108054	130002	163588	205654
40892	52588	64032	79495	107883	126076	170555
			15213	19049	22554	26498
17301	19426	23282	28784	36656	41502	48893
1	11					
2	4	4				
111	113	40				
1290046	1466969	1699511	2070063	2414060	2850412	3419069
1711	1815	1816	1773	1773	1784	1757
43858	44710	44096	42271	40955	39653	38594
2295	2144	2092	2106	1996	1982	1980
44093	40551	40226	39146	37941	37658	37211
5527	5503	5597	5620	6123	6422	6236
6428	7138	7710	8831	9461	10393	9930
2707	2843	3112	3326	3561	3749	3606
2361	2862	3089	4162	4579	4630	4549

4-3 碑林区经济

指　标	单　位	2000年	2001年	2002年	2003年	2004年
年底总人口	万人	61.04	63.47	66.51	69.11	69.91
生产总值	万元	761200	852700	976000	1137000	1292300
第一产业	万元		100			
第二产业	万元	121900	140800	161400	183000	209800
# 工业	万元					81800
第三产业	万元	639300	711800	814600	954000	1082500
人均生产总值	元	12700	13697	15018	16767	18590
生产总值指数	上年=100		112.5	114.1	112.8	112.3
城镇单位在岗职工人数	人	22107	20203	18660	17312	95882
乡村从业人员	人		6600	6600	5897	4800
全社会固定资产投资	万元	37700	190000	230000	322136	465115
地方财政收入	万元	24066	25857	26880	60148	73373
地方财政支出	万元	22100	25397	29368	38180	39268
农村居民人均纯收入	元	5097	5184	5552	5792	6154
城镇居民人均可支配收入	元					
城镇单位在岗职工平均工资	元	7717	9977	11340	12689	18490
常用耕地面积	公顷	44	44	6	5	2
粮食产量	吨	14	12		6	
农林牧渔业总产值	万元	29	9	12	4	
社会消费品零售总额	万元	699600	841200	955100	1023600	1156500
普通小学专任教师数	人	1821	1790	1827	1830	1766
普通小学在校学生数	人	41289	39933	39529	39788	40250
普通中学专任教师数	人	1876	2037	2160	2268	2445
普通中学在校学生数	人	35792	38669	49670	42630	44027
卫生机构床位数	张	4767	4738	4507	4733	4765
卫生技术人员	人	6123	6748	5946	5969	6028
# 执业(助理)医师	人	2057	2334	2313	2385	2278
注册护师、护士	人	2091	2199	2164	2066	2169

社会主要指标

2005年	2006年	2007年	2008年	2009年	2010年	2011年
83.29	84.90	83.36	82.75	78.52	61.62	61.87
1459900	1690000	2010400	2501700	3002400	3589000	4367100
270100	330300	392900	503200	607200	850800	1104200
94700	115900	133300	153900	190400	334200	434700
1189800	1359700	1617500	1998500	2395200	2738200	3262900
20489	20095	23896	30120	37234	56493	70728
111.4	112.9	115.0	115.6	115.0	114.5	115.5
101798	97648	101505	103484	174240	176322	178827
4825	4823					
673960	911314	1257158	1674500	2153800	2790607	2911287
76246	87859	109759	146616	179401	216601	267590
45937	51501	64902	78572	100956	133034	144602
			15508	19424	22998	27025
22057	23822	27914	29313	34217	44768	48483
1310860	1490689	1725458	2067959	2413701	2851789	3420722
1776	1762	1732	1723	1764	1771	1872
40173	39959	39906	39067	38526	38469	38958
2527	2506	2604	2713	2739	2916	3013
45411	45986	47458	48357	49724	50226	50391
5121	5013	4790	4937	5374	5846	6250
5970	5983	6538	6827	7674	8575	9883
2311	2333	2613	2541	2863	3199	3340
2201	2295	2531	2683	3223	3576	4159

4-4 莲湖区经济

指　　标	单 位	2000年	2001年	2002年	2003年	2004年
年底总人口	万人	57.48	57.50	57.99	59.02	59.89
生产总值	万元	776093	887331	1009464	1180584	1430336
第一产业	万元	1800	1500	1900	1900	1900
第二产业	万元	373000	430477	477285	558638	696100
# 工业	万元	135600	185300	416600	480800	625600
第三产业	万元	401293	455353	530278	620047	732336
人均生产总值	元	13551	15435	17481	20179	24057
生产总值指数	上年=100	130.0	115.8	116.0	116.0	117.3
城镇单位在岗职工人数	人	23078	17835	16067	14278	122564
乡村从业人员	人		17800	17800	18300	18500
全社会固定资产投资	万元	20292	467738	577842	500784	653200
地方财政收入	万元	21624	25801	30083	63673	74671
地方财政支出	万元	21580	26149	32953	37429	42193
农村居民人均纯收入	元	5027	5493	5911	6276	6780
城镇居民人均可支配收入	元					
城镇单位在岗职工平均工资	元	6437	8259	10535	11445	15626
常用耕地面积	公顷	459	456	290	270	260
粮食产量	吨	251	248	252	242	256
农林牧渔业总产值	万元	2534	2146	2494	2440	2435
社会消费品零售总额	万元	644076	744285	845125	913621	1059720
普通小学专任教师数	人	2209	2271	2191	2180	2169
普通小学在校学生数	人	45159	44860	43772	43499	45066
普通中学专任教师数	人	1897	1969	1956	2017	2023
普通中学在校学生数	人	27336	29267	35720	27839	35446
卫生机构床位数	张	3782	3722	4070	4091	4053
卫生技术人员	人	4668	4533	5226	4945	4399
# 执业(助理)医师	人			2341	2163	
注册护师、护士	人			1760	1721	

社会主要指标

2005年	2006年	2007年	2008年	2009年	2010年	2011年
73.08	73.97	74.36	74.56	73.82	69.86	70.13
1644970	1912041	2307640	2931300	3303763	3769900	4371800
1900	1800	1860				
796840	913467	1098993	1406000	1502785	1748400	1994800
647727	731154	878280	1081400	1116585	1262900	1376200
846230	996774	1206787	1525300	1800978	2021500	2377000
27147	26004	31115	39367	44531	52476	62459
111.1	112.4	115.4	116.9	114.0	114.5	113.4
122029	121179	121989	123728	136912	151311	179204
15500	15000					
879653	1120045	1545102	2089500	2680534	3479335	3764003
72619	83877	115475	154672	182161	223533	281296
46287	50866	79982	93628	110360	152009	194774
			15471	19375	22940	26962
17195	19919	23810	28365	34328	34977	38681
176	146	35	25			
2644	1900	2598	40			
1163430	1287064	1445661	1696195	1979933	2345825	2816163
2170	2135	2118	2103	2149	2152	2136
45066	45980	45685	45197	44349	43743	44424
2076	2076	2091	2088	2130	2133	2095
26693	27224	36787	36668	36635	35703	35064
4094	3958	3602	3974	4610	4740	4994
4691	5888	4346	5493	6745	7192	7883
1947	2489	1615	2147	2711	2815	2813
1623	2116	1541	2023	2782	3074	3479

4-5 灞桥区经济

指　　标	单　位	2000年	2001年	2002年	2003年	2004年
年底总人口	万人	43.11	43.36	43.82	44.58	45.10
生产总值	万元	275500	296400	334200	399800	463000
第一产业	万元	27300	27100	29400	31400	39900
第二产业	万元	135200	150900	169500	211700	242800
# 工业	万元	126300	130200	158500	194900	231000
第三产业	万元	113000	118400	135300	156700	180300
人均生产总值	元	6415	6855	7666	9045	10326
生产总值指数	上年=100	109.8	109.6	109.8	113.1	109.1
城镇单位在岗职工人数	人	8789	8742	8847	8962	42181
乡村从业人员	人		155300	159800	158488	152600
全社会固定资产投资	万元	27995	34469	44167	112347	163382
地方财政收入	万元	9367	11426	13978	18396	21892
地方财政支出	万元	10463	13489	18209	22389	23330
农村居民人均纯收入	元	2841	2951	3033	3270	3467
城镇居民人均可支配收入	元					
城镇单位在岗职工平均工资	元	7895	10150	11125	12472	11441
常用耕地面积	公顷	15518	15119	15060	14505	13789
粮食产量	吨	75001	70227	71071	67469	76245
农林牧渔业总产值	万元	44607	44645	48090	48877	59434
社会消费品零售总额	万元	105500	122600	133800	144200	157165
普通小学专任教师数	人	2123	2147	2156	2162	2164
普通小学在校学生数	人	46900	43800	40700	38100	36400
普通中学专任教师数	人	1862	1894	1908	2064	2023
普通中学在校学生数	人	33200	34500	34800	35000	34200
卫生机构床位数	张	368	368	366	366	393
卫生技术人员	人	429	430	428	443	459
# 执业(助理)医师	人	188	188	199	200	215
注册护师、护士	人	75	78	102	101	111

社会主要指标

2005年	2006年	2007年	2008年	2009年	2010年	2011年
53.20	54.23	54.78	55.26	57.25	59.56	59.87
601000	728700	887700	1126100	1376500	1709400	2070700
46100	52800	62900	79100	87900	115000	144100
325200	395200	477900	593800	748900	975400	1205300
281000	342300	417800	520000	642200	839100	1028900
229700	280700	347000	453200	539700	619000	721300
12963	13566	16286	20470	24469	29268	34676
113.2	115.1	116.0	117.6	115.4	116.1	116.3
40047	40770	38418	30255	55387	62084	70614
154588	157998	158373	158702	158147	158325	158838
280125	436214	602863	861335	1198689	1629018	1865078
20309	24216	32921	50132	70281	100245	131500
23639	32042	44198	58402	73026	104972	144121
3815	4250	4862	5844	7136	8849	11291
			14195	17843	21162	24817
12950	14101	17274	20755	25826	27386	33898
13400	12950	12468	12220	11824	11374	10700
74557	73676	50954	72307	72016	72827	57059
72204	82963	99530	125150	136095	178275	219746
178857	200641	227928	270076	318689	383023	464033
2104	2072	1954	2308	1813	1732	1677
34300	33600	32300	31700	30700	32268	33768
1953	1962	1804	1746	1718	1691	1619
39300	37300	28800	26700	25300	24139	22891
353	1431	1450	1593	1658	2373	2157
390	1813	2082	1858	1969	3301	3773
175	856	1005	869	835	1485	1472
97	620	702	580	765	1182	1403

4-6 未央区经济

指 标	单 位	2000年	2001年	2002年	2003年	2004年
年底总人口	万人	37.97	38.57	39.17	40.12	40.83
生产总值	万元	625400	704400	779200	938300	1095200
第一产业	万元	22000	21900	20000	19000	19000
第二产业	万元	350500	389700	419000	517500	610300
# 工业	万元					528500
第三产业	万元	252900	292800	340200	401800	465900
人均生产总值	元	16635	18406	20046	23668	27058
生产总值指数	上年=100	114.8	113.8	113.8	117.9	115.2
城镇单位在岗职工人数	人	8819	8830	8526	8298	24615
乡村从业人员	人		108900	104300	107113	110300
全社会固定资产投资	万元	101700	220700	265300	419200	751900
地方财政收入	万元	13919	14892	14738	23008	29213
地方财政支出	万元	14614	17428	21985	26595	32381
农村居民人均纯收入	元	3332	3610	3616	3877	4151
城镇居民人均可支配收入	元					
城镇单位在岗职工平均工资	元	9963	10862	14341	15471	16413
常用耕地面积	公顷	10156	9930	8479	8137	6504
粮食产量	吨	55826	54243	51247	43061	33407
农林牧渔业总产值	万元	31403	28921	26329	22920	22946
社会消费品零售总额	万元	256000	329300	374300	416300	487933
普通小学专任教师数	人	2274	2255	2143	2239	2238
普通小学在校学生数	人	40500	39500	38800	38300	39700
普通中学专任教师数	人	1792	1715	1868	1938	2001
普通中学在校学生数	人	28600	29700	30900	30700	29500
卫生机构床位数	张	1403	1381	1743	1756	1851
卫生技术人员	人	2425	2358	1793	1811	1708
# 执业(助理)医师	人	771	765	774	665	689
注册护师、护士	人	738	736	742	670	677

社会主要指标

2005年	2006年	2007年	2008年	2009年	2010年	2011年
54.54	56.29	59.00	61.30	62.96	80.72	81.14
1469000	1762800	2171900	2818500	3409200	4038900	4715500
18200	18900	17400	21600	24200	24800	23100
769900	914800	1128800	1481800	1798800	2187800	2444000
659700	768700	897500	1073900	1302000	1566300	1747900
680900	829000	1025700	1315100	1586200	1826300	2222900
35359	31809	37677	46858	54872	51994	57951
118.3	115.3	118.0	118.9	115.8	115.0	113.6
26949	25984	27130	29473	142230	114822	138519
111477	112563	112601	115756	119980	120450	112040
1030300	1330700	1751600	2404200	3233600	4385921	4498254
30831	37358	62928	84491	108301	144600	174578
36525	49178	60393	86329	98167	128260	143641
4389	4800	5421	6441	7826	9712	12383
			14883	18721	22184	26041
18491	21228	26602	29741	35163	35540	41864
5379	5089	5304	4310	4149	3473	3180
27040	25637	27367	28364	28523	26776	20508
23293	21737	31118	30611	39860	40781	37534
643788	852064	1145296	1641442	1942690	2321722	2782585
2276	2353	2257	2512	2537	2533	1963
41100	44200	47400	49400	51100	53362	43524
1970	1983	2459	2276	2255	2265	1933
28000	32000	33300	37700	33100	33518	28763
1955	2171	2030	2243	2335	2585	2718
1874	2100	2632	2958	3153	3938	4117
770	880	958	1148	1151	1480	1470
748	842	1042	1129	1324	1592	1640

4-7 雁塔区经济

指　　标	单 位	2000年	2001年	2002年	2003年	2004年
年底总人口	万人	55.78	58.81	60.96	66.94	68.57
生产总值	万元	1098200	1258300	1414200	1628800	1914500
第一产业	万元	14600	16500	16800	16600	14800
第二产业	万元	459500	536300	582300	658200	772000
# 工业	万元	360825	416996	426535	454754	530308
第三产业	万元	624100	705500	815100	954000	1127700
人均生产总值	元	20534	21962	23615	25470	28257
生产总值指数	上年=100	116.6	113.8	115.2	114.0	115.7
城镇单位在岗职工人数	人	11223	10388	9715	9556	61237
乡村从业人员	人		70300	73000	71173	70600
全社会固定资产投资	万元	23820	31000	128640	808337	1662900
地方财政收入	万元	16908	19627	23709	38144	48218
地方财政支出	万元	16019	19753	26165	31412	36966
农村居民人均纯收入	元	3365	3561	3876	3949	4306
城镇居民人均可支配收入	元					
城镇单位在岗职工平均工资	元	9290	11613	14263	17452	19523
常用耕地面积	公顷	6296	5751	4859	4859	3296
粮食产量	吨	29301	26222	24303	18682	16177
农林牧渔业总产值	万元	25916	23520	23803	20826	19330
社会消费品零售总额	万元	524500	575800	657600	719400	840200
普通小学专任教师数	人	2391	2380	2353	2366	2354
普通小学在校学生数	人	49200	47800	47900	48700	52000
普通中学专任教师数	人	2393	2475	2503	2574	2511
普通中学在校学生数	人	35000	37600	40200	41400	42800
卫生机构床位数	张	1605	5725	5731	6289	6651
卫生技术人员	人	2220	6191	6286	6726	7001
# 执业(助理)医师	人					
注册护师、护士	人					

社会主要指标

2005年	2006年	2007年	2008年	2009年	2010年	2011年
107.74	110.33	111.63	112.27	113.67	117.98	118.48
2310200	2785200	3399600	4328700	5007400	6003800	7312900
15700	16800	17500	21200	21900	21300	26100
926900	1160600	1400300	1741300	1803900	2113400	2556500
601800	757100	911700	1084200	939900	1050000	1379500
1367600	1607700	1981900	2566200	3181600	3869100	4685200
32326	25543	30633	38666	44325	51889	61472
116.1	117.0	118.2	118.1	115.5	114.3	114.0
61470	57483	59847	61624	363785	368448	409264
71512	73309	74272	79385	78455	80618	58403
2452340	3295000	4219382	5155100	6518640	8101966	7677355
53818	68018	85606	118696	155260	203716	264486
43631	49185	69138	84115	101301	130818	164006
4658	5020	5604	6585	7948	9863	12585
			15695	19762	23517	27601
21661	22400	28382	28873	33956	41335	42869
2775	2665	2454	1953	1692	1347	1056
14506	13181	8616	5930	1762	565	337
23204	23946	25959	31584	31094	30143	36907
1048738	1315291	1671787	2259537	2674218	3161698	3800048
2482	2573	2672	2844	2926	2954	3204
55300	59700	61700	64600	65700	66433	68354
2717	2817	2827	2869	2915	3017	3092
43500	45400	45300	45500	46900	48097	48630
6103	6274	6166	7128	7397	7490	7542
5706	7355	6963	9037	10002	10271	11076
2243	2930	2741	3298	3551	3606	3488
					4433	4921

4-8 阎良区经济

指　　标	单　位	2000年	2001年	2002年	2003年	2004年
年底总人口	万人	23.74	23.82	23.92	24.03	24.23
生产总值	万元	220100	233200	258100	279800	338600
第一产业	万元	36800	40400	42600	45600	54000
第二产业	万元	114900	120000	134200	142200	180800
# 工业	万元	90900	117500	131600	139700	158800
第三产业	万元	68400	72800	81300	92000	103800
人均生产总值	元	9361	9806	10811	11670	14033
生产总值指数	上年=100	109.0	109.5	111.0	109.6	116.0
城镇单位在岗职工人数	人	7246	6819	6767	6369	7804
乡村从业人员	人		87010	84985	86648	86957
全社会固定资产投资	万元	42249	46358	57400	82347	141400
地方财政收入	万元	8875	10052	11068	13100	15646
地方财政支出	万元	9565	10889	13313	15928	18872
农村居民人均纯收入	元	2471	2642	2843	3023	3422
城镇居民人均可支配收入	元					
城镇单位在岗职工平均工资	元	7911	10015	12244	13209	14621
常用耕地面积	公顷	17094	16957	16885	16656	16610
粮食产量	吨	116359	111978	103567	96360	106779
农林牧渔业总产值	万元	53373	57960	63097	62850	81370
社会消费品零售总额	万元	70126	53859	57486	63131	71200
普通小学专任教师数	人	934	934	969	1045	1048
普通小学在校学生数	人	28860	26870	24344	21989	20288
普通中学专任教师数	人	1021	1214	1044	1095	1116
普通中学在校学生数	人	17351	18910	20388	21469	22242
卫生机构床位数	张	1143	1143	1155	1251	1271
卫生技术人员	人	1062	1062	1061	1057	1062
# 执业(助理)医师	人	354	360	357	345	364
注册护师、护士	人	417	415	384	387	384

社会主要指标

2005年	2006年	2007年	2008年	2009年	2010年	2011年
24.49	24.91	25.28	25.76	26.27	27.87	28.01
416400	493000	585100	709000	784500	1001500	1197700
63100	70300	83100	103400	112900	142600	176100
218700	262500	313500	379400	399800	503300	597900
192100	230100	275500	328400	327900	415600	488200
134600	160100	188600	226200	271800	355600	423700
17038	19960	23317	27782	30151	36997	42867
112.6	113.2	113.0	112.9	113.1	115.8	113.8
8455	8835	12242	12287	44698	43105	41301
87502	92404	88663	88651	87820	88638	93272
222143	314672	443678	652800	885243	1178258	1209231
14943	18533	23558	31042	39024	49530	65023
20942	29721	38190	49003	66758	90044	109707
3806	4251	4928	5939	7233	8969	11426
			15534	19512	22927	26839
17169	18577	20113	22635	26403	36143	43671
16387	16348	16159	16087	16009	15843	15795
103724	101912	115624	96400	95975	96027	81075
95360	106590	125740	156360	169394	214232	259395
82536	95850	112937	138550	162470	192845	232089
1012	1056	1041	1042	1047	1026	1042
18524	17436	16032	14995	14285	13774	13552
1148	1153	1123	1069	1075	1005	1011
22569	21813	19447	17691	15921	14713	13765
1165	1268	1190	1278	1221	1323	1265
1176	1348	1397	1356	1377	1520	1559
372	389	397	456	451	534	516
408	435	435	517	531	611	659

4-9 临潼区经济

指　　标	单　位	2000年	2001年	2002年	2003年	2004年
年底总人口	万人	67.39	67.37	67.10	66.86	66.69
生产总值	万元	278300	294900	346300	420300	518600
第一产业	万元	82300	77500	80700	93300	117300
第二产业	万元	94800	109100	147200	192500	245700
# 工业	万元	84700	99300	137100	182900	223700
第三产业	万元	101200	108400	118400	134500	155600
人均生产总值	元	4292	4529	5301	6389	7877
生产总值指数	上年=100	109.6	113.5	116.8	115.5	116.1
城镇单位在岗职工人数	人	27834	28166	28992	28762	37949
乡村从业人员	人		284100	293500	295700	294500
全社会固定资产投资	万元	37516	57292	77300	84000	148583
地方财政收入	万元	12918	11760	15666	14329	18980
地方财政支出	万元	17414	20663	24217	24701	30393
农村居民人均纯收入	元	2428	2610	2744	2662	2857
城镇居民人均可支配收入	元					
城镇单位在岗职工平均工资	元	6951	8274	8845	9694	14323
常用耕地面积	公顷	52598	52355	51817	51181	50991
粮食产量	吨	353592	352994	340306	298817	348091
农林牧渔业总产值	万元	130362	139134	144314	145418	175425
社会消费品零售总额	万元	119500	137400	153900	169313	195035
普通小学专任教师数	人	3080	2994	2883	2937	3108
普通小学在校学生数	人	91200	87700	82300	75200	69200
普通中学专任教师数	人	2572	2682	2788	2880	3176
普通中学在校学生数	人	47700	54700	58500	59300	60600
卫生机构床位数	张	1070	1090	1120	1120	1130
卫生技术人员	人	1390	1426	1480	1513	1558
# 执业(助理)医师	人	396	413	442	468	492
注册护师、护士	人	321	330	341	356	371

社会主要指标

2005年	2006年	2007年	2008年	2009年	2010年	2011年
65.82	66.60	67.29	67.90	68.62	65.60	65.98
607200	703500	842500	1049200	1226400	1506100	1847500
125200	126400	151800	197400	207200	255800	282700
289700	352500	425900	523600	637400	791500	1020300
263200	320100	390800	480500	580600	721200	933300
192400	224600	264700	328200	381800	458800	544500
9223	10625	12585	15522	17967	22442	28082
112.7	113.0	112.7	114.6	114.4	114.5	113.6
37818	34721	33560	34046	38441	38771	43914
299451	298943	300127	301853	295689	296386	315580
241037	317477	440753	612234	822243	1084539	1178946
16613	20328	25627	30761	35086	45908	62604
34555	48264	61673	78968	108894	154060	194348
3172	3534	4020	4828	5794	7156	9109
			12489	15527	18213	21271
13223	15038	17477	20268	23499	26603	31322
50522	50144	49911	49802	49586	49330	47732
340412	370835	351489	375202	385592	400971	320266
191633	201723	240467	313700	333229	411121	447588
203743	224520	250354	290155	340171	402993	485405
3111	3253	3394	3418	3350	3212	3111
63500	60300	56100	51900	46500	43329	40634
3109	2940	3015	3010	3018	2903	2908
57800	54400	52200	50000	46400	43878	40950
1130	1130	1315	1345	1445	1439	1756
1590	1625	1688	1718	1749	2023	2336
517	552	613	665	720	836	866
382	413	479	503	540	621	817

4-10 长安区经济

指　　标	单　位	2000年	2001年	2002年	2003年	2004年
年底总人口	万人	89.64	89.80	90.32	91.42	92.57
生产总值	万元	382400	440700	498700	552300	646400
第一产业	万元	73000	74800	82900	88400	109400
第二产业	万元	166500	209400	236800	256600	286300
# 工业	万元	137300	151900	173100	204900	222300
第三产业	万元	142900	156500	179000	207300	250700
人均生产总值	元	4293	4912	5537	6077	7027
生产总值指数	上年=100	114.8	112.4	113.3	111.9	113.8
城镇单位在岗职工人数	人	23090	22659	23312	23909	30610
乡村从业人员	人		382900	393700	428400	429900
全社会固定资产投资	万元	46300	127800	241700	265600	412128
地方财政收入	万元	10055	14495	17080	21131	26791
地方财政支出	万元	17034	21383	28151	35793	41822
农村居民人均纯收入	元	2315	2506	2667	2830	3098
城镇居民人均可支配收入	元					
城镇单位在岗职工平均工资	元	6044	6777	8711	8725	10821
常用耕地面积	公顷	53114	51731	52144	50457	47634
粮食产量	吨	361843	322255	339358	311052	351973
农林牧渔业总产值	万元	119642	120855	133655	118201	153672
社会消费品零售总额	万元	182000	205000	232200	268800	316913
普通小学专任教师数	人	3368	3299	3334	3874	3920
普通小学在校学生数	人	109500	102800	93800	85800	76200
普通中学专任教师数	人	3259	3412	3588	3864	4033
普通中学在校学生数	人	64700	70500	73200	73700	69000
卫生机构床位数	张	2565	2489	2324	2360	2001
卫生技术人员	人	2315	2320	2126	1910	2097
# 执业(助理)医师	人	1916	1928	1398	1224	1342
注册护师、护士	人	644	654	560	484	581

社会主要指标

2005年	2006年	2007年	2008年	2009年	2010年	2011年
99.16	100.73	101.36	102.00	103.37	108.48	109.01
911300	1116400	1364300	1736100	2270900	2732400	3249200
109300	131300	142800	175900	192100	245000	289700
334300	439500	570500	763900	1088400	1360700	1600600
250700	337400	450000	607400	884900	1109200	1284700
467700	545600	651000	796300	990400	1126700	1358900
9768	11170	13502	17074	22115	25906	29879
115.0	116.9	118.6	118.9	115.9	116.1	114.0
35977	40877	44056	47411	103995	101013	117490
432135	432000	419754	423112	425589	435562	468525
628257	868400	1254002	1699800	2264100	3022567	3143523
27875	33550	44828	67684	95124	132207	180176
50045	61291	84980	113192	157795	244637	304227
3331	3592	4143	4926	5965	7389	9421
			13108	16490	19557	22918
12062	13814	15941	18725	22609	39197	38015
47083	46874	46780	46723	46502	46265	45757
387323	398964	347450	400973	415742	414922	346214
183638	199588	230454	283643	304864	382196	438545
373627	441272	524437	646673	764731	910663	1100538
4012	4207	3809	3693	3658	3623	3178
69700	65000	60700	56700	53300	52926	45552
4741	4639	3889	3849	3852	4125	3680
66600	68000	65500	61300	54800	56307	47739
2084	2169	2013	2002	2335	2413	2772
2000	2157	2660	2874	3395	3768	3690
734	785	1001	1122	1223	1546	1537
533	660	773	865	1007	1148	1247

4-11 蓝田县经济

指　　标	单　位	2000年	2001年	2002年	2003年	2004年
年底总人口	万人	62.93	62.89	62.87	63.25	64.09
生产总值	万元	166100	180400	199300	225200	261300
第一产业	万元	46300	50600	53300	57400	69100
第二产业	万元	49500	54900	60500	67500	75600
# 工业	万元	35600	36400	43700	50200	54900
第三产业	万元	70300	74900	85500	100300	116600
人均生产总值	元	2653	2868	3169	357	4103
生产总值指数	上年=100	115.4	111.1	109.3	110.8	112.0
城镇单位在岗职工人数	人	15064	15155	15067	15592	17387
乡村从业人员	人		299400	304200	311900	310600
全社会固定资产投资	万元	19800	26218	48533	70133	101631
地方财政收入	万元	5003	5472	6280	7540	8472
地方财政支出	万元	11583	14708	16752	19255	21976
农村居民人均纯收入	元	1699	1805	1932	2020	2220
城镇居民人均可支配收入	元	–	–	–	–	–
城镇单位在岗职工平均工资	元	6610	7824	8304	8562	9740
常用耕地面积	公顷	45523	42205	40515	40101	41074
粮食产量	吨	250618	221449	205049	210510	258595
农林牧渔业总产值	万元	88560	91647	96323	91583	110774
社会消费品零售总额	万元	76600	86200	96900	107700	119292
普通小学专任教师数	人	2909	2829	3014	3269	3108
普通小学在校学生数	人	83448	80398	76880	72594	67771
普通中学专任教师数	人	1799	1920	2101	2315	2411
普通中学在校学生数	人	37432	41267	43128	46317	45247
卫生机构床位数	张	733	727	719	719	728
卫生技术人员	人	938	950	995	1010	1036
# 执业(助理)医师	人			473	476	470
注册护师、护士	人			216	227	231

社会主要指标

2005年	2006年	2007年	2008年	2009年	2010年	2011年
50.84	51.40	52.00	52.00	52.89	51.42	51.65
295400	334400	395900	496800	570600	701800	819400
75900	82100	97100	121700	130300	166400	204900
90700	112300	133400	168300	202700	263300	294600
63800	79300	93400	113500	123900	174400	183500
128800	140100	165400	206800	237600	272100	319900
4659	6541	7658	9554	10880	13456	15900
110.1	111.4	112.0	113.1	113.4	112.8	110.5
18279	18252	18520	16463	18144	21449	21376
312776	318595	317466	321464	320450	319450	344929
144344	189471	265320	377293	515382	682881	770932
5168	5368	6234	7964	10587	15401	21224
22351	28467	45315	76145	96725	132634	155355
2430	2663	3121	3611	4315	5316	6704
–	–		10202	12713	14874	17309
10553	11177	13507	17761	21393	26439	30130
41069	41061	41059	41059	40982	40667	40533
291305	312477	250267	324830	331133	335325	265829
132851	144070	170251	213481	223567	286829	337450
135283	154121	178254	214450	249620	296033	354500
3136	3128	3185	3042	2923	2958	2843
62866	61600	57502	52325	46758	43697	41044
2460	2397	31135	2447	2499	2525	2628
44827	46212	45682	44660	43770	42650	40860
852	855	716	779	842	1179	1225
1024	1036	1056	1216	1231	1377	1356
486	508	450	524	503	566	542
243	264	278	328	315	340	351

4-12 周至县经济

指　　标	单　位	2000年	2001年	2002年	2003年	2004年
年底总人口	万人	62.38	62.46	62.49	62.78	63.42
生产总值	万元	160000	182600	193600	202000	215200
第一产业	万元	51100	55100	56800	55200	56000
第二产业	万元	35600	50000	52200	55000	58200
# 工业	万元	26900	32200	39300	47500	49300
第三产业	万元	73300	77500	84600	91700	101000
人均生产总值	元	2581	2925	3099	3225	3411
生产总值指数	上年=100	110.6	108.5	105.5	105.1	109.3
城镇单位在岗职工人数	人	23394	23267	21416	20208	21183
乡村从业人员	人		309800	316800	301000	341300
全社会固定资产投资	万元	47800	55711	63052	78265	100571
地方财政收入	万元	5685	5503	5789	5487	5433
地方财政支出	万元	12309	15126	18133	18801	20830
农村居民人均纯收入	元	1753	1780	1822	1868	2098
城镇居民人均可支配收入	元					
城镇单位在岗职工平均工资	元	5893	8007	8465	8596	9399
常用耕地面积	公顷	40536	39859	38629	33977	34527
粮食产量	吨	262898	262412	256242	234365	255329
农林牧渔业总产值	万元	91468	91972	90778	67654	87981
社会消费品零售总额	万元	53906	59095	63032	67950	74973
普通小学专任教师数	人	2980	3090	3207	3009	2827
普通小学在校学生数	人	91300	94900	90400	81800	72600
普通中学专任教师数	人	2340	2451	2603	2676	2756
普通中学在校学生数	人	52100	53400	58700	60500	61100
卫生机构床位数	张	548	560	570	720	740
卫生技术人员	人	1009	1010	1115	1019	1044
# 执业(助理)医师	人	330	327	348	344	352
注册护师、护士	人	180	175	187	189	189

社会主要指标

2005年	2006年	2007年	2008年	2009年	2010年	2011年
53.56	53.97	54.60	54.78	55.72	56.29	56.59
242500	275600	325100	400700	436900	531600	662700
65200	71600	85000	106500	111100	152700	203000
69700	84200	95900	112200	118300	138800	175300
55200	65900	75800	87100	90900	106200	134200
107600	119800	144200	182000	207600	240100	284400
3824	5126	5989	7327	7909	9492	11742
110.9	111.3	111.5	112.3	110.5	110.3	111.1
21207	20852	21018	20946	20789	21203	21517
346578	347330	351943	346913	346046	346284	346489
139980	198247	271122	377718	506898	672797	684630
3457	3967	4186	4938	6038	10169	15510
23170	31638	49277	69157	98075	142652	181790
2330	2601	3059	3537	4248	5328	6615
			10229	12715	14877	17353
9857	11182	13601	16417	19994	24174	29356
34938	33582	33182	33536	33518	33526	33195
290799	288934	251091	281556	282258	288582	226032
105979	116742	139686	175186	185796	262734	329966
85411	99362	116852	143770	167204	197948	237439
2752	2677	2672	2649	2600	2509	2517
64000	57700	50400	45200	41500	39446	38047
2849	2923	2985	2994	2973	2926	2911
45200	63500	61500	57500	52900	48078	44269
651	797	678	678	668	779	1026
1070	1367	1486	1474	1547	1778	1837
356	437	504	544	509	657	542
200	218	295	285	336	407	488

4-13 户县经济

指　　标	单　位	2000年	2001年	2002年	2003年	2004年
年底总人口	万人	56.30	56.32	56.47	56.86	57.81
生产总值	万元	268900	306900	343400	381700	447400
第一产业	万元	52500	56400	56000	59000	74500
第二产业	万元	141000	165300	191800	214500	247400
# 工业	万元	128500	151900	177100	196700	222400
第三产业	万元	75400	85200	95600	108200	125500
人均生产总值	元	4789	5450	6089	6736	7804
生产总值指数	上年=100	106.9	115.1	114.6	111.3	113.0
城镇单位在岗职工人数	人	26840	25992	24511	23711	33663
乡村从业人员	人		272700	273600	276126	278700
全社会固定资产投资	万元	26920	47600	50635	93600	138298
地方财政收入	万元	9630	10701	10491	11951	13210
地方财政支出	万元	13124	17036	20880	21462	25460
农村居民人均纯收入	元	2009	2093	2280	2458	2746
城镇居民人均可支配收入	元	5338	5685	6351	6654	7246
城镇单位在岗职工平均工资	元	5731	7084	8482	9048	10851
常用耕地面积	公顷	36680	35936	36266	39326	38889
粮食产量	吨	300973	340152	330380	292429	317726
农林牧渔业总产值	万元	85502	92250	91411	92305	110175
社会消费品零售总额	万元	80892	91247	98339	109569	122587
普通小学专任教师数	人	2658	2641	2693	2651	2668
普通小学在校学生数	人	68300	64400	60500	56100	51600
普通中学专任教师数	人	2377	2498	2613	2847	2906
普通中学在校学生数	人	47200	49800	52000	52600	53300
卫生机构床位数	张	1275	1324	1430	1458	1628
卫生技术人员	人	1563	1510	1540	1619	1680
# 执业(助理)医师	人	547	514	521	721	765
注册护师、护士	人	224	209	213	448	497

社会主要指标

2005年	2006年	2007年	2008年	2009年	2010年	2011年
54.36	54.91	55.56	55.88	56.77	55.65	55.85
510300	595600	701900	837700	902700	1057800	1291300
80300	84000	97200	119000	124400	155900	212400
287300	346700	409000	468800	492900	585600	708400
255300	305900	359900	402700	420200	506100	618100
142700	164900	195700	249900	285400	316300	370500
8837	10901	12707	15034	16027	18819	23162
111.8	112.6	112.1	110.8	112.4	112.5	111.0
33247	32784	32099	30962	25333	29170	32683
280057	283297	282880	282933	283029	283108	283245
261077	354483	491985	642068	841986	1096427	1098101
10341	13923	17417	21370	26083	33948	44754
27053	37755	47987	72067	92851	132347	177764
3018	3325	3833	4408	5307	6549	8265
7915	8685	9917	11496	14313	16761	19532
11877	12671	14790	16955	21224	24350	28307
38702	38647	38620	38609	38410	38313	38196
337469	353805	300442	350349	357851	371523	302724
130717	137060	160639	196606	208089	260295	340026
141828	163696	191186	232147	271919	323399	388564
2638	2568	2537	2453	2413	2329	2246
46200	43400	40200	38100	36400	34785	33953
2959	3000	2969	2958	2925	2915	2871
52500	51600	63400	45800	42700	39730	37939
1526	1523	1640	1712	1849	1962	2035
1662	1684	1619	2119	2320	2488	2610
760	812	827	839	880	1011	967
489	468	486	660	820	850	907

4-14 高陵县经济

指　　标	单 位	2000年	2001年	2002年	2003年	2004年
年底总人口	万人	23.30	23.29	23.38	23.43	23.39
生产总值	万元	103800	113300	129400	152600	184900
第一产业	万元	33500	36600	37000	39200	46100
第二产业	万元	46900	51000	61600	76300	91500
# 工业	万元	34700	32100	40400	52700	66000
第三产业	万元	23400	25700	30800	37100	47300
人均生产总值	元	4477	4864	5546	6521	7897
生产总值指数	上年=100	185.9	113.3	114.7	115.4	117.1
城镇单位在岗职工人数	人	9136	12817	11823	13165	16095
乡村从业人员	人		113500	119700	115050	116600
全社会固定资产投资	万元	37791	53051	65000	91481	175552
地方财政收入	万元	3547	4608	5113	6148	8866
地方财政支出	万元	7291	10144	10705	12950	16087
农村居民人均纯收入	元	2219	2385	2460	2556	2840
城镇居民人均可支配收入	元					
城镇单位在岗职工平均工资	元	4916	6771	7847	8841	10376
常用耕地面积	公顷	16431	16550	16689	15132	15132
粮食产量	吨	211113	208026	201557	189815	192128
农林牧渔业总产值	万元	64165	68106	71165	76261	84981
社会消费品零售总额	万元	25200	28000	29200	33100	38500
普通小学专任教师数	人	1114	725	678	669	948
普通小学在校学生数	人	31213	28761	25922	23407	20562
普通中学专任教师数	人	1128	1131	1135	1244	1497
普通中学在校学生数	人	20469	22328	22475	22016	20364
卫生机构床位数	张	329	365	461	461	479
卫生技术人员	人	580	593	481	478	516
# 执业(助理)医师	人	281	281	184	183	189
注册护师、护士	人	124	110	98	99	150

社会主要指标

2005年	2006年	2007年	2008年	2009年	2010年	2011年
24.49	26.35	27.00	28.63	30.80	33.35	33.53
314200	411700	602800	885300	1183700	1491000	1883000
56500	53000	68500	88700	92000	121200	169300
194900	289000	445400	671200	941400	1198800	1509900
155500	254800	403900	607900	868500	1107900	1382000
62800	71500	88800	125400	150300	171000	203800
13072	16196	22598	31828	39835	46800	56310
123.6	127.6	135.1	135.6	127.1	125.1	120.0
17828	20119	20243	18953	49296	48965	38027
112607	119032	114795	119739	116122	121602	124324
348900	510200	690269	1002000	1343700	1744059	1776472
10443	14604	21177	30874	40138	52011	70031
22265	30379	41964	54690	80088	100412	123775
3120	3436	3914	4708	5735	7106	9053
		9990	11890	14827	17377	20313
11960	12997	16559	19182	22561	33077	25231
15156	15211	15247	15876	15919	15406	15254
187298	188352	187068	207578	210622	208999	200313
96876	98162	114968	148577	155044	204388	279451
45600	53600	64300	94776	111836	132017	158619
1195	1064	1218	1251	1325	1361	1359
19004	18828	16204	15014	14099	13743	13767
1423	1190	1149	1138	1140	1104	1058
21816	20566	19459	18696	17601	14228	13535
492	495	457	770	822	856	1034
649	725	720	896	976	1132	1231
217	267	247	293	320	394	392
179	211	230	220	343	388	423

五、铜川市

资料整理：王 珍 李 朝

5-1 铜川市经济

指　　标	单 位	2000年	2001年	2002年	2003年	2004年
年底总人口	万人	83.22	83.52	83.79	83.98	84.33
人口自然增长率	‰					
年底总户数	万户	21.31	21.66	22.93	23.48	24.24
生产总值	亿元	34.55	37.08	40.90	48.69	59.49
第一产业	亿元	4.02	3.85	4.12	4.10	5.02
第二产业	亿元	15.53	16.42	18.50	23.26	30.56
# 工业	亿元	12.96	13.86	15.58	19.89	26.54
第三产业	亿元	15.00	16.81	18.28	21.33	23.91
人均生产总值	元	4171	4448	4889	5804	7069
生产总值指数	上年=100	108.3	107.2	110.0	111.5	112.4
第一产业	上年=100	108.1	98.5	104.8	105.8	116.1
第二产业	上年=100	108.5	105.8	111.8	113.2	113.9
# 工业	上年=100	108.8	107.8	111.0	113.5	113.8
第三产业	上年=100	108.1	110.9	109.5	111.3	110.3
人均生产总值指数	上年=100	107.7	106.5	109.6	111.2	112.0
非公有制经济增加值	亿元					
文化产业增加值	亿元					
单位GDP能耗	吨标准煤/万元					
单位GDP能耗比上年增长	%					
单位工业增加值能耗	吨标准煤/万元					
就业人员	万人	41.07	41.30	41.82	41.93	42.50
第一产业	万人	17.93	17.95	18.20	19.20	19.00
第二产业	万人	12.79	12.83	12.97	10.08	10.20
第三产业	万人	10.35	10.52	10.65	12.65	13.30
城镇单位就业人员	万人	12.24	11.83	10.94	10.31	9.65
# 国有单位	万人	9.62	9.38	8.66	7.98	7.54
集体单位	万人	1.34	1.13	0.93	0.83	0.69
城镇单位在岗职工人数	万人	12.13	11.72	10.84	10.01	9.34
城镇单位在岗职工平均工资	元	6484	7162	7844	9218	10689

社会主要指标

2005年	2006年	2007年	2008年	2009年	2010年	2011年
82.99	83.19	83.56	83.93	83.31	83.50	83.82
	4.42	4.44	4.42	4.34	3.51	3.36
25.30	25.76	26.11	26.70	27.51	27.33	27.55
71.84	86.41	102.81	129.87	154.40	187.73	232.63
5.87	6.33	7.84	9.68	10.81	14.18	17.41
38.67	49.08	58.81	77.94	93.73	116.50	147.41
33.66	43.29	51.99	68.91	82.94	103.99	131.91
27.30	31.00	36.16	42.25	49.86	57.05	67.81
8582	10993	12331	15508	18375	22317	27806
112.7	115.0	115.3	117.1	115.2	115.6	116.0
106.9	108.0	104.9	107.8	106.3	107.7	107.3
113.2	119.5	118.5	119.9	114.0	118.1	118.0
112.5	120.4	119.9	121.1	113.1	119.0	118.2
113.2	110.2	112.7	114.3	118.9	112.8	114.2
113.3	115.8	115.0	116.6	114.9	115.3	115.7
30.27	33.77	39.40	48.60	63.40	82.13	107.48
			1.78	2.04	2.45	3.35
2.160	2.123	2.017	1.917	1.798	1.720	1.641
	-1.70	-5.01	-4.95	-6.21	-4.31	-3.62
4.100	4.150	3.455	4.739	4.142	3.955	2.623
40.33	39.32	40.07	39.80	40.34	41.08	42.44
18.64	18.46	17.64	19.30	15.52	15.54	15.55
10.04	9.35	10.49	9.14	10.15	10.18	10.23
11.65	11.51	11.94	11.36	14.67	15.36	16.66
9.56	9.31	9.06	9.32	9.67	9.83	10.16
7.84	7.64	7.51	7.80	7.63	7.85	8.13
0.48	0.46	0.35	0.30	0.29	0.24	0.24
9.17	8.92	8.79	8.77	9.23	9.43	9.67
12668	15221	18963	23988	28220	31046	33963

5-1 续表 1

指　　标	单 位	2000年	2001年	2002年	2003年	2004年
全社会固定资产投资	亿元	14.01	14.79	16.88	21.24	26.83
# 房地产开发	亿元	2.90	2.53	1.49	2.68	3.22
商品房销售面积	万平方米	22.39	14.46	14.12	24.62	24.62
# 住宅	万平方米	18.40	13.32	12.88	22.53	22.53
地方财政收入	亿元	1.49	1.59	1.86	2.15	2.46
地方财政支出	亿元	3.69	4.42	4.84	5.29	6.37
金融机构人民币各项存款余额	亿元	40.51	47.37	47.37	72.05	91.22
金融机构人民币各项贷款余额	亿元	46.31	46.43	46.43	52.97	55.62
农村居民人均总收入	元	1854	1851	2113	2152	2665
农村居民人均纯收入	元	1459	1465	1560	1660	1810
工资性收入	元	364	365	389	414	451
家庭经营收入	元	1009	1014	1079	1149	1252
财产性收入	元	33	33	35	37	41
转移性收入	元	53	53	57	60	66
农村居民人均生活消费支出	元	1049	1047	1336	1190	1380
# 食品支出	元	514	475	630	564	708
城镇居民人均总收入	元	3960	4145	4837	5177	5522
工资性收入	元	2081	2175	2481	3485	3782
经营性收入	元	298	309	166	108	93
财产性收入	元	188	89	80	39	46
转移性收入	元	1393	1572	2110	1545	1601
城镇居民人均可支配收入	元	3837	4092	4494	4762	5114
城镇居民人均生活消费性支出	元	3070	3509	3723	3897	4508
# 食品支出	元	1327	1474	1492	1608	1789
城镇人均住房使用面积	平方米	14.2	14.6	15.5	14.7	14.6
农村人均住房面积	平方米	20.5	21.2	25.7	26.4	26.8
城市人均公园绿地面积	平方米					
城市人均道路面积	平方米		3.5	3.3	7.0	8.8
城市用水普及率	%		73.4	73.6	99.0	97.5
城市燃气普及率	%		33.1	33.1	80.1	66.1
常用耕地面积	千公顷	70.06	64.36	64.85	63.65	63.96
农林牧渔业总产值	亿元	7.26	6.95	7.36	7.16	9.09
农作物总播种面积	千公顷	88.57	83.14	80.96	79.56	85.78
# 粮食作物	千公顷	75.06	68.93	66.31	62.77	69.94

2005年	2006年	2007年	2008年	2009年	2010年	2011年
34.49	43.73	57.03	63.40	88.12	117.23	145.96
3.75	4.58	5.25	5.92	10.94	14.68	20.36
45.92	46.43	44.65	30.16	36.36	44.02	51.76
44.22	44.72	40.71	28.54	35.89	43.97	51.71
3.02	4.07	6.00	7.50	10.08	13.75	18.89
7.90	12.20	16.70	25.42	33.71	53.96	64.34
98.55	115.88	126.38	165.86	206.62	250.92	296.45
48.58	53.41	66.82	70.27	80.83	79.40	91.20
2979	3216	3661	4936	6075	8177	9510
2010	2215	2620	3291	3969	4789	6077
501	546	725	1314	1530	1800	2266
1391	1555	1714	1565	1924	2286	2942
45	38	50	108	176	223	327
73	76	131	304	339	480	542
1753	1848	2001	3133	3607	4402	4861
846	861	927	1232	1265	1454	1631
6212	7394	9109	11712	14844	17172	20486
4780	5660	7324	9551	12143	13971	16596
181	400	256	222	281	327	365
40	31	39	56	157	185	205
1211	1303	1490	1883	2263	2689	3320
5871	6820	8163	11008	13717	15884	18775
4829	5678	6534	8036	9410	11181	13340
1903	2084	2564	3140	3305	4006	5103
15.3	16.1	21.5	18.8	19.0	19.1	19.4
26.9	26.8	27.0	28.0	31.8	32.0	35.2
	7.3	7.6	7.6	9.5	9.7	10.0
8.3	8.3	8.3	9.6	10.2	11.0	11.2
97.1	97.1	96.9	92.1	95.2	95.7	93.8
76.9	76.3	76.2	72.4	73.7	73.4	71.5
64.26	64.50	63.86	62.00	62.60	62.71	63.32
10.62	11.72	14.63	18.14	19.15	25.15	30.90
90.48	90.21	73.86	77.33	79.53	82.95	79.33
72.30	71.00	55.35	58.90	60.79	63.09	58.72

5-1 续表 2

指 标	单 位	2000年	2001年	2002年	2003年	2004年
粮食产量	万吨	23.05	19.25	20.39	20.57	23.46
棉花产量	吨	23	8	7	6	12
油料产量	吨	7587	8394	8826	9721	7649
蔬菜产量	吨	107200	90091	94051	95223	70733
水果产量	吨	148539	153579	177909	214547	249806
# 苹果	吨	145131	151461	171551	206573	240698
肉类产量	吨	9011	9500	9769	10639	12143
# 猪牛羊肉	吨	8330	8678	9030	9793	11297
奶类产量	吨	351	2118	4890	6725	10039
# 牛奶	吨	224	1595	4164	6069	9241
禽蛋产量	吨	4470	4909	5196	5827	5442
水产品产量	吨	604	703	800	855	833
规模以上工业企业单位数	个	82	73	78	94	110
规模以上工业总产值	亿元	30.84	30.11	33.38	42.13	59.91
规模以上工业增加值	亿元	10.22	10.71	12.78	15.36	22.54
纱产量	吨	5161	5028	5313	4893	5568
布产量	万米	704	498	790	376	496
原煤产量	万吨	973.02	1020.84	1336.60	1287.03	1567.95
发电量	万千瓦小时	571	648	683	354	39432
水泥产量	万吨	346.93	363.60	401.85	428.39	476.76
建筑业企业单位数	个	34	25	33	26	18
建筑业企业年末从业人员	万人	1.70	1.12	1.64	1.51	0.76
建筑业总产值	亿元	4.29	4.85	5.56	5.95	5.10
房屋建筑施工面积	万平方米	90.85	62.15	76.70	89.13	62.06
房屋建筑竣工面积	万平方米	27.41	25.55	26.44	39.12	31.73
公路里程	公里	1260	1545	1622	1879	2022
# 等级公路	公里	1253	1527	1604	1861	2004
# 高速公路	公里		96	96	96	96
民用汽车拥有量	辆	11379	13819	15013	16613	18225
# 私人汽车	辆	5396	6085	7042	8134	9212
邮电业务总量	亿元	1.52	2.06	2.68	3.26	5.10
邮政业务总量	亿元	0.12	0.23	0.27	0.34	0.40
电信业务总量	亿元	1.40	1.82	2.41	2.92	4.70

2005年	2006年	2007年	2008年	2009年	2010年	2011年
23.70	24.81	18.24	22.99	23.32	26.63	21.44
12	11					
9162	8083	7901	10471	9706	9706	9590
80053	84819	46769	98201	105826	117911	133601
264762	305714	332987	373893	471274	557781	629490
255253	298540	322834	355693	447769	532015	605229
13051	14099	7749	8770	12273	14641	15453
12172	13145	6758	7803	11054	12443	13207
13186	19463	23897	17793	22466	26001	27650
11622	17786	22080	14943	20221	23633	25522
5723	6387	6159	6728	11118	13796	15796
881	873	204	242	475	1135	1210
117	136	121	124	136	130	121
70.49	99.53	124.34	166.84	195.02	249.05	335.76
23.02	39.18	53.55	64.13	78.11	98.83	121.91
6005	7029	7002	8514	10495	10987	12259
425	318	55				
1336.33	1676.68	1749.43	1745.97	1914.64	2140.75	2363.06
37556	39388		568631	522701	550506	631780
495.95	565.89	659.39	724.68	748.05	997.39	1429.23
24	23	23	25	27	28	28
0.91	1.00	0.96	1.06	0.93	1.22	1.40
6.35	8.92	11.42	19.63	24.32	26.10	34.12
96.85	110.98	137.51	147.75	177.97	223.16	304.47
36.69	35.56	41.84	61.28	75.31	38.84	54.22
2051	3271	3243	3185	3427	3521	3560
2033	2357	2814	2765	3037	3140	3179
96	96	96	96	97	99	104
20628	23748	27562	33850	40834	49915	37487
10666	15804	21557	23797	29582	36492	42384
6.42	7.98	9.63	10.83	10.93	4.69	6.64
0.45	0.51	0.56	0.61	0.64	0.58	0.63
5.97	7.47	9.07	10.23	10.29	4.10	6.01

5-1 续表 3

指　标	单 位	2000年	2001年	2002年	2003年	2004年
固定电话用户	万户	8.28	11.12	14.41	17.94	19.02
移动电话用户	万户	2.61	6.55	11.06	47.46	16.60
互联网用户	万户	0.35	0.56	0.32	1.58	1.69
限额以上企业数	个					
批发业	个					
零售业	个					
住宿业	个					
餐饮业	个					
社会消费品零售总额	亿元	13.79	14.64	15.96	17.73	19.94
进出口总额	万美元			370	510	2465
# 出口	万美元			158	421	2144
实际外商直接投资额	万美元			193	6	16
接待入境旅游者人数	万人次	0.46	0.51	0.58	0.70	0.82
# 外国人	万人次	0.34	0.39	0.46	0.49	0.64
国际旅游外汇收入	万美元	69	76	87	105	123
国内旅游人数	万人次	164	195	212	240	264
国内旅游收入	亿元	1.32	1.74	2.09	2.42	2.74
星级饭店数	个			12	11	11
幼儿园数	所	31	28	20	24	21
在园儿童数	万人	0.72	0.83	0.63	0.66	0.61
普通小学学校数	所	935	852	799	750	676
普通小学专任教师数	人	5177	5067	5208	5120	4891
普通小学在校学生数	万人	10.71	10.23	9.47	8.55	7.67
普通中学学校数	所	76	77	78	78	79
普通中学专任教师数	人	3039	3147	3317	3406	3558
普通中学在校学生数	万人	5.29	5.29	6.29	6.76	6.87
卫生机构数	个	163	155	136	149	147
卫生机构床位数	张	3412	3420	3680	3683	3754
卫生技术人员	人	4563	4611	4350	4223	4102
# 执业(助理)医师	人	2003	2049	1771	1834	1742
注册护师、护士	人	1499	1422	1395	1379	1332

2005年	2006年	2007年	2008年	2009年	2010年	2011年
17.99	20.35	21.49	28.10	24.88	15.21	14.49
19.03	22.28	28.89	33.84	44.75	48.06	52.95
1.85	2.46	3.40	4.06	4.41	5.44	6.69
				35	64	83
				4	5	7
				14	31	46
				12	14	14
				5	14	16
21.76	24.12	27.58	33.54	39.48	46.58	54.56
3443	1700	2696	2364	721	490	1017
2129	224	565	677	360	391	836
	365	750	536	500	520	2098
0.91	1.01	1.40	1.60	1.92	2.24	2.45
0.71	0.73	0.79	1.01	1.17	1.29	1.52
136	151	210	240	288	336	268
291	320	346	367	430	495	560
3.15	3.46	4.20	5.20	6.50	10.50	19.11
11	11	12	12	12	12	13
30	25	33	28	29	51	53
0.57	0.57	0.58	0.60	0.64	0.94	1.31
608	528	461	375	290	220	194
4885	4895	4801	4638	4619	4536	3896
6.82	6.43	5.88	5.49	5.34	5.12	4.80
81	77	75	73	70	58	58
3741	3875	4015	4056	4056	3925	4539
6.81	6.99	6.75	6.51	6.21	5.84	5.39
152	152	135	126	138	146	972
3698	4035	4042	4109	4536	4658	4629
3927	4070	3765	3776	4389	5161	6074
1656	1760	1591	1463	1508	1747	2156
1266	1354	1372	1370	1625	1971	2317

5-2 王益区经济

指　　标	单　位	2000年	2001年	2002年	2003年	2004年
年底总人口	万人	21.43	21.46	21.47	21.49	21.49
生产总值	万元	30333	33138	37719	38390	43006
第一产业	万元	2352	2455	2187	2555	2769
第二产业	万元	17000	18549	8815	10256	12175
# 工业	万元	14506	15957	7581	8935	10789
第三产业	万元	10981	12134	26717	25579	28062
人均生产总值	元	3986	4360	4780	5204	8602
生产总值指数	上年=100	109.2	110.9	112.8	112.0	112.7
城镇单位在岗职工人数	人	3972	4374	4022	3988	3851
乡村从业人员	人	14900	20900	21900	20500	21700
全社会固定资产投资	万元	608	640	3325	6325	8422
地方财政收入	万元	1409	1379	1527	1602	2265
地方财政支出	万元	2574	3323	4134	4538	5592
农村居民人均纯收入	元	1720	1730	1780	1888	1981
城镇居民人均可支配收入	元	3576	3896	4249	4587	5000
城镇单位在岗职工平均工资	元	5173	6516	7250	7959	8513
常用耕地面积	公顷	4514	3840	3897	3755	3788
粮食产量	吨	12050	12008	9661	10740	12128
农林牧渔业总产值	万元	3888	4031	4342	4081	4915
社会消费品零售总额	万元	38537	39847	48854	53983	59200
普通小学专任教师数	人	992	985	987	971	935
普通小学在校学生数	人	18200	17200	16800	16400	15200
普通中学专任教师数	人	532	524	511	523	545
普通中学在校学生数	人	11500	11300	11000	10900	10300
卫生机构床位数	张	320	320	320	320	320
卫生技术人员	人	239	239	239	239	239
# 执业(助理)医师	人	137	137	137	137	137
注册护师、护士	人	102	102	102	102	102

社会主要指标

2005年	2006年	2007年	2008年	2009年	2010年	2011年
21.02	21.08	21.17	21.37	20.00	20.04	20.10
209180	235100	263540	307700	367020	442090	536850
3200	3650	4410	5300	5710	7467	9111
87120	99550	105240	131200	159380	199000	250100
69550	79460	83880	101700	158600	156000	198500
118860	131900	153890	171200	201930	235620	277650
9784	11121	11932	14466	17179	20868	26749
114.1	114.3	115.8	116.4	116.8	115.7	116.4
3841	3891	4227	5702	43623	43922	27305
21865	20914	21157	20023	21114	20861	21807
21750	29100	39240	174259	213752	280033	354404
2903	3742	5008	6518	8018	10585	14333
7596	10614	19001	30960	38078	53152	67297
2246	2472	2980	3734	4540	5453	6878
5685	6741	8141	11003	13738	15809	18845
9548	10817	15069	24724	27600	31193	34247
3788	3723	3727	3737	3977	3887	3895
12115	11852	8273	9475	10282	11175	9516
5924	6615	7934	9540	10112	13149	16060
98000	109300	124800	151000	176942	209140	246028
673	965	934	908	990	1058	736
14000	12600	11600	10900	10200	10461	8920
542	588	571	342	508	698	843
9800	9600	9300	8500	7800	7980	14200
320	320	320	320	320	2058	2029
239	239	239	239	243	2036	2237
137	137	137	137	139	621	628
102	102	102	102	104	1415	1609

5-3 印台区经济

指　　标	单　位	2000年	2001年	2002年	2003年	2004年
年底总人口	万人	23.09	23.16	23.38	23.46	23.58
生产总值	万元	29577	34191	38465	42312	171440
第一产业	万元	5834	5880	6264	6703	9640
第二产业	万元	9275	10021	10980	12052	100840
# 工业	万元	7570	8250	9020	9892	91170
第三产业	万元	14468	18290	21221	23557	60960
人均生产总值	元	1281	1476	1645	1804	7289
生产总值指数	上年=100	108.3	115.6	112.5	110.0	111.9
城镇单位在岗职工人数	人	4205	4879	4764	4688	4702
乡村从业人员	人	47400	46200	48800	49300	51800
全社会固定资产投资	万元	3511	4091	13400	14110	15506
地方财政收入	万元	1449	1541	1775	2008	1950
地方财政支出	万元	4445	5496	6134	6980	8352
农村居民人均纯收入	元	1396	1382	1395	1462	1662
城镇居民人均可支配收入	元	3837	4092	4494	4762	5114
城镇单位在岗职工平均工资	元	5977	6903	7684	9315	10677
常用耕地面积	公顷	12066	11710	11681	11456	11453
粮食产量	吨	38947	32336	34171	34095	40320
农林牧渔业总产值	万元	12365	12677	13245	12281	17458
社会消费品零售总额	万元	19385	21147	25198	29833	32800
普通小学专任教师数	人	1329	1231	886	870	829
普通小学在校学生数	人	17800	22500	13500	14200	12000
普通中学专任教师数	人	336	319	349	380	370
普通中学在校学生数	人	5800	12700	6900	7400	7300
卫生机构床位数	张	1080	1216	1215	1224	1226
卫生技术人员	人	393	437	445	451	458
# 执业(助理)医师	人	62	91	94	96	100
注册护师、护士	人	117	130	131	130	132

社会主要指标

2005年	2006年	2007年	2008年	2009年	2010年	2011年
23.14	23.16	23.27	23.32	21.72	21.77	21.84
203550	248200	283060	328900	392110	472370	583417
11490	12740	16770	20800	23120	30630	37997
122950	162120	186530	214800	257130	317600	400200
112670	150970	175090	201200	241130	299600	378600
69110	73340	79760	93300	111860	124140	145220
8614	10054	11949	13842	16825	20282	26756
112.5	114.4	116.2	116.6	116.6	116.3	116.2
4973	4976	5155	5919	11357	12682	28394
53042	52534	53444	53230	54964	55161	55230
19236	25162	37231	59333	105880	138065	169846
2009	2817	3875	5152	6001	7225	10693
10315	15477	22904	38594	44010	60497	77776
1802	2010	2480	3120	3806	4597	5843
5748	6679	8042	10637	13339	15473	18305
11474	12543	16039	19070	25905	28222	33635
11350	11202	10508	8738	8510	8604	8846
42113	43006	30353	34811	35657	48191	34462
20891	23540	31031	38486	40467	53595	66520
46200	50900	57800	70900	83400	98317	114579
837	1114	1139	1109	1058	1047	835
10800	13200	13600	13000	12800	12235	11200
375	269	738	1071	1040	956	831
6900	9600	10500	10021	8861	7592	6813
1226	1207	1165	1162	1196	1084	1084
469	475	805	827	1186	1194	1565
102	108	330	294	366	379	513
130	129	272	299	416	432	461

5-4 耀州区经济

指 标	单 位	2000年	2001年	2002年	2003年	2004年
年底总人口	万人	29.39	29.60	29.67	29.80	30.06
生产总值	万元	78700	92200	115500	140400	203870
第一产业	万元	16800	17300	17800	18600	25010
第二产业	万元	34800	43700	61500	75600	115472
# 工业	万元	29800	37800	53500	69500	99660
第三产业	万元	27100	31200	36200	46200	63388
人均生产总值	元	3060	3561	4459	5404	6782
生产总值指数	上年=100	109.8	109.2	111.6	112.2	112.0
城镇单位在岗职工人数	人	19658	19846	18273	17008	16103
乡村从业人员	人	125950	127900	130900	133100	131500
全社会固定资产投资	万元	12010	14280	19785	25445	56991
地方财政收入	万元	4150	4390	5010	5618	7233
地方财政支出	万元	7696	9825	11256	12096	14768
农村居民人均纯收入	元	1438	1462	1572	1696	1848
城镇居民人均可支配收入	元	3219	3546	4298	4758	5926
城镇单位在岗职工平均工资	元	6538	7869	8064	9382	10322
常用耕地面积	公顷	36272	32950	33885	33642	33674
粮食产量	吨	118321	89861	100398	104151	120084
农林牧渔业总产值	万元	37802	29871	31698	37955	45081
社会消费品零售总额	万元	33516	34857	37297	44359	48949
普通小学专任教师数	人	1623	1731	1713	2002	1874
普通小学在校学生数	人	34900	39200	32102	33300	30400
普通中学专任教师数	人	874	1013	972	1129	1196
普通中学在校学生数	人	14800	17600	17749	19788	21800
卫生机构床位数	张	439	460	460	406	546
卫生技术人员	人	700	742	742	676	612
# 执业(助理)医师	人	318	339	342	334	325
注册护师、护士	人	209	204	220	212	209

社会主要指标

2005年	2006年	2007年	2008年	2009年	2010年	2011年
29.63	29.73	29.87	29.97	32.49	32.58	32.73
263940	324850	405610	579600	698600	827200	1050620
28870	30840	36880	45150	50630	65450	79800
160080	204950	264500	404580	487970	577430	757260
136790	178800	238740	361300	442300	524500	693100
74990	89060	104230	129870	160000	184320	213560
8908	9215	13611	18957	23221	27391	32186
111.5	113.6	118.5	118.9	116.1	116.6	116.5
16366	16377	15557	17113	31604	43922	35268
133221	110355	116797	124173	127968	110838	112403
91502	81728	120530	233961	485900	618407	817811
6940	9687	12943	16965	21327	29859	44948
17768	28045	35560	60122	91162	120347	145866
2047	2248	2695	3404	4101	5358	6799
6684	7660	9123	11812	14840	17847	21399
10763	11626	13658	22324	25649	31009	34199
34015	34447	34363	34052	33982	475221	32732
111822	114730	83269	111683	108851	102214	86461
51785	56859	68504	85690	90607	102325	143828
60500	66100	76900	93600	110700	130211	152302
1879	1977	1973	1960	1976	2012	1802
27000	28400	27500	25400	24400	24120	22572
1252	1316	1662	1689	1715	1670	2213
21900	24100	27500	26100	25500	23627	28188
562	687	837	947	1032	1084	1207
599	701	701	845	1161	1423	1916
322	340	338	478	475	529	751
210	221	219	327	394	557	769

5-5 宜君县经济

指　　标	单　位	2000年	2001年	2002年	2003年	2004年
年底总人口	万人	9.30	9.30	9.27	9.25	9.20
生产总值	万元	16792	16318	18248	21883	34810
第一产业	万元	10054	9458	10196	9524	13440
第二产业	万元	3946	4000	3597	6518	10980
# 工业	万元	3515	15425	4427	22624	13581
第三产业	万元	2684	2860	4455	5841	10390
人均生产总值	元	1806	1755	1962	2367	3743
生产总值指数	上年=100	110.2	108.0	111.5	111.1	111.5
城镇单位在岗职工人数	人	6082	6207	6301	6189	6251
乡村从业人员	人	43568	44000	44800	44600	47300
全社会固定资产投资	万元	5696	5149	6782	9583	14311
地方财政收入	万元	1040	1090	1277	1433	1249
地方财政支出	万元	4379	5572	6304	7209	8008
农村居民人均纯收入	元	1268	1218	1325	1426	1542
城镇居民人均可支配收入	元	2617	3189	3810	4200	4885
城镇单位在岗职工平均工资	元	5085	6847	7261	7669	9200
常用耕地面积	公顷	17208	15862	15386	14800	15042
粮食产量	吨	61177	58282	59623	56734	62051
农林牧渔业总产值	万元	18544	17083	18056	17318	23397
社会消费品零售总额	万元	7955	8296	8827	9404	10200
普通小学专任教师数	人	671	690	701	715	693
普通小学在校学生数	人	14700	13900	12700	10800	9100
普通中学专任教师数	人	303	349	367	431	407
普通中学在校学生数	人	4900	5800	6400	7300	7600
卫生机构床位数	张	167	175	175	185	185
卫生技术人员	人	274	291	273	293	301
# 执业(助理)医师	人	140	139	139	127	147
注册护师、护士	人	71	69	71	71	66

社会主要指标

2005年	2006年	2007年	2008年	2009年	2010年	2011年
9.20	9.22	9.25	9.27	9.10	9.12	9.16
41760	48620	60127	82100	104790	135760	174200
14900	16370	21047	25574	28630	38270	47100
15430	19220	23840	33800	47550	64100	84400
38238	32096	42050	25000	37550	51700	67900
11430	13030	15240	22800	28610	33390	42700
4500	5279	7028	8432	11304	14886	19017
114.0	114.0	115.0	115.0	115.0	115.5	116.0
6448	6339	6168	5614	5746	5693	5714
46943	47506	49787	46654	47277	49149	49270
16032	20640	26848	43997	73163	95303	117530
1543	2188	3020	4018	5133	6830	10056
11132	16408	21492	38475	40343	54346	70288
1683	1884	2333	2941	3541	4290	5466
5520	6128	7375	10371	12950	15140	17866
9898	10635	16067	25682	28910	30075	32770
15108	15131	15262	15477	16134	17105	17846
70905	78477	60458	73916	78382	96960	84010
27588	30235	38796	47636	50299	67088	82587
12900	14300	16400	19952	23736	28119	32715
723	690	700	661	667	600	620
7500	7100	6400	5900	5600	5342	4514
432	441	445	429	423	431	492
6900	6500	6000	5400	5100	4892	3302
212	274	270	273	273	273	309
215	264	225	268	294	307	320
148	149	157	171	171	166	185
77	102	101	108	108	118	120

六、宝鸡市

资料整理：侯利萍　马　靖

6-1 宝鸡市经济

指　　标	单 位	2000年	2001年	2002年	2003年	2004年
年底总人口	万人	363.38	364.46	365.21	367.13	369.20
人口自然增长率	‰					
年底总户数	万户	96.11	97.72	98.86	100.48	102.65
生产总值	亿元	195.34	221.88	250.37	287.35	353.24
第一产业	亿元	25.18	25.59	27.07	30.66	40.06
第二产业	亿元	98.32	114.88	132.18	154.30	196.67
# 工业	亿元	78.89	91.60	105.22	121.56	157.47
第三产业	亿元	71.84	81.41	91.12	102.39	116.51
人均生产总值	元	5425	6097	6863	7847	9594
生产总值指数	上年=100	110.5	109.7	110.5	112.9	115.1
第一产业	上年=100	100.6	101.9	103.8	107.2	112.0
第二产业	上年=100	112.4	110.2	113.0	116.3	119.2
# 工业	上年=100	112.2	109.4	112.9	115.6	120.6
第三产业	上年=100	111.1	111.3	109.0	109.7	109.7
人均生产总值指数	上年=100	109.1	107.0	110.2	112.5	114.4
非公有制经济增加值	亿元					
文化产业增加值	亿元					
单位GDP能耗	吨标准煤/万元					
单位GDP能耗比上年增长	%					
单位工业增加值能耗	吨标准煤/万元					
就业人员	万人	201.65	199.11	201.94	204.12	202.17
第一产业	万人	93.10	92.69	95.40	96.75	89.59
第二产业	万人	50.51	49.06	49.14	49.01	48.61
第三产业	万人	58.04	57.36	57.40	58.36	63.97
城镇单位就业人员	万人	36.83	34.34	33.80	33.41	32.31
# 国有单位	万人	28.89	26.41	26.08	25.07	23.31
集体单位	万人	3.86	3.54	3.22	2.98	2.71
城镇单位在岗职工人数	万人	33.62	31.43	30.82	30.50	29.42
城镇单位在岗职工平均工资	元	7326	8500	9600	10168	11266

社会主要指标

2005年	2006年	2007年	2008年	2009年	2010年	2011年
376.39	375.86	375.70	376.25	371.07	371.93	372.72
4.33	4.14	4.21	4.22	4.17	3.34	3.35
104.02	106.07	108.16	109.05	110.78	112.02	113.25
414.52	490.31	578.78	714.07	806.54	976.09	1175.75
44.30	49.70	60.86	78.30	85.18	104.20	128.56
240.13	293.45	345.91	434.70	491.08	614.42	749.25
194.72	240.15	281.43	351.59	391.92	497.40	610.32
130.09	147.16	172.01	201.07	230.28	257.47	297.94
11103	13082	15402	19071	21525	26274	31579
113.0	113.1	114.8	115.5	115.0	114.4	114.5
110.2	108.0	104.4	107.4	106.2	106.9	106.1
116.1	116.4	117.9	118.3	116.7	117.5	117.5
117.2	117.2	118.7	119.2	116.0	118.6	119.0
108.9	108.8	112.2	112.3	113.9	109.4	111.0
113.1	112.7	114.5	115.9	115.4	114.0	114.3
183.72	218.68	262.90	332.43	384.28	471.30	578.48
			10.11	12.13	15.78	20.27
1.460	1.399	1.328	1.249	1.186	1.162	0.851
	-4.20	-5.05	-5.96	-5.06	-2.01	-3.53
3.010	2.840	2.101	1.712	1.434	1.374	1.090
205.78	203.98	192.02	189.79	186.80	203.70	208.90
90.90	89.77	85.69	82.75	75.48	75.19	71.36
53.41	54.00	54.44	59.61	61.49	75.21	79.62
61.47	60.21	51.90	47.43	49.83	53.30	57.92
31.89	31.03	30.95	30.34	29.08	29.75	31.58
22.23	21.85	20.40	19.94	17.76	18.45	19.54
2.41	2.49	2.75	2.40	1.54	1.28	1.45
29.27	29.18	29.17	28.40	28.38	28.83	29.56
12846	14777	18389	22442	26534	30982	35063

6-1 续表 1

指 标	单 位	2000年	2001年	2002年	2003年	2004年
全社会固定资产投资	亿元	69.21	74.59	90.92	119.48	154.80
# 房地产开发	亿元	5.97	6.99	8.82	13.00	16.18
商品房销售面积	万平方米	51.93	32.93	54.89	61.39	65.21
# 住宅	万平方米	48.37	30.87	46.72	60.04	64.47
地方财政收入	亿元	8.17	8.88	9.31	10.62	12.58
地方财政支出	亿元	13.31	15.17	16.45	18.16	21.14
金融机构人民币各项存款余额	亿元	229.55	261.39	297.50	341.85	392.32
金融机构人民币各项贷款余额	亿元	189.77	195.24	203.92	225.53	230.57
农村居民人均总收入	元	2104	2302	2365	2472	2772
农村居民人均纯收入	元	1543	1603	1686	1846	2031
工资性收入	元	535	570	648	693	712
家庭经营收入	元	897	893	906	978	1199
财产性收入	元	63	92	74	102	51
转移性收入	元	48	48	58	74	70
农村居民人均生活消费支出	元	1274	1344	1397	1432	1541
# 食品支出	元	496	523	523	520	611
城镇居民人均总收入	元	5366	5930	7031	8008	8858
工资性收入	元	3413	4498	5252	6351	7103
经营性收入	元	160	21	25	41	35
财产性收入	元	127	23	14	24	84
转移性收入	元	1660	1388	1740	1592	1636
城镇居民人均可支配收入	元	4754	5145	6486	7049	7811
城镇居民人均生活消费性支出	元	3719	3830	4629	5226	5693
# 食品支出	元	1324	1341	1728	1759	2084
城镇人均住房使用面积	平方米	12.4	12.9	14.8	15.5	15.7
农村人均住房面积	平方米	21.3	22.3	23.6	23.7	20.3
城市人均公园绿地面积	平方米					
城市人均道路面积	平方米		4.5	4.0	4.3	4.2
城市用水普及率	%		99.2	100.0	99.2	100.0
城市燃气普及率	%		67.2	69.9	79.7	74.5
常用耕地面积	千公顷	333.84	323.68	298.99	293.72	307.51
农林牧渔业总产值	亿元	44.84	44.51	46.95	51.04	65.06
农作物总播种面积	千公顷	483.60	455.78	452.06	439.21	461.07
# 粮食作物	千公顷	414.56	396.25	385.42	365.28	380.51

2005年	2006年	2007年	2008年	2009年	2010年	2011年
186.86	224.38	316.21	451.03	639.14	835.22	1008.03
22.09	27.73	38.94	59.50	58.49	63.70	72.71
84.78	109.23	122.35	146.55	149.05	198.37	211.78
83.54	108.19	118.16	138.01	140.76	193.35	205.10
11.97	15.07	19.60	23.91	30.14	38.78	51.44
26.45	36.91	53.56	75.27	102.21	133.06	163.74
459.50	552.92	611.58	737.11	912.84	1076.77	1220.82
212.35	231.47	259.93	272.61	358.15	436.95	519.84
2982	3218	3752	4716	5982	7208	8758
2233	2454	2888	3500	4186	5040	6340
751	890	1084	1473	1804	2289	2871
1306	1389	1563	1689	1866	2181	2724
67	57	87	110	216	236	279
108	119	154	228	300	334	466
1825	2143	2611	3038	3557	4466	4642
657	782	879	979	1012	1365	1537
9718	10534	12256	14783	18361	21542	25754
7997	8513	9502	10818	13342	15605	18835
63	25	178	447	552	620	727
49	55	49	40	52	171	197
1610	1941	2527	3477	4415	5146	5995
8540	9424	10993	13225	16346	18978	22337
6276	7040	8106	9542	11516	13258	15263
2290	2614	3118	3536	4362	4994	5908
22.4	25.0	24.5	26.3	27.2	27.7	28.3
25.9	27.0	27.9	29.7	30.4	32.7	32.7
	9.5	10.5	12.5	14.2	14.2	14.1
7.8	14.8	15.4	15.6	15.2	15.7	15.5
98.3	98.6	99.8	99.8	99.8	99.9	99.9
81.4	95.0	95.7	98.3	98.4	98.6	98.7
305.05	306.62	311.16	311.53	308.99	306.78	305.72
75.08	83.96	103.57	133.90	141.14	174.65	215.72
465.39	472.60	430.54	441.84	443.59	444.77	420.34
384.11	387.69	345.90	357.50	358.58	357.54	335.39

6-1 续表 2

指 标	单 位	2000年	2001年	2002年	2003年	2004年
粮食产量	万吨	132.64	130.39	129.23	121.78	145.97
棉花产量	吨	162	161	182	171	232
油料产量	吨	24566	22358	20766	16771	24287
蔬菜产量	吨	547903	453594	548612	660573	702430
水果产量	吨	382278	352603	332182	385632	435611
# 苹果产量	吨	289921	268347	219531	257714	287041
肉类产量	吨	99854	102948	123443	142719	155048
# 猪牛羊肉产量	吨	89679	91949	110070	121254	137310
奶类产量	吨	120338	145655	187209	254078	318828
# 牛奶	吨	87072	104557	139865	202833	281685
禽蛋产量	吨	48419	48685	60709	64247	78901
水产品产量	吨	4912	5013	5600	5919	5751
规模以上工业企业单位数	个	293	271	307	332	
规模以上工业总产值	亿元	139.98	155.13	183.76	252.95	315.47
规模以上工业增加值	亿元	51.11	56.37	73.64	95.64	113.04
纱产量	万吨	1.91	1.91	2.84	3.33	3.80
布产量	万米	9062	8870	10345	11271	12215
原煤产量	万吨	32.56	40.21	45.59	56.67	48.71
发电量	亿千瓦小时	21.69	32.99	53.91	78.35	91.70
粗钢产量	万吨	2.65	2.81	2.61	2.88	3.17
钢材产量	万吨	17.76	17.38	20.39	34.31	53.05
水泥产量	万吨	184.01	223.00	272.06	376.09	477.50
汽车产量	辆	2288	4500	7780	11085	12038
建筑业企业单位数	个	122	97	114	81	82
建筑业企业年末从业人员	万人	6.06	5.93	6.80	5.66	4.63
建筑业总产值	亿元	25.00	27.37	40.30	47.57	45.19
房屋建筑施工面积	万平方米	371.83	388.63	504.76	604.36	814.23
房屋建筑竣工面积	万平方米	193.16	193.83	244.30	213.73	370.17
公路里程	公里	3883	4103	4241	4498	4737
# 等级公路	公里	3647	3857	3996	4262	4501
# 高速公路	公里	82	80	80	80	80
民用汽车拥有量	辆	29208	33066	35196	39796	43265
# 私人汽车	辆	11926	13286	14617	15422	16799
邮电业务总量	亿元	6.89	8.63	11.78	14.48	20.45
邮政业务总量	亿元	0.52	1.06	1.24	1.60	1.80
电信业务总量	亿元	6.38	7.57	10.54	12.88	18.65

2005年	2006年	2007年	2008年	2009年	2010年	2011年
150.56	165.91	135.89	160.93	166.99	171.47	142.52
129	186	128	109	177	151	89
19458	15618	16659	22198	22552	22552	22627
782065	844280	857294	936447	972028	1075344	1126056
513314	571210	605063	684252	864130	969353	1185605
310429	333103	354621	391571	507081	534139	639827
166264	182678	98633	114720	133622	150041	164944
144789	156242	85718	98416	119636	134505	144174
375561	434778	490705	506784	564667	597763	612834
332789	371734	432436	458440	494804	522537	545959
77584	66632	54273	61729	66444	72358	74969
7567	7846	1858	2007	2106	6870	6932
375	408	413	432	513	501	386
409.95	536.67	672.20	895.77	995.99	1340.45	1701.79
146.29	189.55	242.02	299.51	339.33	446.12	550.74
4.91	4.89	5.60	5.55	6.53	7.01	8.28
15464	15254	19064	24482	18099	19683	16005
73.22	125.50	145.08	149.36	175.80	254.93	463.68
81.53	77.62	80.38	78.05	61.87	84.99	111.85
3.41	5.87	8.37	4.95	2.78	3.01	3.25
121.82	145.49	128.86	130.53	222.97	219.43	267.79
563.91	642.98	738.06	747.36	950.98	901.81	1097.07
11112	9737	6092	9697	20558	23699	16069
76	71	71	70	79	76	100
4.99	10.81	7.69	10.05	12.47	14.04	6.48
56.69	92.95	128.04	175.85	239.82	264.17	253.21
603.02	852.77	967.45	1169.42	935.95	1997.36	1565.20
284.03	422.56	259.91	361.26	334.98	617.35	491.89
4989	7760	12237	12398	14102	14255	14676
4746	5548	10170	11240	13355	13861	14284
80	80	80	80	132	199	231
52983	61445	71079	80770	104316	130893	149601
23258	32319	38741	45963	65623	93891	109588
24.40	31.04	37.14	44.37	48.45	19.61	25.42
1.84	2.45	2.56	2.93	3.24	2.60	2.88
22.56	28.59	34.58	41.43	45.21	17.02	22.54

6-1 续表 3

指　标	单 位	2000年	2001年	2002年	2003年	2004年
固定电话用户	万户	37.74	44.34	56.18	73.00	88.14
移动电话用户	万户	13.87	27.95	44.60	54.72	58.35
互联网用户	万户	1.91	4.83	7.74	11.09	13.14
限额以上企业数	个					
批发业	个					
零售业	个					
住宿业	个					
餐饮业	个					
社会消费品零售总额	亿元	71.89	80.61	91.19	105.06	122.91
进出口总额	万美元			6541	7351	10686
# 出口	万美元			4328	4174	4846
实际外商直接投资额	万美元			186	1546	1977
接待入境旅游者人数	万人次	1.83	2.08	2.28	2.15	2.62
# 外国人	万人次	1.09	1.05	1.39	1.44	1.61
国际旅游外汇收入	万美元	525	1738	670	1970	2400
国内旅游人数	万人次	409	476	501	550	622
国内旅游收入	亿元	12.40	15.23	18.00	21.00	24.40
星级饭店数	个			32	33	33
幼儿园数	所	104	116	122	130	118
在园儿童数	万人	7.28	7.00	5.29	6.12	5.60
普通小学学校数	所	2044	1944	1868	1816	1837
普通小学专任教师数	人	15984	16808	17194	17334	17022
普通小学在校学生数	万人	47.92	45.07	42.02	38.96	35.72
普通中学学校数	所	266	277	276	276	278
普通中学专任教师数	人	14273	15296	15978	16613	17183
普通中学在校学生数	万人	26.14	28.49	30.73	31.92	31.73
卫生机构数	个	581	569	584	586	652
卫生机构床位数	张	10339	10340	11234	11440	11426
卫生技术人员	人	14366	14703	15621	14841	15049
# 执业(助理)医师	人	6764	6842	6893	6612	6569
注册护师、护士	人	3769	3788	4212	4179	4099

2005年	2006年	2007年	2008年	2009年	2010年	2011年
95.94	98.85	94.70	84.12	79.66	77.24	74.24
68.52	81.79	125.78	151.02	178.21	194.61	224.69
15.38	11.79	15.81	21.41	23.09	28.60	30.61
				157	179	219
				11	16	18
				58	69	91
				37	39	45
				51	55	65
137.48	155.23	179.81	220.90	260.10	307.52	358.23
14721	62176	69825	46279	45724	59925	82268
6984	41947	51915	26022	17443	26444	49899
60	827	1339	3379	3610	2127	5020
3.50	4.20	5.40	9.00	13.00	16.10	20.30
2.30	3.10	4.10	4.00	6.67	8.30	10.20
1113	1474	1975	1909	3502	4648	5712
715	820	940	1085	1297	1659	2030
28.90	40.20	54.50	65.50	78.00	100.21	132.00
33	33	35	35	36	37	37
126	161	158	167	174	201	281
5.59	5.57	5.46	5.27	5.38	5.69	7.72
1753	1702	1496	1224	1081	918	796
16724	16686	16416	16510	16220	15876	14954
32.84	31.32	29.12	26.96	25.02	23.16	22.67
279	275	272	257	246	236	219
17317	17491	17529	17600	17460	17423	18289
31.01	30.74	29.65	28.30	26.44	24.98	23.59
677	703	626	594	575	571	2788
11995	13093	13811	14267	15872	15913	17211
15152	14814	14844	15043	15516	16159	18031
6589	6043	6102	5455	5596	5766	6630
4125	4236	4321	4692	5006	5248	6151

6-2 渭滨区经济

指 标	单 位	2000年	2001年	2002年	2003年	2004年
年底总人口	万人	31.78	32.69	33.30	37.82	38.74
生产总值	万元	443000	508000	560000	614200	784700
第一产业	万元	7000	6000	6000	10000	11700
第二产业	万元	259000	299000	334000	297300	427400
# 工业	万元	130639	114282	156485	197300	352837
第三产业	万元	177000	203000	220000	306900	345600
人均生产总值	元	13939	15541	16816	16240	20254
生产总值指数	上年=100	112.4	112.5	110.2	115.1	115.3
城镇单位在岗职工人数	人	6994	7163	6732	7430	7134
乡村从业人员	人	40925	39900	41500	60200	59600
全社会固定资产投资	万元	19359	22833	30402	50649	62244
地方财政收入	万元	8663	8289	8121	9337	10693
地方财政支出	万元	8831	9716	10793	12214	13827
农村居民人均纯收入	元	2390	2491	2593	2795	2566
城镇居民人均可支配收入	元	5341	5906	6486	7149	7811
城镇单位在岗职工平均工资	元	8176	9857	10836	11490	12568
常用耕地面积	公顷	6232	5892	5487	7556	6738
粮食产量	吨	22080	21520	18172	26315	27775
农林牧渔业总产值	万元	12363	12823	13479	19863	22163
社会消费品零售总额	万元	114912	126416	137002	174246	198411
普通小学专任教师数	人	1605	1599	1622	1796	1805
普通小学在校学生数	人	27800	26600	25700	29500	29343
普通中学专任教师数	人	1388	1415	1480	1789	1881
普通中学在校学生数	人	20000	22000	23600	29800	30000
卫生机构床位数	张	2232	2351	2515	2575	2680
卫生技术人员	人	2566	2549	2727	2751	2405
# 执业(助理)医师	人	907	910	1095	1110	859
注册护师、护士	人	941	915	953	956	963

社会主要指标

2005年	2006年	2007年	2008年	2009年	2010年	2011年
39.52	39.17	40.30	40.45	44.75	44.85	44.94
1027400	1206800	1576000	1891500	2200400	2539033	3438087
12300	13600	15400	20900	22000	26760	31229
646200	775300	1074500	1301800	1586200	1832880	2618430
460100	570000	829800	999500	1195600	1370910	2046130
368900	417900	486100	568800	592200	679393	788428
26254	30172	38414	46848	54271	57372	78045
116.9	115.8	117.2	126.5	118.0	114.5	116.8
6867	7047	6924	7408	69348	72045	77780
61049	62785	63353	64580	65581	67109	68517
86987	115257	195067	315592	523431	806004	1172002
9758	11338	15021	18800	23309	27628	33207
18028	24124	34734	46945	60113	72052	84366
2818	3109	3700	4511	5679	6928	8785
8592	9451	10993	13484	16612	19203	22736
13985	16541	22295	25259	32363	34798	40210
6580	6468	6310	6564	6567	6626	6523
31004	32191	23963	27757	30459	34097	21460
24353	26260	28117	34138	38291	46992	55170
230553	270772	333284	409987	836062	986397	1189056
1798	1777	2289	1733	1779	1799	1384
29000	29000	29000	29000	28421	28471	29096
1928	1985	2029	2009	2045	2109	2431
30000	30000	30000	29999	30454	48234	32133
2863	2921	3190	3248	3898	3797	4444
2256	2707	3462	3573	3787	4444	4500
832	1007	1368	1373	2760	1413	1633
850	1011	1290	1305	1436	1446	1863

6-3 金台区经济

指　　标	单　位	2000年	2001年	2002年	2003年	2004年
年底总人口	万人	26.20	26.82	27.09	36.43	36.69
生产总值	万元	356656	418500	491150	551000	670100
第一产业	万元	3056	3500	4150	4900	6400
第二产业	万元	201600	246000	296000	332000	422200
# 工业	万元	164000	199000	239000	282700	361200
第三产业	万元	152000	169000	191000	214100	241500
人均生产总值	元	10254	12100	13260	15124	18267
生产总值指数	上年=100	109.9	118.2	108.3	120.0	121.6
城镇单位在岗职工人数	人	14158	12411	12287	12189	11707
乡村从业人员	人	15743	15400	16200	58200	59800
全社会固定资产投资	万元	15060	18448	18900	46800	173361
地方财政收入	万元	5542	5892	6470	8061	9283
地方财政支出	万元	6650	8455	8938	11039	12603
农村居民人均纯收入	元	2821	2905	3015	3206	2240
城镇居民人均可支配收入	元	5341	5906	6737	7049	7811
城镇单位在岗职工平均工资	元	5779	7253	8069	8876	9879
常用耕地面积	公顷	1316	1063	889	9620	9671
粮食产量	吨	3824	3933	3161	22822	30185
农林牧渔业总产值	万元	5049	3507	3173	8756	10861
社会消费品零售总额	万元	92088	90100	92000	120100	140298
普通小学专任教师数	人	1050	1175	1172	1324	1342
普通小学在校学生数	人	21600	19400	16400	29000	28300
普通中学专任教师数	人	1018	1403	1512	1574	1637
普通中学在校学生数	人	18100	20400	22900	29000	29200
卫生机构床位数	张	1735	1741	1811	1877	2103
卫生技术人员	人	2339	2294	2422	2891	2868
# 执业(助理)医师	人	866	740	790	795	802
注册护师、护士	人	183	263	283	289	295

社会主要指标

2005年	2006年	2007年	2008年	2009年	2010年	2011年
37.90	37.65	37.87	37.87	39.39	39.48	39.56
835400	965400	1107200	1307200	1518000	1741571	2046000
7500	8100	9654	13600	14300	17710	21400
554717	643217	738631	854300	990500	1140228	1344600
480909	565518	634889	724700	832500	953572	111310
273183	314083	359005	439300	513200	583633	680000
22792	26155	29684	34829	40079	45663	51771
124.7	115.6	114.7	118.1	116.1	114.7	115.7
12129	10452	9573	9875	54265	56989	55215
60193	61210	61487	59630	59397	61604	63029
220300	330954	403000	584000	472974	629313	1005100
6936	8642	10759	13331	17035	22201	29109
15124	20911	31040	43275	60777	70063	82453
2486	2800	3269	4037	5054	6186	7893
8592	9451	10993	13236	16307	18835	22112
11191	13198	18701	20811	27940	32784	35259
9762	9826	10204	9997	10050	10499	10797
32386	34486	28589	37211	42733	46774	31238
12551	13605	15680	20046	22077	28418	34273
162464	217753	278772	345000	532423	629856	736301
1325	1359	1393	1378	1370	1355	1409
27500	27400	27000	26600	206300	25154	25293
1684	1674	1708	1672	1708	1719	1350
29100	29000	29100	28000	27300	26114	25138
4116	1090	3190	2031	2734	2563	2940
3969	4023	2378	2672	2917	2937	3174
821	830	871	870	879	1217	1364
301	320	350	356	360	478	511

6-4 陈仓区经济

指　　标	单　位	2000年	2001年	2002年	2003年	2004年
年底总人口	万人	72.40	72.28	71.79	59.15	59.25
生产总值	万元	240200	259100	298600	352600	437500
第一产业	万元	43700	46400	49600	50300	57800
第二产业	万元	116600	123600	149200	189000	247800
# 工业	万元	98100	103500	119100	157300	206100
第三产业	万元	79900	89100	99800	113300	131900
人均生产总值	元	3338	3581	5048	5960	7391
生产总值指数	上年=100	108.2	108.3	109.2	115.3	117.6
城镇单位在岗职工人数	人	45000	42000	43000	28016	27754
乡村从业人员	人		311700	318800	257600	263500
全社会固定资产投资	万元	50100	62200	73700	102100	131500
地方财政收入	万元	8572	8809	9142	9208	9631
地方财政支出	万元	11991	15739	15804	15573	16522
农村居民人均纯收入	元	1480	1530	1598	1802	2213
城镇居民人均可支配收入	元	4328	4431	4742	5285	5852
城镇单位在岗职工平均工资	元	6293	7922	8323	9181	9727
常用耕地面积	公顷	66535	64646	60640	47502	47502
粮食产量	吨	239085	239201	244753	159758	231901
农林牧渔业总产值	万元	73572	73818	77958	75485	100313
社会消费品零售总额	万元	75600	80600	75300	108900	125000
普通小学专任教师数	人	3022	3147	3044	2575	2486
普通小学在校学生数	人	101509	94263	87020	64935	59308
普通中学专任教师数	人	3040	3467	3523	3039	3086
普通中学在校学生数	人	50246	56088	50017	51762	51440
卫生机构床位数	张	1278	1325	1381	1381	1281
卫生技术人员	人	1566	1556	1513	1247	1104
# 执业(助理)医师	人	627	617	637	637	525
注册护师、护士	人	310	310	316	316	323

社会主要指标

2005年	2006年	2007年	2008年	2009年	2010年	2011年
60.60	60.86	59.97	60.07	59.41	59.55	59.67
517700	606600	731300	874800	1016000	1148335	1349078
65200	77200	97100	131700	138900	154223	193035
297300	346200	420500	491500	580600	652646	758483
244500	287900	351600	398100	463400	514350	587563
155200	183200	213700	251600	296500	341466	397560
8548	9988	12105	14575	16900	19069	22631
116.8	115.8	116.8	114.5	115.5	114.8	114.5
28695	30589	31118	29999	36614	35822	35293
261890	262268	259686	264433	266283	272538	281008
183900	238000	329300	468600	660300	898100	1071515
8786	11104	13925	16769	17226	23066	29556
20653	31934	51674	100892	146028	122255	141916
2524	2910	3548	4100	4904	5880	7462
6589	7971	9526	12951	16371	19121	22544
10908	13964	17243	20605	23906	30048	33922
44467	44475	44885	44833	45002	44996	45072
234994	260829	271868	252532	271900	291127	210511
119135	141103	174479	234746	239570	270653	340796
131900	162200	197800	238400	250025	295529	334243
2448	2523	2492	2665	2646	2425	2389
53887	50242	44915	40727	37842	34841	33339
3058	3104	3115	3068	2970	2706	2614
49044	47730	45597	42497	40029	36424	33003
1309	1557	1557	1572	1886	1876	1844
1154	1071	1656	1282	1275	1616	1681
530	510	488	490	495	159	453
324	306	312	320	345	348	350

6-5 凤翔县经济

指　　标	单　位	2000年	2001年	2002年	2003年	2004年
年底总人口	万人	50.06	50.00	50.47	50.76	50.90
生产总值	万元	195487	216013	242583	294738	317628
第一产业	万元	57278	63724	66953	68213	70350
第二产业	万元	96571	100446	114984	153029	182304
# 工业	万元	81571	83846	95944	132899	169904
第三产业	万元	41638	51843	60646	73496	64974
人均生产总值	元	3833	4203	4710	5867	7537
生产总值指数	上年=100	110.3	109.9	111.2	114.2	117.4
城镇单位在岗职工人数	人	18363	14477	14916	14821	16748
乡村从业人员	人		226800	227400	239900	255200
全社会固定资产投资	万元	23242	46698	53579	73866	128850
地方财政收入	万元	5652	5790	6003	6725	7536
地方财政支出	万元	9899	12494	14908	15489	16874
农村居民人均纯收入	元	1462	1477	1604	1806	2066
城镇居民人均可支配收入	元					
城镇单位在岗职工平均工资	元	5707	6827	8165	9068	9090
常用耕地面积	公顷	49565	48615	39573	47738	48340
粮食产量	吨	224559	225178	225080	217907	250154
农林牧渔业总产值	万元	80724	82338	86537	95835	112873
社会消费品零售总额	万元	44800	46693	51501	62419	76255
普通小学专任教师数	人	2161	2270	2389	2360	2538
普通小学在校学生数	人	70466	64630	60194	55370	50135
普通中学专任教师数	人	1855	2007	2529	2153	2204
普通中学在校学生数	人	39464	40927	44452	45502	44305
卫生机构床位数	张	835	831	879	900	959
卫生技术人员	人	890	907	1015	930	997
# 执业(助理)医师	人			142	140	136
注册护师、护士	人			217	212	210

社会主要指标

2005年	2006年	2007年	2008年	2009年	2010年	2011年
51.87	51.84	50.82	50.92	48.27	48.38	48.48
420500	505600	609200	733300	852000	1028020	1208406
78000	83200	99800	126700	141920	154034	192559
250500	306400	365900	424800	498886	634204	737494
205500	255700	304800	354200	414986	533105	617794
92000	116000	143500	181800	211194	239782	278353
8183	9750	11754	14415	16726	20173	24951
117.6	115.0	115.0	114.5	116.3	120.7	114.5
16559	16585	18072	18786	22318	19591	21916
265255	253115	252003	249987	250137	249443	255873
170240	200210	302457	418752	580463	827603	1029871
6203	8098	11100	14163	19001	24991	29501
20352	29766	41781	58626	85375	100050	136611
2352	2705	3609	4311	5160	6342	7896
		9380	13214	16518	19656	23096
9574	10965	15404	18246		29262	32616
47105	47003	46909	46958	47141	46796	46131
247883	297334	234143	286704	298897	308786	261013
128695	140798	165457	214560	220005	256997	317811
87694	100934	141294	183984	215926	255657	289659
2193	2145	2051	2002	1936	1878	2121
44835	41543	37567	34067	31221	29071	27984
2214	2221	2241	2292	2303	2312	2745
43738	43726	41841	38393	36793	34200	36588
1164	1078	1079	1078	1154	1163	1243
1002	1052	1055	1633	1617	1707	1788
132	474	474	494	486	143	185
211	251	251	577	561	500	564

6-6 岐山县经济

指 标	单 位	2000年	2001年	2002年	2003年	2004年
年底总人口	万人	47.51	45.94	46.10	46.12	46.29
生产总值	万元	194609	231001	274198	324925	389260
第一产业	万元	32405	36162	39365	44065	46270
第二产业	万元	103039	127172	157422	193043	242000
# 工业	万元	87014	108278	135066	166906	211100
第三产业	万元	59165	67667	77411	87817	100990
人均生产总值	元	4106	4946	5960	7048	8468
生产总值指数	上年=100	116.5	105.0	117.6	117.2	118.5
城镇单位在岗职工人数	人	17392	16748	16544	16355	23250
乡村从业人员	人	173119	170300	177500	194300	191600
全社会固定资产投资	万元	27035	40102	47508	62528	76285
地方财政收入	万元	4030	4610	5455	6200	6986
地方财政支出	万元	7516	10478	11880	13245	14855
农村居民人均纯收入	元	1602	1644	1707	1913	2158
城镇居民人均可支配收入	元					
城镇单位在岗职工平均工资	元	6105	7221	8270	8751	9477
常用耕地面积	公顷	37258	36581	36760	36760	37891
粮食产量	吨	178238	174483	184971	165729	239501
农林牧渔业总产值	万元	54021	54167	57696	65960	85701
社会消费品零售总额	万元	61454	68485	75982	84106	93740
普通小学专任教师数	人	2091	2239	2365	2392	2293
普通小学在校学生数	人	62700	59100	54900	42000	44400
普通中学专任教师数	人	2084	2171	2288	2480	2471
普通中学在校学生数	人	37700	41800	44200	48100	42900
卫生机构床位数	张	1243	1199	1219	1209	1203
卫生技术人员	人	1226	1178	1121	1368	1367
# 执业(助理)医师	人	476	412	466	533	542
注册护师、护士	人	286	301	312	327	357

社会主要指标

2005年	2006年	2007年	2008年	2009年	2010年	2011年
46.69	46.69	46.53	46.58	45.83	45.94	46.04
438907	510019	587715	719294	835734	967417	1135737
53159	61363	83001	113260	122535	143723	184344
265723	310226	345539	421600	498682	580809	668900
226750	265700	293777	356900	421782	489990	556600
120025	138430	159175	184434	214517	242885	282493
9560	10942	12609	15450	17936	20756	24696
115.0	115.2	115.6	115.7	116.1	116.2	114.5
22271	22430	22140	21890	25885	25879	23284
156785	190810	180630	181820	187920	188442	187534
97874	136000	224376	322666	456966	617772	774733
5705	7428	9248	11311	13572	16218	20044
19176	28900	41509	52251	69720	83087	100872
2482	2847	3477	4202	5244	6267	7884
	8204	9402	13234	16555	19303	22681
10586	11898	16222	20171	25358	27100	31020
35283	37220	37740	35222	35266	35266	35253
250905	286025	248672	296462	291841	290251	263544
101467	114502	149282	190770	199600	240030	293567
106957	138007	169557	216712	234567	277962	315208
2250	2211	2236	2288	2328	2306	2337
40100	39100	36400	32400	29000	25790	24336
2494	2468	2473	2413	2411	2424	2366
41400	41500	39700	37400	33400	31058	28979
1226	1302	1338	1318	1507	1588	1594
1354	1329	1415	1446	1514	1603	1682
643	562	590	526	508	672	676
385	373	402	443	466	539	573

6-7 扶风县经济

指 标	单 位	2000年	2001年	2002年	2003年	2004年
年底总人口	万人	45.53	45.43	45.31	45.56	45.97
生产总值	万元	107631	118250	133031	162600	206400
第一产业	万元	31886	36396	38033	46000	61700
第二产业	万元	41299	42187	47756	57700	74100
# 工业	万元	28756	26264	34452	40100	61690
第三产业	万元	34446	39667	47242	58900	70600
人均生产总值	元	2346	2603	2936	3574	4510
生产总值指数	上年=100	108.4	107.6	109.5	115.0	115.0
城镇单位在岗职工人数	人	14602	15146	15256	17889	18578
乡村从业人员	人	223000	211100	210300	215600	210600
全社会固定资产投资	万元	17500	22200	44100	59806	65134
地方财政收入	万元	3620	3630	3784	4262	4795
地方财政支出	万元	8103	9773	10338	11458	13557
农村居民人均纯收入	元	1396	1399	1450	1576	1739
城镇居民人均可支配收入	元					
城镇单位在岗职工平均工资	元	6153	7178	7862	8248	8905
常用耕地面积	公顷	42569	42099	38468	38445	38477
粮食产量	吨	263346	249500	235806	251428	292818
农林牧渔业总产值	万元	64878	65173	68160	75777	86800
社会消费品零售总额	万元	27237	27958	29915	36000	45500
普通小学专任教师数	人	1933	1962	2104	2150	2116
普通小学在校学生数	人	72348	69369	58138	53037	47483
普通中学专任教师数	人	2064	1867	1708	1739	1749
普通中学在校学生数	人	33533	30823	32379	33407	32284
卫生机构床位数	张	915	918	995	945	945
卫生技术人员	人	1095	1166	1048	1036	1110
# 执业(助理)医师	人	410	413	442	432	451
注册护师、护士	人	312	314	314	314	369

社会主要指标

2005年	2006年	2007年	2008年	2009年	2010年	2011年
45.92	45.89	46.82	46.92	41.57	41.67	41.76
259500	298000	359600	429300	499000	573507	693700
64700	71600	89000	98200	98900	110311	162092
105200	124000	151800	191900	237500	272800	310212
79100	95200	115700	147500	180300	205600	228112
89600	102400	118800	139200	162600	190396	221396
5663	6509	7682	9159	11556	13294	16630
113.8	113.3	114.5	114.0	115.4	114.5	114.1
19851	19627	19497	19905	19590	19987	20809
213135	210433	203047	206118	205814	206286	206443
83842	99125	163000	242000	342000	464520	606834
2753	3181	3760	4559	7808	11524	16088
18076	25778	36833	49688	66890	96175	125680
1949	2217	2750	3447	4285	5159	6438
		9058	12578	15257	17774	20902
9459	10677	13905	17567	20255	24431	29857
38150	37957	37174	36716	34892	34490	34091
298900	300098	242458	293472	290065	289871	264287
104920	113735	142193	174520	174039	217542	269670
51600	62100	81300	103400	136831	161871	183076
2109	2047	2073	2041	1789	1764	1700
44007	42421	40160	37223	32256	30588	28211
1764	1715	1508	1537	1407	1366	1887
30088	28507	25894	24380	21281	28685	26934
1120	1266	1266	1384	1439	1507	1507
1110	1244	1306	1351	1296	1293	1302
414	468	497	423	422	387	343
343	362	406	411	410	408	413

6-8 眉县经济

指　　标	单　位	2000年	2001年	2002年	2003年	2004年
年底总人口	万人	29.89	29.90	29.95	29.99	30.41
生产总值	万元	87202	94514	108999	136569	174395
第一产业	万元	26654	26844	28080	31200	39321
第二产业	万元	40583	45830	57463	76016	98487
# 工业	万元	36763	40926	46466	59303	79146
第三产业	万元	19965	21840	23456	29353	36587
人均生产总值	元	2902	3138	3613	4519	5775
生产总值指数	上年=100	108.8	108.2	109.9	115.1	116.2
城镇单位在岗职工人数	人	16096	15581	15812	16198	15881
乡村从业人员	人	141477	149122	150716	150371	147095
全社会固定资产投资	万元	16084	38055	54712	62316	76251
地方财政收入	万元	3190	3360	3744	4170	4669
地方财政支出	万元	6902	9774	10799	10988	12346
农村居民人均纯收入	元	1378	1389	1436	1577	1795
城镇居民人均可支配收入	元					
城镇单位在岗职工平均工资	元	6224	7811	8546	9236	9553
常用耕地面积	公顷	25287	24977	23631	22800	22863
粮食产量	吨	145682	136920	139203	131513	136502
农林牧渔业总产值	万元	45916	46284	48505	52873	64825
社会消费品零售总额	万元	28301	30221	32608	39130	46095
普通小学专任教师数	人	1389	1676	1590	1511	1505
普通小学在校学生数	人	42217	39850	36615	33394	29940
普通中学专任教师数	人	1210	1299	1360	1397	1471
普通中学在校学生数	人	25117	27442	29844	35985	41187
卫生机构床位数	张	499	444	732	720	711
卫生技术人员	人	613	619	775	679	631
# 执业(助理)医师	人	195	197	333	269	334
注册护师、护士	人	57	55	167	154	150

社会主要指标

2005年	2006年	2007年	2008年	2009年	2010年	2011年
30.44	30.44	30.82	30.82	29.95	30.02	30.08
234358	269911	334625	401390	464956	533049	623518
43118	47594	61350	72529	87807	104668	133300
129398	152079	191514	233078	252314	284489	322453
104773	124979	159314	191078	198494	221519	246153
61842	70238	81760	95783	124835	143892	167765
7704	8883	10925	13024	15067	17223	20748
114.1	113.8	114.5	114.8	115.8	114.6	114.8
16100	14728	14336	13198	14597	14936	16321
148975	147774	144679	147598	147556	152826	152716
96503	120542	170893	248532	355397	479395	617731
2934	3487	4451	5466	6453	8006	13143
15280	19387	27306	40610	53438	63504	88370
2052	2349	2892	3619	4535	5528	7021
		9136	12924	16349	19325	22765
10036	11088	14640	19549	21705	26420	29447
22489	22634	26628	26601	26426	23985	23950
142732	150394	162538	145914	151402	144034	132125
74227	82059	107556	137604	145458	196060	243345
51888	60335	78094	100230	115317	136420	155928
1446	1432	1353	1318	1265	1235	1197
26734	24324	21855	19569	18294	17673	16865
1471	1510	1510	1547	1547	1492	1540
36383	36371	35573	34925	31113	23547	20496
729	844	845	922	1100	1172	1215
777	786	591	761	821	863	1192
329	465	254	437	337	103	143
196	217	151	158	158	197	385

6-9 陇县经济

指　　标	单　位	2000年	2001年	2002年	2003年	2004年
年底总人口	万人	25.19	25.08	25.01	24.88	24.82
生产总值	万元	64751	72387	81395	96624	117467
第一产业	万元	27942	29092	30687	35933	45620
第二产业	万元	13415	15118	18442	23949	30500
# 工业	万元	10356	11245	13367	17188	22300
第三产业	万元	23394	28177	32266	36742	41347
人均生产总值	元	2641	2880	3250	3873	4794
生产总值指数	上年=100	111.5	111.3	110.9	114.7	114.9
城镇单位在岗职工人数	人	10305	10355	9867	10505	11743
乡村从业人员	人		108000	109400	110400	118700
全社会固定资产投资	万元	6821	14581	18625	25690	31433
地方财政收入	万元	3104	2900	3012	3528	4023
地方财政支出	万元	6357	8087	8003	8947	10936
农村居民人均纯收入	元	1080	1100	1135	1378	1658
城镇居民人均可支配收入	元	3937	4132	4875	5050	5386
城镇单位在岗职工平均工资	元	4958	7301	9413	8688	8966
常用耕地面积	公顷	41783	40100	38236	36635	36301
粮食产量	吨	87840	96041	93374	91037	106454
农林牧渔业总产值	万元	43601	45827	48190	55599	70735
社会消费品零售总额	万元	20996	22020	23990	30518	36469
普通小学专任教师数	人	1399	1470	1400	1353	1328
普通小学在校学生数	人	36300	34900	33000	31000	28700
普通中学专任教师数	人	905	986	914	996	1028
普通中学在校学生数	人	14500	16100	17800	19300	19500
卫生机构床位数	张	715	715	715	715	715
卫生技术人员	人	813	878	879	880	891
# 执业(助理)医师	人	236	287	294	302	327
注册护师、护士	人	113	127	133	145	157

社会主要指标

2005年	2006年	2007年	2008年	2009年	2010年	2011年
25.31	25.45	25.38	25.43	24.85	24.91	24.96
138474	157638	175947	222300	256047	293842	367107
52763	60320	70478	90900	97143	117190	146525
39516	47610	47676	63000	78832	84341	112842
29870	36704	34549	46600	59352	61394	84342
46195	49708	57793	68400	80072	92311	107740
5525	6274	6951	8748	10017	11510	14722
113.6	115.2	113.4	112.8	115.2	114.3	114.3
10180	10010	10175	10110	10168	11126	11751
122721	130805	125123	133543	137049	139585	132204
38345	49458	75573	119134	213665	305711	406831
3167	3608	4501	5772	8400	11014	14485
13861	18202	26613	33698	53666	73333	89032
1863	2103	2480	3079	3799	4570	5717
5549	6742	7942	9583	12675	14995	17739
10909	12484	15277	20821	25507	31840	34828
36082	36301	36227	35807	35554	35577	35292
110383	117465	93428	105153	113662	116542	101013
83047	97050	114458	146171	150171	195405	240760
42998	52791	68879	88196	95364	112911	128266
1332	1374	1335	1324	1335	1194	1134
26400	24700	22800	21200	19800	18796	17940
1042	1109	1171	1242	1290	1257	1270
19000	18900	18800	18900	18400	17315	16353
715	715	1180	1180	1180	779	1009
920	994	1032	1048	1095	863	1006
340	374	386	398	458	120	116
172	175	189	194	217	233	300

6-10 千阳县经济

指　　标	单　位	2000年	2001年	2002年	2003年	2004年
年底总人口	万人	12.77	12.69	12.66	12.65	12.58
生产总值	万元	29651	34229	40086	47004	55612
第一产业	万元	14695	16474	18490	20699	23342
第二产业	万元	6224	7635	9437	11801	13790
# 工业	万元	4525	4727	5209	6913	8490
第三产业	万元	8732	10120	12159	14504	18480
人均生产总值	元	2322	2664	3162	3716	4411
生产总值指数	上年=100	110.7	111.4	112.4	112.6	112.9
城镇单位在岗职工人数	人	5892	5506	5724	5717	6338
乡村从业人员	人	38144	39100	42900	42500	43400
全社会固定资产投资	万元	4631	4936	23075	31926	29000
地方财政收入	万元	1167	1228	1472	1814	2203
地方财政支出	万元	4277	5066	5819	6337	7803
农村居民人均纯收入	元	1016	1037	1138	1339	1598
城镇居民人均可支配收入	元					
城镇单位在岗职工平均工资	元	6007	7561	8836	9663	10923
常用耕地面积	公顷	21755	20511	19762	18572	18204
粮食产量	吨	57440	58253	55280	56436	60369
农林牧渔业总产值	万元	24365	25743	27159	31470	34467
社会消费品零售总额	万元	8433	8522	8747	9843	11722
普通小学专任教师数	人	632	635	640	668	654
普通小学在校学生数	人	17400	16900	16200	15200	14200
普通中学专任教师数	人	421	437	473	554	512
普通中学在校学生数	人	7100	7900	8400	8800	8900
卫生机构床位数	张	320	335	361	363	355
卫生技术人员	人	361	363	423	413	392
# 执业(助理)医师	人	110	112	151	142	122
注册护师、护士	人	130	132	135	135	131

社会主要指标

2005年	2006年	2007年	2008年	2009年	2010年	2011年
12.63	12.63	12.96	12.96	12.38	12.40	12.43
65066	74152	87605	114132	133276	156149	207988
26485	30016	35417	43286	50286	53786	79606
17316	19775	23995	37500	46239	60302	79592
10654	12229	14957	26600	33419	45508	61592
21265	24361	28193	33346	36751	42061	48790
5148	5861	6838	8806	10242	11959	16302
113.9	113.3	114.8	113.7	115.7	114.7	118.6
6514	6418	6240	5959	6244	7166	7487
45788	46282	50479	50062	50693	50894	55964
35800	46458	73868	101689	201272	282028	319018
2074	2103	2430	3008	3383	4201	5615
10546	12932	17811	24066	35363	41476	50412
1957	2191	2520	3167	3946	4766	5958
		7702	10403	14102	16669	19536
11899	13852	16897	21062	24545	28906	30521
18185	18093	18128	17997	18030	17817	17824
59958	62961	52250	60634	64281	69514	53625
39187	44900	54774	75744	79758	101960	124780
13679	18246	21603	31376	40705	48113	54367
619	598	575	560	550	542	534
13000	12600	11800	10800	10100	9285	8761
520	533	514	542	541	542	526
9000	9000	8600	8100	7600	7155	6585
360	361	411	450	456	414	446
363	376	413	453	503	524	561
146	150	151	150	142	154	166
151	153	157	167	180	172	167

6-11 麟游县经济

指　　标	单　位	2000年	2001年	2002年	2003年	2004年
年底总人口	万人	8.71	8.75	8.76	8.84	8.74
生产总值	万元	20692	22607	23626	33954	42900
第一产业	万元	6944	7009	7303	12986	18100
第二产业	万元	5036	5438	5139	8201	9800
# 工业	万元	4056	4336	3921	6500	6200
第三产业	万元	8712	10160	11184	12767	15000
人均生产总值	元	2376	2580	2703	3839	4908
生产总值指数	上年=100	110.1	108.0	107.9	113.5	113.4
城镇单位在岗职工人数	人	5026	4231	4115	4315	4664
乡村从业人员	人	29200	31400	30700	34900	36500
全社会固定资产投资	万元	6683	7001	9005	11183	14593
地方财政收入	万元	843	829	810	929	1139
地方财政支出	万元	3522	4199	4398	4746	5667
农村居民人均纯收入	元	927	899	929	1111	1296
城镇居民人均可支配收入	元	3010	3100	3522	3682	4013
城镇单位在岗职工平均工资	元	5849	7057	8291	8859	9716
常用耕地面积	公顷	24776	23504	20380	18719	18813
粮食产量	吨	51466	50272	54599	58100	62880
农林牧渔业总产值	万元	15270	15201	17612	23352	28533
社会消费品零售总额	万元	7497	7945	8415	9328	10893
普通小学专任教师数	人	496	485	473	518	512
普通小学在校学生数	人	13250	12502	12749	13036	12206
普通中学专任教师数	人	243	266	299	338	348
普通中学在校学生数	人	4587	4170	6021	6656	6736
卫生机构床位数	张	339	339	339	339	339
卫生技术人员	人	271	277	285	293	297
# 执业(助理)医师	人	132	135	141	147	149
注册护师、护士	人	49	53	54	58	63

社会主要指标

2005年	2006年	2007年	2008年	2009年	2010年	2011年
9.09	8.90	8.81	8.81	9.06	9.08	9.10
50768	57499	69054	83100	101661	132920	192527
20109	21290	27127	32400	34905	45065	55231
13373	16407	18774	23700	36327	53143	102550
10447	13207	15074	19300	26248	44286	93698
17286	19802	23153	27000	30432	34712	34746
5814	6574	7842	9416	11505	14985	21181
112.8	112.0	113.5	113.0	115.4	120.4	121.0
4466	4425	4341	4330	5331	5422	5888
32386	31400	36264	35520	34917	35645	32965
19611	25690	41364	69690	248293	426723	477964
823	1136	1638	2208	3086	4160	6890
7250	10453	15099	19084	28633	35759	45305
1499	1697	2010	2525	3697	4529	5684
4276	4602	6260	9105	13192	15619	18384
10574	12985	17847	22843	29322	34566	38904
18813	18950	31407	31542	34537	34631	34652
65578	66105	50153	58862	65903	77951	53998
31743	33857	41099	54031	58074	71016	87669
12526	14649	21823	26183	38096	45144	50967
507	515	501	518	541	509	529
11171	9670	8724	7378	6955	6224	5683
344	358	359	393	413	405	477
6565	7231	6610	6710	6444	5784	5159
339	339	371	449	449	419	454
308	324	336	347	371	409	436
153	158	164	170	175	45	190
67	72	76	80	88	95	90

6-12 凤县经济

指 标	单 位	2000年	2001年	2002年	2003年	2004年
年底总人口	万人	9.84	9.90	9.88	9.89	9.94
生产总值	万元	55589	63548	74899	94322	118552
第一产业	万元	3904	3616	3868	4132	5052
第二产业	万元	28661	34303	41969	56772	74050
# 工业	万元	26685	30235	39076	53498	70050
第三产业	万元	23024	25629	29062	33418	39450
人均生产总值	元	5655	6425	7557	9541	11957
生产总值指数	上年=100	114.8	113.7	115.1	116.7	119.0
城镇单位在岗职工人数	人	7075	7598	7134	7071	7891
乡村从业人员	人		37600	44400	44200	42500
全社会固定资产投资	万元	9985	37935	23883	26751	33029
地方财政收入	万元	2627	3019	2809	3653	4571
地方财政支出	万元	4589	6404	6832	7806	9449
农村居民人均纯收入	元	1241	1181	1261	1429	1645
城镇居民人均可支配收入	元					
城镇单位在岗职工平均工资	元	7242	7244	8191	9408	10814
常用耕地面积	公顷	10988	10218	9870	8744	8849
粮食产量	吨	34602	33283	26200	25931	33594
农林牧渔业总产值	万元	14508	6116	6551	6993	7670
社会消费品零售总额	万元	12143	12740	13377	14053	14845
普通小学专任教师数	人	553	582	600	584	579
普通小学在校学生数	人	12300	11900	10900	9900	9000
普通中学专任教师数	人	375	360	360	344	367
普通中学在校学生数	人	5700	6300	6700	7000	7100
卫生机构床位数	张	271	271	256	307	373
卫生技术人员	人	395	395	376	341	350
# 执业(助理)医师	人	93	93	93	136	140
注册护师、护士	人	82	82	81	70	76

社会主要指标

2005年	2006年	2007年	2008年	2009年	2010年	2011年
10.94	10.85	10.24	10.24	10.53	10.56	10.58
136354	169216	248832	335149	466536	665357	911469
5514	6027	6633	13437	24708	38395	45247
87376	113516	185883	256300	345197	480783	693735
82263	107801	178998	244100	330807	463817	673235
43464	49673	56316	65412	96631	146179	172487
13061	15532	23597	32729	45538	64913	86235
115.4	115.7	117.5	120.3	119.9	123.2	119.1
8953	9020	9049	10639	11707	11612	11935
43148	40259	42104	42152	45185	43320	42786
41901	54015	106932	225786	444116	580708	758712
3770	5082	10084	12613	18778	25442	33633
12284	12444	24212	32972	40662	53532	81526
1892	2170	2850	3700	4695	5949	7621
	8021	9786	12875	16488	19736	23387
12078	15634	21131	20710	25367	30600	34017
8850	8950	8956	12735	8954	9467	9467
36743	38919	31546	33751	37528	35591	26122
8668	9579	10961	19122	41252	66472	83353
16627	20367	25180	32000	80091	95148	111132
569	549	519	480	463	538	516
8000	7600	6700	6300	6000	5922	5619
375	385	379	412	428	375.0	382.0
7100	6900	6500	6200	5900	5246	5015
316	337	337	344	355	392	463
396	303	361	369	466	453	505
138	133	137	123	133	45	162
73	78	70	92	103	97	114

6-13 太白县经济

指　　标	单　位	2000年	2001年	2002年	2003年	2004年
年底总人口	万人	5.17	5.19	5.20	5.19	5.20
生产总值	万元	20788	22986	25795	29002	32690
第一产业	万元	7504	8442	9312	10476	11810
第二产业	万元	8377	9425	10395	11684	13160
# 工业	万元	6400	7200	7942	8927	10060
第三产业	万元	4906	5119	6088	6842	7720
人均生产总值	元	4024	4504	4964	5587	6005
生产总值指数	上年=100	110.3	108.1	108.6	108.8	108.7
城镇单位在岗职工人数	人	8748	9091	9389	6860	7223
乡村从业人员	人		18300	20400	21000	21300
全社会固定资产投资	万元	3954	5850	8197	10180	13037
地方财政收入	万元	1086	970	876	936	1189
地方财政支出	万元	3239	4292	4344	4904	5626
农村居民人均纯收入	元	1233	1293	1208	1254	1300
城镇居民人均可支配收入	元					
城镇单位在岗职工平均工资	元	6154	6461	7887	9230	9562
常用耕地面积	公顷	5777	5470	5035	5034	5014
粮食产量	吨	17836	15328	11711	10816	12090
农林牧渔业总产值	万元	14138	14069	14499	18066	20612
社会消费品零售总额	万元	5745	6183	6523	7747	9101
普通小学专任教师数	人	470	471	475	470	465
普通小学在校学生数	人	6537	6346	9096	5683	5075
普通中学专任教师数	人	185	185	186	188	192
普通中学在校学生数	人	2667	2523	3441	3618	2916
卫生机构床位数	张	192	192	192	192	192
卫生技术人员	人	213	204	180	180	180
# 执业(助理)医师	人	78	77	76	75	73
注册护师、护士	人	30	30	30	32	35

社会主要指标

2005年	2006年	2007年	2008年	2009年	2010年	2011年
5.48	5.49	5.18	5.18	5.08	5.10	5.11
40006	42991	51349	65768	76509	90951	113518
13684	13800	15688	23768	26087	33133	41033
15556	16909	21271	24800	30496	34952	45537
11857	12769	16321	18800	23376	26607	35591
10766	12282	14390	17200	19926	22866	26948
7271	7488	8940	11801	14766	17558	22243
112.6	111.0	113.9	113.4	116.1	113.8	114.0
7439	7108	6290	7620	7706	7726	7947
21149	21289	21353	22332	23974	24377	25375
16960	20204	26350	45523	75022	101200	115371
809	824	1104	1572	2006	2655	4914
7335	9722	15711	20893	26403	35789	40467
1462	1608	1838	2405	3656	4479	5640
		6685	9238	12845	14964	17658
11200	12177	15738	18432	22032	26680	30375
6833	6763	6718	6562	6567	6631	6665
12344	12265	13452	10841	11113	10201	6269
22850	26549	31687	37502	43096	54937	65970
10535	10529	16141	19974	25567	30221	34119
433	417	434	452	436	388	368
4687	4577	4491	4356	4091	3794	3537
200	168	222	220	196	253	322
2901	3152	3702	3576	3326	3001	3868
192	192	284	284	284	227	227
185	184	184	190	185	190	204
73	74	80	74	73	27	72
37	38	45	41	37	42	43

七、咸阳市

资料整理：周晓光　梁俊芝　成建荣

7-1 咸阳市经济

指 标	单 位	2000年	2001年	2002年	2003年	2004年
年底总人口	万人	474.51	477.32	481.67	483.91	489.75
人口自然增长率	‰					
年底总户数	万户	121.99	123.08	125.66	128.42	130.43
生产总值	亿元	234.46	257.08	281.89	316.77	374.77
第一产业	亿元	52.45	53.62	55.36	60.43	74.82
第二产业	亿元	102.33	109.26	122.17	140.82	169.77
# 工业	亿元	86.10	90.61	100.93	116.39	140.15
第三产业	亿元	79.68	94.20	104.36	115.52	130.18
人均生产总值	元	4980	5402	5879	6564	7698
生产总值指数	上年=100	111.7	109.0	112.0	113.2	114.9
第一产业	上年=100	106.5	104.3	102.5	107.6	110.6
第二产业	上年=100	111.3	105.7	117.9	117.5	119.3
# 工业	上年=100	110.6	104.8	119.2	117.9	119.5
第三产业	上年=100	115.4	116.2	110.6	110.8	111.2
人均生产总值指数	上年=100	107.8	107.8	111.3	112.0	113.5
非公有制经济增加值	亿元					
文化产业增加值	亿元					
单位GDP能耗	吨标准煤/万元					
单位GDP能耗比上年增长	%					
单位工业增加值能耗	吨标准煤/万元					
就业人员	万人	242.76	239.83	240.86	249.37	253.29
第一产业	万人	150.91	147.34	148.33	152.23	152.47
第二产业	万人	44.32	45.02	44.52	45.09	46.44
第三产业	万人	47.53	47.47	48.01	52.05	54.38
城镇单位就业人员	万人	40.33	39.80	38.38	38.37	39.45
# 国有单位	万人	32.05	31.87	30.09	29.64	30.73
集体单位	万人	2.40	2.19	2.24	2.21	2.17
城镇单位在岗职工人数	万人	39.33	38.99	37.50	37.51	38.53
城镇单位在岗职工平均工资	元	6893	7766	8882	10011	10832

社会主要指标

2005年	2006年	2007年	2008年	2009年	2010年	2011年
498.07	497.44	499.67	500.69	488.11	489.84	491.23
4.49	4.47	4.46	4.50	4.40	3.94	3.90
134.19	137.37	141.50	145.42	150.00	152.04	153.77
432.49	483.87	588.48	764.55	873.20	1098.68	1361.32
89.10	98.34	120.39	148.97	157.41	203.29	252.46
191.99	220.41	271.39	382.65	434.02	573.27	740.40
157.31	179.68	223.25	321.50	356.42	480.70	624.28
151.40	165.12	196.70	232.93	281.77	322.12	368.46
8683	9721	11804	15285	17434	22469	27751
112.6	111.5	112.3	116.0	114.2	114.5	114.2
108.1	107.1	104.5	107.5	106.3	107.8	107.2
114.1	114.7	115.5	119.3	115.1	118.7	119.6
114.3	114.6	115.6	121.3	112.1	119.9	120.2
113.2	110.1	112.4	116.1	117.0	111.7	109.1
110.1	111.6	112.1	115.6	114.1	114.3	113.9
191.52	219.17	268.14	360.98	419.87	532.92	668.87
			20.99	25.43	31.43	40.54
1.380	1.330	1.264	1.201	1.143	1.102	0.751
	-3.63	-4.97	-4.97	-4.81	-3.59	-3.61
3.090	2.730	2.505	2.158	1.896	1.933	1.273
251.65	253.20	250.19	248.70	248.28	241.73	239.67
151.72	154.33	146.39	143.52	138.02	131.30	123.56
45.59	45.62	48.57	50.39	54.64	54.09	57.64
54.34	53.25	55.23	54.79	55.62	56.33	58.47
36.55	36.59	36.76	37.32	37.18	37.10	39.86
27.64	26.76	26.86	26.76	24.64	24.89	26.16
2.17	2.15	2.04	1.97	1.42	1.37	1.55
36.02	36.03	36.08	36.63	36.17	36.30	38.73
11388	12897	17156	20383	23935	27786	32763

7-1 续表 1

指　　标	单 位	2000年	2001年	2002年	2003年	2004年
全社会固定资产投资	亿元	73.29	68.05	88.12	124.08	170.24
# 房地产开发	亿元	3.36	4.35	6.95	11.59	12.46
商品房销售面积	万平方米	19.88	22.08	30.55	57.90	32.36
# 住宅	万平方米	19.47	20.97	29.05	47.18	31.79
地方财政收入	亿元	10.44	10.95	11.24	12.18	11.83
地方财政支出	亿元	16.37	19.61	21.52	23.37	25.99
金融机构人民币各项存款余额	亿元	243.80	274.64	317.27	363.69	402.82
金融机构人民币各项贷款余额	亿元	199.15	218.60	220.45	233.32	238.65
农村居民人均总收入	元	2220	2407	2521	2586	2816
农村居民人均纯收入	元	1625	1690	1775	1908	2100
工资性收入	元	277	322	325	391	470
家庭经营收入	元	1203	1275	1296	1353	1441
财产性收入	元	85	77	77	109	145
转移性收入	元	61	15	77	55	44
农村居民人均生活费支出	元	1093	1136	1408	1145	1278
# 食品支出	元	282	320	358	359	391
城镇居民人均总收入	元	5850	6278	7224	8320	9053
工资性收入	元	4200	4752	5376	6738	7211
经营性收入	元	104	82	91	72	86
财产性收入	元	192	69	92	220	286
转移性收入	元	1354	1375	1665	1290	1471
城镇居民人均可支配收入	元	5812	6242	6724	7586	8257
城镇居民人均生活消费性支出	元	4803	5210	5581	6040	6439
# 食品支出	元	1556	1636	1773	1835	2178
城镇人均住房使用面积	平方米	7.9	8.9	14.6	17.7	17.4
农村人均住房面积	平方米					
城市人均公园绿地面积	平方米					
城市人均道路面积	平方米		3.4	7.5	5.3	6.2
城市用水普及率	%		67.6	97.8	99.2	99.6
城市燃气普及率	%		80.1	71.8	67.3	70.5
常用耕地面积	千公顷	407.87	401.45	378.58	370.26	369.79
农林牧渔业总产值	亿元	84.20	86.68	91.82	96.92	121.66
农作物总播种面积	千公顷	577.57	559.97	562.10	555.61	557.45
# 粮食作物	千公顷	478.17	459.24	458.44	442.25	442.47

2005年	2006年	2007年	2008年	2009年	2010年	2011年
202.19	245.20	394.17	569.75	801.53	1050.54	1263.10
23.27	27.04	35.13	49.41	73.40	93.84	118.48
67.41	66.26	83.32	113.82	129.40	164.51	215.73
63.08	66.04	81.30	112.89	125.62	159.34	213.38
10.78	12.63	19.46	24.07	31.67	43.48	58.56
30.38	41.37	60.64	85.01	107.17	151.40	190.19
471.29	544.25	590.46	733.65	936.00	1142.46	1334.61
215.89	240.76	265.59	270.34	366.79	454.66	541.01
3037	3548	4240	4786	6206	8315	10107
2268	2472	2914	3511	4206	5056	6401
458	499	855	1342	1603	1895	2674
1710	1864	1602	1675	2000	2407	2734
77	84	270	256	307	397	503
23	25	187	238	296	357	490
1690	1854	2393	2469	3021	3867	4701
499	581	869	935	1120	1211	1475
9538	10113	11809	14241	17635	20142	23861
7765	8338	9757	10971	13895	16056	18787
140	157	84	874	979	1086	1357
227	13	36	329	427	490	548
1406	1604	1932	2067	2334	2509	3169
8780	9432	10970	13208	16404	18914	22224
7147	7422	8917	10254	12553	13845	15833
2295	2390	2917	3459	4225	4642	5349
17.8	18.3	25.5	25.8	28.3	36.0	36.5
33.3	35.3	34.9	35.5	37.8	38.5	39.7
	7.3	9.6	9.5	9.8	13.4	14.8
8.5	9.4	10.6	10.0	9.6	10.1	10.1
96.6	96.1	97.2	99.0	97.6	96.0	92.8
73.0	47.7	78.6	94.2	95.2	96.5	91.6
369.00	358.52	360.00	357.90	358.58	359.25	359.27
145.34	165.18	203.51	248.29	263.40	336.11	418.02
561.80	566.28	543.52	543.10	539.93	552.41	519.27
448.87	450.31	428.41	425.95	420.27	430.94	398.88

7-1 续表 2

指　标	单 位	2000年	2001年	2002年	2003年	2004年
粮食产量	万吨	183.90	175.72	178.55	178.78	199.98
棉花产量	吨	935	706	719	610	783
油料产量	吨	47552	51075	44017	47564	47761
蔬菜产量	吨	1416900	1481076	1706371	2008920	2188850
水果产量	吨	2041070	2065410	2064346	2237741	2650400
# 苹果	吨	1760700	1806074	1686791	1862792	2235813
肉类产量	吨	98363	99504	118329	127970	142096
# 猪牛羊肉	吨	86555	87170	104960	113081	125590
奶类产量	吨	156478	164444	204540	296197	357319
# 牛奶	吨	92552	108118	141972	206314	281286
禽蛋产量	吨	66764	68372	80466	82604	85324
水产品产量	吨	6416	6647	6805	7511	8035
规模以上工业企业单位数	个	336	350	340	333	319
规模以上工业总产值	亿元	208.70	217.24	231.22	286.13	309.65
规模以上工业增加值	亿元	57.05	65.19	70.67	91.82	99.08
纱产量	万吨	4.85	5.21	5.23	4.99	5.07
布产量	万米	23694	25640	26000	26142	25228
原煤产量	万吨	168.70	201.51	315.47	460.59	587.83
发电量	亿千瓦小时	66.78	67.60	68.63	72.77	85.77
水泥产量	万吨	76.67	93.14	87.20	97.08	127.56
建筑业企业单位数	个	102	97	92	68	64
建筑业企业年末从业人员	万人	6.90	7.17	7.20	6.48	8.76
建筑业总产值	亿元	58.18	67.15	88.22	114.24	155.19
房屋建筑施工面积	万平方米	332.74	386.24	462.25	552.74	552.18
房屋建筑竣工面积	万平方米	161.94	167.72	172.55	194.18	199.67
公路里程	公里	3722	3808	3908	4424	4679
# 等级公路	公里	3451	3743	3843	4360	4615
# 高速公路	公里	71	107	107	125	125
民用汽车拥有量	辆	28754	40865	43961	48561	52385
# 私人汽车	辆	9613	11587	13007	28317	24170
邮电业务总量	亿元	8.80	9.28	12.42	16.19	24.06
邮政业务总量	亿元	0.56	1.14	1.28	1.55	1.59
电信业务总量	亿元	8.25	8.14	11.14	14.65	22.47

2005年	2006年	2007年	2008年	2009年	2010年	2011年
199.14	209.18	180.71	204.94	208.07	222.52	186.15
617	733	708	682	579	340	317
44582	34699	27382	44188	51166	51166	61836
2424834	2595687	2485438	2865035	3155219	3384620	3467918
2653657	3126770	3130853	3883960	4582138	4965124	5328370
2172571	2568877	2591959	3184291	3781018	4015329	4400670
152571	166864	119584	139010	156002	174616	193468
135313	150463	105689	121749	139709	156521	168589
404128	429875	497376	531812	606198	687387	736835
333693	366060	426484	456776	536338	608599	644572
81507	87931	67228	74600	86230	95839	104327
8077	8418	2227	2360	2664	8633	8764
361	406	432	441	628	671	553
359.16	458.52	565.61	860.24	1038.83	1401.92	1854.54
94.95	138.24	188.90	276.09	310.61	422.26	550.96
4.68	4.63	5.07	5.01	7.77	10.10	11.00
26525	26927	26689	27222	29077	29267	26671
848.12	1188.45	1744.87	2212.38	2656.26	3310.38	4331.50
77.61	73.84	72.28	65.75	64.13	121.08	170.80
140.65	177.87	289.74	555.93	759.51	901.76	1125.70
70	69	70	63	62	61	75
5.96	6.19	9.32	9.31	12.27	11.98	10.47
120.56	139.67	203.36	252.59	348.88	389.88	556.84
633.72	731.62	895.78	1153.31	1258.32	1442.79	1880.69
255.15	302.98	324.74	421.41	369.93	429.16	616.81
4745	11345	13556	14294	14976	15201	15327
4681	8061	10819	12058	13253	13602	13761
125	125	185	284	301	301	351
52609	131320	145044	140191	125420	156209	185481
25603	100327	113324	101525	91066	116103	142466
30.12	37.91	46.41	55.76	56.94	22.62	30.49
1.73	2.18	2.41	2.60	2.89	2.45	2.95
28.39	35.73	44.00	53.16	54.05	20.17	27.54

7-1 续表 3

指　　标	单 位	2000年	2001年	2002年	2003年	2004年
固定电话用户	万户	38.88	44.04	54.65	69.48	81.50
移动电话用户	万户	15.54	29.03	49.20	61.10	79.50
互联网用户	万户	1.23	3.66	6.40	10.41	13.35
限额以上企业数	个					
批发业	个					
零售业	个					
住宿业	个					
餐饮业	个					
社会消费品零售总额	亿元	70.35	79.16	88.83	101.56	119.07
进出口总额	万美元		25138	22139	27878	25487
# 出口	万美元		15009	16079	19242	16521
实际外商直接投资额	万美元	1487	1333	1032	3314	2875
接待入境旅游者人数	万人次	29.00	29.92	2.28	15.12	3.83
# 外国人	万人次	22.13	22.82	2.13	9.30	2.52
国际旅游外汇收入	万美元	1781	1837	700	1027	1359
国内旅游人数	万人次	916	945	1022	867	892
国内旅游收入	亿元	13.25	14.91	24.31	24.98	27.75
星级饭店数	个			21	26	26
幼儿园数	所	391	50	59	52	160
在园儿童数	万人	7.44	6.20	6.11	4.50	4.48
普通小学学校数	所	3300	2758	2563	2445	2385
普通小学专任教师数	人	26308	26558	26841	27697	27869
普通小学在校学生数	万人	66.89	66.07	61.61	58.50	55.39
普通中学学校数	所	324	327	334	334	348
普通中学专任教师数	人	17653	18792	19699	20766	21256
普通中学在校学生数	万人	33.63	33.63	40.35	42.53	43.22
卫生机构数	个	542	510	452	440	435
卫生机构床位数	张	10749	11334	11298	11786	12749
卫生技术人员	人	16888	16955	16664	17173	16626
# 执业(助理)医师	人	7548	7722	7602	7662	7499
注册护师、护士	人	4191	4280	4437	4996	4831

2005年	2006年	2007年	2008年	2009年	2010年	2011年
84.85	83.76	81.70	71.60	66.08	61.93	62.75
93.88	122.29	162.20	195.16	219.71	252.54	299.15
15.50	11.04	14.58	21.14	23.30	29.50	36.97
				240	303	353
				17	24	30
				118	153	177
				33	38	40
				72	88	106
133.03	148.88	173.11	212.67	250.59	296.35	345.10
26183	29804	38257	37269	26252	34045	46641
18095	23938	30746	29458	20260	23849	36969
1954	4811	3476	3777	4059	5188	6269
3.98	4.50	5.64	7.56	10.53	14.00	24.06
2.69	2.93	3.40	4.56	6.35	11.00	15.96
1632	1558	2800	3220	1671	3342	722
913	971	1026	1103	1246	1846	2480
30.69	34.84	43.84	50.50	59.08	80.00	109.30
26	26	27	27	31	28	30
237	251	238	280	287	329	603
5.26	5.47	4.14	5.59	5.42	6.96	15.08
2310	2104	1937	1787	1634	1445	1372
27899	27051	26974	26988	27323	27249	26980
50.70	49.10	45.31	42.12	40.35	39.47	38.65
354	343	334	334	322	314	311
22109	22602	23143	24344	24760	24997	25384
44.91	46.24	45.80	44.60	43.21	41.64	40.50
437	471	445	492	510	571	4649
13393	14523	15790	17045	18272	18082	19764
16381	16461	17311	18624	24041	26271	28963
7281	7253	7116	7125	8274	7478	8114
4816	4894	5287	6099	7885	8853	9741

7-2 秦都区经济

指　标	单 位	2000年	2001年	2002年	2003年	2004年
年底总人口	万人	41.45	42.05	43.30	43.88	45.07
生产总值	万元			689200	796000	878170
第一产业	万元			46000	50100	56270
第二产业	万元			379400	456600	488020
# 工业	万元			347900	423600	437460
第三产业	万元			263800	289300	333880
人均生产总值	元			16150	18261	19745
生产总值指数	上年=100				113.8	110.1
城镇单位在岗职工人数	人	11209	10883	91171	90405	90646
乡村从业人员	人	116300	99000	114100	115804	113800
全社会固定资产投资	万元	258889	275335	240259	339490	475743
地方财政收入	万元	10997	12663	12437	14286	15831
地方财政支出	万元	11527	13544	14377	15831	18148
农村居民人均纯收入	元	2325	2422	2556	2714	2890
城镇居民人均可支配收入	元	5812	6242	6724	7586	8257
城镇单位在岗职工平均工资	元	6839	7752	10834	11647	12757
常用耕地面积	公顷	15902	15347	13981	13800	13016
粮食产量	吨	89776	83403	88972	84973	84763
农林牧渔业总产值	万元	75961	80815	81755	88671	97028
社会消费品零售总额	万元	98790	106855	113049	171100	233236
普通小学专任教师数	人	1786	1690	1185	1202	1226
普通小学在校学生数	人	42847	41771	27183	25801	24079
普通中学专任教师数	人	1571	1581	980	1008	1015
普通中学在校学生数	人	28492	30465	20658	21143	20922
卫生机构床位数	张	2525	2822	3205	3442	3874
卫生技术人员	人	3658	3779	3368	3628	3670
# 执业(助理)医师	人	1671	1786	1695	1654	1465
注册护师、护士	人	1191	1208	1026	1314	1291

社会主要指标

2005年	2006年	2007年	2008年	2009年	2010年	2011年
49.42	48.89	49.08	49.38	50.59	50.74	50.85
948100	1022900	1230900	1527900	1723430	2078120	2791710
64000	67700	79800	94000	95440	111780	127760
475900	515300	606200	790300	936070	1182390	1755440
411900	426800	501600	659000	769360	982450	1514420
408200	439900	544900	643600	691920	783950	908510
20067	20810	25128	31036	34898	41508	54959
107.9	108.9	113.3	114.3	115.6	114.3	114.8
90811	93937	90487	93636	93039	93906	100010
111055	114270	113342	113668	109803	111161	110859
585932	740559	1059811	1538282	2070518	2701864	3179800
14455	15427	20137	24279	31578	40613	53846
18876	20661	30404	46166	58151	79347	115940
3135	3386	3738	4315	5195	6234	7948
8780	9432	10970	14136	17492	20648	24530
13951	15069	17950	20848	24525	27785	32116
12770	12736	12652	12641	11633	11513	11233
83162	85488	73714	81543	83976	82125	60046
108060	112679	138302	159783	164325	190045	216778
261719	295000	344000	414739	475488	568671	669184
1621	1670	1646	1638	1680	1899	1460
35025	34749	33200	31706	31797	36336	36398
1749	1742	1817	1897	1895	2207	2242
34945	35702	36400	35113	35092	39757	38719
3984	3939	3953	4330	4631	4632	5104
3820	3893	3912	4089	4924	6019	6317
1565	1599	1536	1435	3249	1802	2065
1471	1472	1556	1702	2046	2426	2577

7-3 渭城区经济

指 标	单 位	2000年	2001年	2002年	2003年	2004年
年底总人口	万人	37.17	37.84	39.03	39.52	39.77
生产总值	万元			566600	649400	773100
第一产业	万元			31700	34900	35750
第二产业	万元			340000	397500	501820
# 工业	万元			231600	257500	338770
第三产业	万元			194900	217000	235530
人均生产总值	元			14742	16534	19499
生产总值指数	上年=100				112.9	114.0
城镇单位在岗职工人数	人	9349	9321	84454	79580	88817
乡村从业人员	人	84400	77100	76700	66500	86600
全社会固定资产投资	万元	129112	194844	258898	310189	427424
地方财政收入	万元	9666	10865	12493	12641	13571
地方财政支出	万元	9865	11623	13963	14882	16090
农村居民人均纯收入	元	2348	2499	2649	2800	2930
城镇居民人均可支配收入	元	5812	6242	6724	7586	8257
城镇单位在岗职工平均工资	元	6353	7601	9791	12582	12636
常用耕地面积	公顷	15975	15613	16636	16538	15553
粮食产量	吨	110321	105873	102223	102898	113064
农林牧渔业总产值	万元	32355	34861	40041	45467	56978
社会消费品零售总额	万元	34006	35795	37232	149866	208527
普通小学专任教师数	人	1615	1566	1123	1172	1182
普通小学在校学生数	人	38875	36200	22091	19030	16895
普通中学专任教师数	人	1531	1611	1112	1168	1186
普通中学在校学生数	人	30786	34481	23551	23105	23435
卫生机构床位数	张	1252	1317	1636	1726	1725
卫生技术人员	人	1867	1875	1632	1693	1768
# 执业(助理)医师	人	862	909	736	766	725
注册护师、护士	人	605	613	531	568	608

社会主要指标

2005年	2006年	2007年	2008年	2009年	2010年	2011年
42.29	42.56	42.73	42.99	43.73	43.86	43.95
873300	936000	1094000	1393800	1496740	1951410	2280100
41400	39900	46300	57000	62720	85680	107420
591800	654500	762000	1003800	1029340	1406530	1644710
407000	444500	522000	718100	615190	939630	1056260
240100	241600	285700	333000	404680	459200	527970
21307	22086	25654	32522	34818	44937	51932
117.1	113.0	109.7	113.2	112.2	114.3	114.7
62248	61172	62257	62081	51795	50635	55156
84698	90815	91246	87673	88260	88273	87555
518198	653124	847622	1244340	1790842	2336054	2780400
11200	12467	14268	20034	23382	32047	45067
17106	21097	30942	44161	55638	72377	99786
3069	3233	3550	4255	5127	6152	7831
8780	9432	10970	14118	17448	20608	24462
12241	14072	17742	20298	24124	27447	31221
15468	15366	15289	15271	15194	14328	14048
114786	118055	107240	122012	121887	126080	90058
62220	66132	80776	95830	104627	131730	173773
230802	253864	291876	352689	410267	482884	563381
1737	1766	1809	1697	1737	1713	1367
27918	26645	25899	25437	24710	24327	23884
1907	1829	1927	1971	2000	1957	1970
35777	34347	34322	32475	30454	26842	26126
1802	1945	2338	2686	3413	3157	3716
1680	1714	2387	2868	3797	3947	4213
741	742	891	990	1226	1435	1467
652	658	902	1159	1619	1702	1825

7-4 三原县经济

指　　标	单 位	2000年	2001年	2002年	2003年	2004年
年底总人口	万人	39.63	39.58	39.56	39.66	40.39
生产总值	万元	176200	189600	209000	244600	303170
第一产业	万元	51900	59900	61900	71200	92340
第二产业	万元	59500	69900	75700	89800	111810
# 工业	万元	56700	65500	71100	81600	103720
第三产业	万元	64800	59900	71400	83600	99020
人均生产总值	元	4501	4788	5282	6175	7575
生产总值指数	上年=100	112.7	110.8	110.7	112.6	113.3
城镇单位在岗职工人数	人	21734	20881	24298	23105	22922
乡村从业人员	人	193900	195800	186900	193000	195200
全社会固定资产投资	万元	27597	29620	31597	59975	88229
地方财政收入	万元	7417	7143	6720	6857	6620
地方财政支出	万元	11979	15353	15749	16409	18370
农村居民人均纯收入	元	1683	1734	1789	1935	2133
城镇居民人均可支配收入	元	4005	4469	5355	5592	6343
城镇单位在岗职工平均工资	元	5366	6757	7964	9053	10019
常用耕地面积	公顷	33961	33491	36816	35775	35788
粮食产量	吨	182412	152216	178828	177041	218603
农林牧渔业总产值	万元	101905	106561	108446	122968	154283
社会消费品零售总额	万元	40525	40971	42610	57281	86800
普通小学专任教师数	人	2071	2216	2363	2379	2408
普通小学在校学生数	人	51684	47897	43167	38529	34061
普通中学专任教师数	人	2071	2158	2167	2254	2186
普通中学在校学生数	人	33894	37468	39495	40087	39153
卫生机构床位数	张	769	850	970	895	900
卫生技术人员	人	1414	1499	1308	1337	1345
# 执业(助理)医师	人	566	575	504	552	435
注册护师、护士	人	319	321	319	335	308

社会主要指标

2005年	2006年	2007年	2008年	2009年	2010年	2011年
39.88	39.84	39.99	40.04	40.25	40.38	40.51
363100	415100	520700	658500	766220	902760	1033960
106200	120800	150200	167000	174970	212030	235000
136900	167800	222500	318000	377720	444850	511600
127600	157600	209300	303000	361720	417860	481460
120000	126500	148000	173500	213530	245880	287360
9047	10414	13045	16456	19134	22448	25564
113.3	112.0	113.3	114.6	114.2	115.1	114.5
23375	22998	23111	20729	22119	22478	21621
195336	196248	196254	196275	196592	197112	197145
118453	150359	212174	322965	441335	575116	695401
4660	5827	7418	9643	12580	16896	22840
23655	30544	42666	57196	70818	99777	126058
2357	2607	3111	3832	4690	5670	7190
6836	7508	8815	13537	16943	19501	22908
10581	12300	16960	19363	21807	26031	28926
35746	35635	35577	35573	35630	35614	33168
230661	239526	206393	227799	217418	235988	193134
178835	205735	254542	303094	306385	371211	404796
95846	106439	122505	150309	183667	215240	251479
2387	2399	2422	2304	2247	2224	2233
30426	30338	27551	25811	23917	23092	22637
2124	2204	2314	2399	2424	2432	2522
38748	39632	39086	35985	34435	31985	29640
919	931	1027	1058	1162	1168	1194
1126	1174	1321	1333	2114	2492	2617
544	566	625	558	578	485	517
237	245	338	369	464	583	617

7-5 泾阳县经济

指 标	单 位	2000年	2001年	2002年	2003年	2004年
年底总人口	万人	48.34	49.28	49.40	49.78	49.85
生产总值	万元	188850	206240	232100	265400	322860
第一产业	万元	78460	84970	92540	107330	129250
第二产业	万元	57080	62690	67310	76600	96490
# 工业	万元	50350	55160	58820	66860	84460
第三产业	万元	53310	58580	72250	81510	97120
人均生产总值	元	3915	4223	4704	5353	6481
生产总值指数	上年=100	109.5	109.4	110.4	112.6	113.2
城镇单位在岗职工人数	人	17082	18050	17733	18711	18475
乡村从业人员	人	251900	255400	253400	253800	238700
全社会固定资产投资	万元	26725	27473	50488	80821	107397
地方财政收入	万元	7200	7316	7251	7038	6715
地方财政支出	万元	11905	13628	15328	15767	16870
农村居民人均纯收入	元	1780	1915	2013	2116	2266
城镇居民人均可支配收入	元					
城镇单位在岗职工平均工资	元	5443	6303	7030	7552	8357
常用耕地面积	公顷	44388	44587	46572	45614	45389
粮食产量	吨	222529	215279	219379	220349	236042
农林牧渔业总产值	万元	124130	129336	157097	161965	214418
社会消费品零售总额	万元	29616	31497	34009	68106	90219
普通小学专任教师数	人	2188	2149	2090	2211	2204
普通小学在校学生数	人	66766	63008	56868	55037	51108
普通中学专任教师数	人	1898	1975	2216	2341	2359
普通中学在校学生数	人	37588	42320	44128	47831	44944
卫生机构床位数	张	490	475	486	465	771
卫生技术人员	人	999	952	931	1008	987
# 执业(助理)医师	人	460	389	370	437	400
注册护师、护士	人	236	265	178	212	212

社会主要指标

2005年	2006年	2007年	2008年	2009年	2010年	2011年
50.04	50.01	50.21	50.27	48.63	48.81	49.00
377500	438900	528400	651000	740350	873990	1015170
157100	187000	206800	266000	276920	302620	352270
106300	121200	162800	200100	232690	305150	351600
92800	108100	146800	181100	212790	279150	321600
114100	130700	158800	184900	230740	266220	311300
7558	8774	10545	12958	14725	17638	20758
113.7	110.8	114.3	116.3	114.4	114.4	112.5
17630	17939	18135	19300	20238	20140	20239
240284	242385	240083	237270	276431	230614	211006
137336	172830	217323	317425	441529	575620	716576
4505	5355	6364	8538	11385	17360	22223
20862	26678	40819	56989	78065	110998	127369
2495	2750	3120	3840	4715	5691	7205
		9787	13556	16952	19529	22915
9127	10940	16147	18997	23548	26904	30023
45482	45299	45320	45337	45355	45413	44427
249264	261954	258177	284086	277391	287937	248685
265732	320050	384040	437295	453673	522869	576531
101141	113627	132654	165171	188271	217433	250432
2250	2126	2268	2618	2827	2965	2920
45011	40417	35296	30712	28945	28509	28848
2384	2359	2384	3075	3204	3255	3382
41731	42607	42378	42346	41747	40654	36687
862	912	1182	1479	1235	1306	1446
984	1002	945	1016	1224	1529	2002
370	362	409	423	787	501	678
208	209	260	292	430	459	789

7-6 乾县经济

指　　标	单 位	2000年	2001年	2002年	2003年	2004年
年底总人口	万人	54.18	54.57	54.83	54.70	55.85
生产总值	万元	147600	164100	189800	215100	271600
第一产业	万元	56500	55200	59100	58800	71500
第二产业	万元	41200	49800	62600	76000	89340
# 工业	万元	33400	41200	53900	66500	80120
第三产业	万元	49900	59100	68100	80300	110760
人均生产总值	元	2735	3018	3470	3926	4914
生产总值指数	上年=100	116.8	109.8	114.9	115.4	116.9
城镇单位在岗职工人数	人	15253	15550	17284	17308	17299
乡村从业人员	人	252000	231400	238300	281200	287300
全社会固定资产投资	万元	35720	26939	36196	54289	75715
地方财政收入	万元	8034	8252	7707	7870	5699
地方财政支出	万元	10438	13850	15618	16565	18362
农村居民人均纯收入	元	1620	1684	1768	1876	2046
城镇居民人均可支配收入	元	3337	3871	4797	4830	5044
城镇单位在岗职工平均工资	元	5269	5610	6546	6964	7741
常用耕地面积	公顷	50111	50770	50795	50534	50536
粮食产量	吨	270276	273048	270306	272457	287756
农林牧渔业总产值	万元	86680	84814	91079	91619	116128
社会消费品零售总额	万元	30039	32140	34624	74955	113468
普通小学专任教师数	人	2858	3442	3250	3307	3283
普通小学在校学生数	人	76732	82107	74986	69475	62101
普通中学专任教师数	人	1668	1787	1971	2141	2264
普通中学在校学生数	人	34432	39945	46075	49925	50374
卫生机构床位数	张	621	630	691	592	607
卫生技术人员	人	1115	1099	947	947	935
# 执业(助理)医师	人	605	605	520	520	403
注册护师、护士	人	214	224	215	215	181

社会主要指标

2005年	2006年	2007年	2008年	2009年	2010年	2011年
56.12	56.06	56.34	56.38	52.56	52.75	52.85
304500	350500	422800	525200	597200	734740	929800
80400	87200	104900	124000	130470	170540	223300
105900	134100	161700	207500	222430	291320	375770
95300	122600	148400	186500	197820	256810	337900
118200	129200	156200	193700	244320	272880	330730
5439	6249	7523	9319	10588	13459	17610
112.8	112.2	116.3	115.9	115.0	115.9	114.5
17346	17543	18812	19126	20056	20917	21978
287800	279100	280800	278384	278992	254830	248355
102457	139027	215236	294852	452379	600152	722132
4102	4574	5530	7391	8713	10587	14510
21357	30309	41997	60863	75100	99716	130190
2266	2509	3069	3788	4678	5665	7155
5180	5728	7813	12598	15726	18274	21516
8674	9805	15512	18273	21067	24296	28859
50458	50581	50569	50570	50722	51128	51128
268541	299681	269366	297584	293684	305733	276961
130577	145860	179712	206689	217548	279697	366942
129599	148611	176576	223029	261084	305810	352532
3229	3116	3115	3078	3031	2994	2938
54306	61778	59935	52946	47811	53088	53858
2319	2465	2531	2627	2639	2630	2646
57161	61161	60907	57891	53899	53580	55897
626	1009	1095	1031	999	1040	1030
965	965	986	1110	1107	1785	2192
517	517	517	543	436	458	458
180	180	210	265	263	654	695

7-7 礼泉县经济

指　　标	单 位	2000年	2001年	2002年	2003年	2004年
年底总人口	万人	45.56	45.37	45.86	45.74	45.81
生产总值	万元	156300	183100	205900	200000	214660
第一产业	万元	62900	72100	74800	78900	78340
第二产业	万元	39800	47700	61400	39300	51420
# 工业	万元	33700	42100	55600	31800	45400
第三产业	万元	53600	63400	69700	81800	84900
人均生产总值	元	3449	4027	4514	4366	4689
生产总值指数	上年=100	102.8	118.9	111.1	102.4	107.3
城镇单位在岗职工人数	人	20185	20082	19721	19789	19675
乡村从业人员	人	192600	200200	204200	229400	237200
全社会固定资产投资	万元	15912	30969	44809	57033	86592
地方财政收入	万元	8167	7658	5983	6989	4984
地方财政支出	万元	12276	14112	17538	17362	18117
农村居民人均纯收入	元	2119	2123	2129	2142	2250
城镇居民人均可支配收入	元					
城镇单位在岗职工平均工资	元	4012	5185	6749	7264	7639
常用耕地面积	公顷	38222	37628	37641	36296	36338
粮食产量	吨	183791	145850	146644	146057	162886
农林牧渔业总产值	万元	107956	103700	82852	80578	116965
社会消费品零售总额	万元	35227	35690	38210	60851	89392
普通小学专任教师数	人	3829	3514	3329	3416	3046
普通小学在校学生数	人	75311	76721	66228	62091	65752
普通中学专任教师数	人	1991	2052	2066	2089	2246
普通中学在校学生数	人	37826	40016	43626	45073	47669
卫生机构床位数	张	819	844	821	914	852
卫生技术人员	人	1629	1658	1722	1584	1603
# 执业(助理)医师	人	630	679	641	617	549
注册护师、护士	人	465	464	478	460	411

社会主要指标

2005年	2006年	2007年	2008年	2009年	2010年	2011年
46.28	46.23	46.45	46.52	44.64	44.81	44.92
275800	320500	379400	489000	548530	725660	932390
96700	106900	122400	160000	171320	265700	373560
63100	83800	104000	146600	145810	208950	258510
54300	71800	89100	129900	128160	190740	237500
116000	129800	153000	182400	231400	251010	300320
5990	6929	8187	10519	11785	15882	20781
112.7	112.0	111.4	115.8	115.1	115.0	114.5
20786	19861	19607	19439	21101	20166	21307
238400	238900	239700	240600	294560	242447	248210
116595	156880	226562	334400	492140	649600	777800
3110	3705	4164	6083	9009	12170	16893
20626	29336	40757	55886	71257	99261	124209
2560	2850	3238	3886	4687	5695	7181
		7300	12611	15726	18258	21501
7865	7976	14736	18097	20608	23972	28220
36352	36237	33525	30761	30890	31137	30818
149288	138959	109427	122475	128861	153013	115603
144767	163334	200390	253977	286423	408686	601820
102132	116663	138540	175302	203456	237349	277258
3274	3116	2995	3080	3040	2996	2954
59187	53847	48677	47223	45894	43318	42638
2293	2310	2336	2406	2402	2417	2495
48216	48915	46520	47572	46019	44204	44763
915	924	932	956	914	1024	1031
1489	1335	1475	1464	1322	1892	1899
559	468	472	472	515	569	555
441	412	434	444	424	517	514

7-8 永寿县经济

指 标	单 位	2000年	2001年	2002年	2003年	2004年
年底总人口	万人	18.28	18.33	18.41	18.53	18.79
生产总值	万元	33210	34490	40890	46980	58020
第一产业	万元	12930	13620	17590	19970	26360
第二产业	万元	6680	6060	6640	7540	9990
# 工业	万元	5780	5140	5750	6230	7870
第三产业	万元	13600	14810	16660	19480	21670
人均生产总值	元	1828	1884	2226	2544	3110
生产总值指数	上年=100	104.2	138.6	111.4	114.2	113.5
城镇单位在岗职工人数	人	8917	9145	9797	9785	10083
乡村从业人员	人	81800	79500	82900	82600	82700
全社会固定资产投资	万元	14398	13256	19601	29379	40569
地方财政收入	万元	2674	2414	2467	2689	1919
地方财政支出	万元	6090	7105	7988	8493	9376
农村居民人均纯收入	元	993	995	1010	1099	1262
城镇居民人均可支配收入	元					
城镇单位在岗职工平均工资	元	5663	6198	6345	6274	6392
常用耕地面积	公顷	29369	29409	30986	28292	28360
粮食产量	吨	65896	57811	57795	60963	87827
农林牧渔业总产值	万元	24314	24273	32399	36184	46450
社会消费品零售总额	万元	5587	5715	5726	11389	30198
普通小学专任教师数	人	1194	1010	1203	1283	1248
普通小学在校学生数	人	29602	29865	29313	27553	25961
普通中学专任教师数	人	530	609	633	660	690
普通中学在校学生数	人	10063	12064	13424	14193	14515
卫生机构床位数	张	383	409	466	393	374
卫生技术人员	人	558	513	525	512	482
# 执业(助理)医师	人	294	265	230	235	206
注册护师、护士	人	117	111	109	108	97

社会主要指标

2005年	2006年	2007年	2008年	2009年	2010年	2011年
19.58	19.51	19.60	19.62	18.41	18.48	18.53
72200	81600	106300	147200	175210	230660	280180
29800	36500	43600	62000	69690	97490	108150
15600	19700	28200	36100	48400	59580	85240
12600	16600	23300	29100	38930	50080	74370
26800	25400	34500	49100	57120	73590	86790
3772	4184	5436	7506	8925	12102	15141
114.5	115.1	114.3	115.9	114.3	117.4	113.0
10309	10310	10313	10345	10166	9934	11617
82837	82845	82841	78588	91103	73818	74088
68098	76447	97469	140811	190045	250031	301778
1580	1869	2318	3468	4271	5738	8048
10953	17221	26857	36559	45768	65576	76796
1420	1700	1975	2900	3585	4352	5457
		5806	10914	13533	15671	18355
7326	8346	14837	17846	21418	26007	30180
28169	28133	19346	19346	19346	19403	19445
78981	91700	71875	92714	96583	96932	75780
53960	60353	74459	99766	111188	148026	171254
33413	37107	42961	53022	60882	80737	94170
1255	1267	1272	1284	1287	1215	1115
24369	23480	21815	20539	19499	17734	15176
726	755	789	833	832	834	834
16067	16284	16332	16180	16093	14627	13438
410	411	425	452	493	509	493
488	490	463	525	567	661	694
267	266	194	222	256	218	215
100	100	101	123	150	184	181

7-9 彬县经济

指　　标	单 位	2000年	2001年	2002年	2003年	2004年
年底总人口	万人	31.63	31.67	31.82	31.94	32.52
生产总值	万元	64100	68900	80900	93100	110120
第一产业	万元	23300	23200	26400	28200	32640
第二产业	万元	19700	20800	24400	28300	34910
# 工业	万元	18300	19200	22900	26500	32970
第三产业	万元	21100	24900	30100	36600	42570
人均生产总值	元	2036	2177	2549	2920	3417
生产总值指数	上年=100	104.6	107.5	117.3	115.1	116.5
城镇单位在岗职工人数	人	16044	15773	15939	17753	17461
乡村从业人员	人	130200	130300	130500	143600	143400
全社会固定资产投资	万元	18752	21310	36820	54998	84658
地方财政收入	万元	5103	5279	4827	5218	4480
地方财政支出	万元	8428	10095	12141	14326	15277
农村居民人均纯收入	元	1249	1300	1363	1457	1642
城镇居民人均可支配收入	元	2600	2630	3377	4283	4571
城镇单位在岗职工平均工资	元	5970	6865	8168	9253	10807
常用耕地面积	公顷	35614	32366	29352	28492	29059
粮食产量	吨	79482	84912	85387	88050	109162
农林牧渔业总产值	万元	39487	41475	46930	47294	57457
社会消费品零售总额	万元	25273	25566	28317	30633	53081
普通小学专任教师数	人	1684	1658	1717	1827	1800
普通小学在校学生数	人	50607	51987	51829	49467	46197
普通中学专任教师数	人	764	777	854	1037	1096
普通中学在校学生数	人	18208	20392	22924	25504	27594
卫生机构床位数	张	622	613	646	471	572
卫生技术人员	人	858	867	885	703	876
# 执业(助理)医师	人	390	394	451	339	413
注册护师、护士	人	252	253	224	191	197

社会主要指标

2005年	2006年	2007年	2008年	2009年	2010年	2011年
32.28	32.39	32.54	32.64	32.23	32.35	32.47
148400	182600	245100	438600	600640	801670	1061020
38300	40500	48000	66000	71480	97820	125990
56600	81400	127200	288700	414510	565740	772370
53300	77900	120700	277500	396190	534410	739120
53500	60700	69900	83900	114650	138110	162660
4558	5619	7550	13458	18393	24659	32737
124.6	122.2	124.4	129.6	122.6	121.3	123.3
17726	18553	19061	18752	20420	20447	25025
144528	144329	144630	147630	174190	143182	143282
125956	161591	211964	335327	508990	666046	863711
4526	7864	19340	26031	38397	50871	89354
20958	31797	49722	71289	89357	138993	189528
1837	2004	2292	3078	4103	5121	6601
4825	5050	6305	12187	15356	18151	21516
11541	14946	19131	24669	29627	37751	50829
28979	28899	28951	29077	29407	29791	29884
108007	107517	79804	106804	120883	139739	119392
64115	72001	90236	110059	124200	170612	219965
57253	62560	70262	84247	112381	136397	161143
1731	1789	1754	1711	1725	1669	1607
41023	36976	32488	28887	27225	26366	26596
1147	1312	1362	1421	1403	1409	1338
29751	32163	31904	29989	28824	27124	24974
619	669	980	998	904	1012	1053
837	806	779	876	1647	1777	1851
420	395	371	340	542	385	388
244	238	204	321	556	702	697

7-10 长武县经济

指　　标	单 位	2000年	2001年	2002年	2003年	2004年
年底总人口	万人	17.11	17.15	17.22	17.25	17.28
生产总值	万元	27886	30775	33960	40680	58280
第一产业	万元	11374	10809	10400	12540	16470
第二产业	万元	6597	7242	9344	19600	14400
# 工业	万元	3776	3981	4639	5340	10660
第三产业	万元	9915	12724	14216	16180	27410
人均生产总值	元	1631	1796	1974	2359	3375
生产总值指数(上年=100)	上年=100	111.6	112.1	115.5	114.8	113.8
城镇单位在岗职工人数	人	6995	7444	7208	7543	7975
乡村从业人员	人	65300	69000	71300	67400	70900
全社会固定资产投资	万元	17197	10004	17267	26555	42624
地方财政收入	万元	2621	2470	2202	2568	2180
地方财政支出	万元	5602	6375	7535	8122	9213
农村居民人均纯收入	元	1009	1050	1175	1258	1420
城镇居民人均可支配收入	元					
城镇单位在岗职工平均工资	元	5934	7023	8516	8892	9613
常用耕地面积	公顷	19346	18640	15807	11415	10704
粮食产量	吨	50191	50096	50040	53072	58753
农林牧渔业总产值	万元	21510	20317	20325	24535	30565
社会消费品零售总额	万元	7366	7790	7970	10030	26508
普通小学专任教师数	人	911	990	1060	1120	1170
普通小学在校学生数	人	24476	23691	22954	22037	20815
普通中学专任教师数	人	609	730	763	758	749
普通中学在校学生数	人	10285	10933	11679	11447	11950
卫生机构床位数	张	309	297	368	289	317
卫生技术人员	人	444	455	408	437	480
# 执业(助理)医师	人	248	242	198	187	203
注册护师、护士	人	104	107	114	123	128

社会主要指标

2005年	2006年	2007年	2008年	2009年	2010年	2011年
17.04	16.95	17.03	17.06	16.70	16.77	16.83
67900	80500	101500	158100	178020	249480	349820
18700	20300	25300	33000	36990	54940	109020
18300	24300	38600	81800	87610	140360	179330
13900	19000	30700	71500	73780	116200	145000
30900	35900	37600	43300	53420	54180	61470
3957	4737	5974	9277	10433	14745	20822
115.0	111.2	115.9	122.9	112.1	123.5	119.1
7839	8815	8887	9348	9563	10614	12738
69891	76889	76978	73875	91227	78611	78473
53237	69190	120671	274492	372598	480377	565661
2029	2275	16809	6227	22381	20003	27761
11263	15133	34017	31552	53286	80024	83851
1550	1700	1922	2895	3583	4407	5645
		5909	11069	13714	15991	18869
10293	12327	15961	19663	23933	28107	33647
10609	11427	11464	11464	11452	11475	10914
54961	53593	42285	56225	61527	63718	49743
34465	37681	44772	54563	61684	90094	179082
30196	34590	41285	52865	62561	73855	85114
1170	1135	1174	1089	1082	1044	968
19453	18247	16167	13898	12164	10893	9995
794	820	895	914	896	913	913
12231	12272	12124	11587	11001	10907	10532
347	353	449	492	486	510	570
432	468	471	523	584	707	883
205	207	186	178	271	155	181
129	129	131	121	156	180	195

7-11 旬邑县经济

指　　标	单 位	2000年	2001年	2002年	2003年	2004年
年底总人口	万人	26.76	26.76	26.80	26.81	27.04
生产总值	万元	50363	54500	61838	70818	90520
第一产业	万元	27832	26700	28833	31642	42000
第二产业	万元	9003	10300	12298	13862	19450
# 工业	万元	7884	9000	10594	11500	16060
第三产业	万元	13528	17465	20707	25314	29070
人均生产总值	元	1904	2033	2309	2642	3362
生产总值指数	上年=100	110.3	106.4	115.0	112.7	118.5
城镇单位在岗职工人数	人	11431	11687	11649	12634	12705
乡村从业人员	人	123600	125200	125600	126400	126600
全社会固定资产投资	万元	8711	12740	18919	27570	37005
地方财政收入	万元	3670	3001	3582	3855	2245
地方财政支出	万元	7159	8877	10101	11335	12181
农村居民人均纯收入	元	1324	1366	1385	1470	1575
城镇居民人均可支配收入	元	3100	3820	4120	4360	4700
城镇单位在岗职工平均工资	元	4319	5835	6591	7837	8467
常用耕地面积	公顷	28291	27471	28702	27082	27102
粮食产量	吨	86795	90024	90023	87580	93775
农林牧渔业总产值	万元	39996	38089	46899	48243	65682
社会消费品零售总额	万元	9212	9411	10070	16800	36090
普通小学专任教师数	人	1574	1556	1700	1749	1708
普通小学在校学生数	人	41391	40698	40280	38762	36033
普通中学专任教师数	人	767	827	902	1053	1071
普通中学在校学生数	人	15838	17718	18941	20467	21144
卫生机构床位数	张	373	363	398	408	383
卫生技术人员	人	657	694	608	677	572
# 执业(助理)医师	人	323	340	202	231	188
注册护师、护士	人	165	159	120	154	124

社会主要指标

2005年	2006年	2007年	2008年	2009年	2010年	2011年
27.04	26.98	27.11	27.14	26.08	26.18	26.28
114300	136100	191400	287500	347010	493240	683640
50400	56600	67400	88000	94270	142080	211780
30400	37700	76600	143400	192630	280730	391610
26100	33500	71100	136400	185130	273130	383350
33500	41800	47400	56100	60110	70430	80250
4227	5039	7077	10599	12779	18492	26065
133.4	109.4	123.3	119.1	115.9	121.0	118.4
13365	13445	15172	15656	16100	16545	17913
126759	127000	134648	135618	166913	136885	112997
60451	88643	117602	180142	250145	330030	397844
2386	2699	3741	6741	10616	15011	24070
16118	23320	30920	45000	60600	90062	113002
1737	1883	2200	2890	3580	4368	5617
5070	5580	5900	10724	13469	15516	18324
9300	9876	15795	19376	24778	30358	36153
27173	27293	27386	27444	27479	27646	27766
107939	107789	90793	101859	104656	116742	98749
80040	89944	114712	145078	157125	232592	352962
40403	45123	52613	65351	82744	96253	110746
1674	1576	1645	1638	1615	1605	1476
33538	31386	28133	25176	22187	20073	18811
1103	1100	1118	1149	1196	1213	1227
22897	23895	24663	25286	26105	24531	23762
450	476	526	546	576	700	770
572	574	671	917	669	1001	1272
235	229	263	411	397	325	293
111	112	149	254	199	280	377

7-12 淳化县经济

指　　标	单 位	2000年	2001年	2002年	2003年	2004年
年底总人口	万人	18.60	18.84	19.15	19.29	19.74
生产总值	万元	49942	54627	58457	62782	78260
第一产业	万元	31334	33311	35678	34249	45590
第二产业	万元	6864	7935	7726	9299	11360
# 工业	万元	6169	7278	7013	8453	10750
第三产业	万元	11744	13381	15053	19234	21310
人均生产总值	元	2702	2918	3077	3266	4011
生产总值指数	上年=100	131.5	109.7	98.1	112.4	113.4
城镇单位在岗职工人数	人	9964	8936	8600	8988	8800
乡村从业人员	人	79700	81300	79300	83000	87800
全社会固定资产投资	万元	17961	22199	26642	26925	31877
地方财政收入	万元	3791	4084	3563	3903	1928
地方财政支出	万元	6302	8086	9334	9005	10502
农村居民人均纯收入	元	1205	1250	1253	1323	1515
城镇居民人均可支配收入	元					
城镇单位在岗职工平均工资	元	5477	6427	7030	8553	10213
常用耕地面积	公顷	34060	33515	26682	25682	25437
粮食产量	吨	95154	93321	86139	87248	103654
农林牧渔业总产值	万元	57832	60934	64808	68251	84159
社会消费品零售总额	万元	13690	13800	15002	16598	32099
普通小学专任教师数	人	1219	1234	1236	1294	1319
普通小学在校学生数	人	31756	31048	30548	35692	33757
普通中学专任教师数	人	685	707	755	809	812
普通中学在校学生数	人	11844	13023	14731	16290	16164
卫生机构床位数	张	245	200	235	172	264
卫生技术人员	人	455	433	431	390	334
# 执业(助理)医师	人	190	192	138	143	120
注册护师、护士	人	75	70	61	61	68

社会主要指标

2005年	2006年	2007年	2008年	2009年	2010年	2011年
19.90	19.84	19.93	19.91	19.29	19.35	19.39
97500	116400	154400	205400	234800	322200	368000
54800	62100	91700	127000	121600	176500	193270
15800	23400	31300	41500	57190	83500	104380
13700	20000	25100	34100	47690	60500	87020
26900	30900	31400	36900	56010	62200	70350
4920	5858	7765	10310	11786	16405	18998
115.4	109.6	109.9	115.4	114.2	114.0	112.2
9715	9452	9304	8996	9122	9272	10919
93146	97560	102110	102230	110838	104766	105711
39484	50400	71979	96493	132293	175421	205100
1326	1496	1823	2408	2853	4285	6043
12452	17935	23458	38041	43718	76851	84086
1704	1883	2192	2946	3645	4476	5622
		6005	10200	12821	14911	17450
10080	11216	15791	19505	23853	27289	30868
25621	25655	26179	26561	26684	26817	24221
98076	101662	82586	97938	107151	121995	95825
104103	118391	154948	215764	223917	296990	332235
34669	38013	43469	52574	61771	75552	87260
1371	1373	1334	1300	1236	1240	1165
30911	30545	30531	30392	29832	28931	27732
844	863	861	890	929	924	970
16751	17467	17531	16790	16208	15682	14436
322	453	459	506	504	498	508
438	408	452	520	679	745	783
133	124	129	134	231	149	177
55	53	66	100	121	137	151

7-13 武功县经济

指　　标	单 位	2000年	2001年	2002年	2003年	2004年
年底总人口	万人	40.30	40.42	40.78	41.16	41.48
生产总值	万元	118400	142200	156800	174300	198990
第一产业	万元	31900	40300	42500	45700	51100
第二产业	万元	42800	49800	55000	64400	74900
# 工业	万元	38000	43900	48000	55700	64210
第三产业	万元	43700	52100	59300	64200	72990
人均生产总值	元	2953	3519	3842	4254	4816
生产总值指数	上年=100	112.8	109.5	111.2	112.3	112.8
城镇单位在岗职工人数	人	19081	20327	21519	24638	24249
乡村从业人员	人	213500	214700	228300	234000	234300
全社会固定资产投资	万元	10119	8748	19600	29836	43366
地方财政收入	万元	3499	2936	3294	3590	3477
地方财政支出	万元	8259	10359	13112	13451	15505
农村居民人均纯收入	元	1603	1708	1793	1898	2058
城镇居民人均可支配收入	元					
城镇单位在岗职工平均工资	元	5654	7232	7418	7944	8974
常用耕地面积	公顷	28064	28072	27525	27519	27517
粮食产量	吨	189332	190288	190575	191596	213440
农林牧渔业总产值	万元	55705	60835	62883	68529	89625
社会消费品零售总额	万元	30987	28148	29922	52606	76848
普通小学专任教师数	人	2203	2239	2279	2514	2752
普通小学在校学生数	人	63951	61080	56526	53039	54336
普通中学专任教师数	人	1643	1769	1875	1967	2035
普通中学在校学生数	人	33305	37714	40006	41548	43139
卫生机构床位数	张	704	696	893	829	875
卫生技术人员	人	1120	1130	997	1035	841
# 执业(助理)医师	人	427	482	392	394	300
注册护师、护士	人	341	321	302	304	309

社会主要指标

2005年	2006年	2007年	2008年	2009年	2010年	2011年
42.03	42.01	42.22	42.27	41.01	41.16	41.30
216500	256800	325700	393000	447210	555180	635980
56500	70600	116000	117000	122700	150990	167280
82500	93000	105100	159200	168280	220550	254950
71800	79200	88400	140000	143720	190590	210380
77500	93200	104600	116800	156230	183640	213750
5185	6111	7734	9303	10575	13302	15425
108.0	112.7	116.4	115.1	113.7	113.8	113.0
23121	23486	23476	26065	27330	27271	27076
243000	241000	196813	185412	181302	172418	172369
54713	71497	95208	127523	182489	248226	309552
2263	2438	3011	4030	5211	6724	8663
19366	27629	34721	48254	59721	87894	110030
2304	2576	2950	3798	4656	5592	7035
		7492	12329	15362	17666	20758
9838	11252	15757	18615	22832	26561	32343
27512	27541	27572	27565	27549	27542	26501
218592	245906	206687	224598	229829	242925	206590
101333	117548	146163	186759	202288	249821	276303
86066	96140	112243	139000	166690	194730	224978
2758	2413	2299	2262	2421	2518	2544
48472	44200	40386	38284	40969	40881	39652
2141	2222	2246	2214	2263	2241	2240
43267	43464	42780	40207	38444	39063	37168
875	885	1003	1011	1010	1028	1211
844	845	1193	1129	1075	1138	1221
336	337	415	381	431	370	399
314	316	350	353	372	413	436

7-14 兴平市经济

指　　标	单 位	2000年	2001年	2002年	2003年	2004年
年底总人口	万人	55.50	55.46	55.49	55.65	56.16
生产总值	万元	207700	235900	273700	323100	387990
第一产业	万元	43800	49100	49300	54100	70600
第二产业	万元	100900	109600	133400	163000	193800
# 工业	万元	82800	89600	109600	132400	169100
第三产业	万元	63000	77200	91000	106000	123600
人均生产总值	元	3794	4243	4934	5814	6940
生产总值指数	上年=100	111.6	112.1	115.5	114.8	113.8
城镇单位在岗职工人数	人	31588	31656	45629	44833	46219
乡村从业人员	人	239400	241400	233300	233200	233800
全社会固定资产投资	万元	44947	43271	60104	75988	95199
地方财政收入	万元	6869	7120	7588	8027	7887
地方财政支出	万元	12365	14857	16456	17315	18520
农村居民人均纯收入	元	1609	1690	1832	1932	2125
城镇居民人均可支配收入	元					
城镇单位在岗职工平均工资	元	6509	7482	8405	9519	10609
常用耕地面积	公顷	34562	34537	34859	34831	34894
粮食产量	吨	213083	215107	219167	215527	230074
农林牧渔业总产值	万元	74203	80748	82637	84859	108410
社会消费品零售总额	万元	36300	37730	40021	81704	114235
普通小学专任教师数	人	3076	3294	3284	3198	3111
普通小学在校学生数	人	74895	74598	69569	63312	55718
普通中学专任教师数	人	1925	2209	2230	2214	2211
普通中学在校学生数	人	33732	40887	41409	42478	43374
卫生机构床位数	张	1446	1463	1007	1190	1235
卫生技术人员	人	1695	1617	1132	1373	1410
# 执业(助理)医师	人	725	672	514	572	503
注册护师、护士	人	526	516	428	378	350

社会主要指标

2005年	2006年	2007年	2008年	2009年	2010年	2011年
56.17	56.17	56.45	56.48	54.00	54.20	54.35
458700	500300	584700	770700	883350	1071500	1250000
82600	87200	101200	128000	133510	164750	189850
234800	247100	286300	409700	427730	535570	639920
204900	218500	255000	349100	393830	500850	575830
141300	166000	197200	233000	322110	371180	420230
8167	8907	10384	13649	15633	19354	23032
116.5	110.9	113.3	115.3	113.6	113.3	114.6
45945	42834	42194	42833	40867	40653	41680
234147	234723	234831	235557	272429	212121	208129
140463	218428	284760	475181	701246	916900	1115300
7007	7923	9508	12858	16209	22008	28585
21965	34940	45989	65297	81539	114986	141510
2359	2597	2960	3908	4787	5768	7273
		8858	13600	16992	19838	23488
11812	13667	18904	23132	24191	28303	32970
34942	34990	35004	35146	35423	35616	35715
229172	239948	208773	233780	236882	252245	230911
125154	142139	172079	214246	220664	268760	307761
126282	141043	161907	198094	236630	278635	323331
3234	3105	3039	3086	3159	3167	3083
52492	53951	48510	45066	42166	41178	40261
2369	2406	2356	2343	2469	2565	2605
48106	50637	48947	49895	48664	47401	48899
1262	1416	1421	1500	1345	1498	1638
1410	1404	1325	1447	2025	2578	3019
627	618	592	564	607	626	721
422	420	381	413	426	616	687

八、渭南市

资料整理：徐 鑫 薛小艳

8-1 渭南市经济

指　标	单 位	2000年	2001年	2002年	2003年	2004年
年底总人口	万人	529.02	530.79	532.65	533.94	536.75
人口自然增长率	‰					
年底总户数	万户	136.22	138.69	140.85	144.70	150.29
生产总值	亿元	165.47	181.44	201.53	230.39	280.71
第一产业	亿元	37.43	39.45	41.55	44.34	52.96
第二产业	亿元	60.42	64.56	73.93	91.08	119.81
# 工业	亿元	51.82	55.80	62.61	77.45	104.40
第三产业	亿元	67.62	77.43	86.05	94.97	107.94
人均生产总值	元	3149	3424	3790	4320	5267
生产总值指数	上年=100	108.2	108.3	110.4	109.5	112.6
第一产业	上年=100	104.3	104.4	4.0	101.5	106.3
第二产业	上年=100	107.5	107.2	113.9	116.4	119.1
# 工业	上年=100	107.6	107.5	113.1	117.1	121.4
第三产业	上年=100	112.0	111.4	110.7	107.3	109.2
人均生产总值指数	上年=100	107.2	107.4	110.0	109.2	112.2
非公有制经济增加值	亿元					
文化产业增加值	亿元					
单位GDP能耗	吨标准煤/万元					
单位GDP能耗比上年增长	%					
单位工业增加值能耗	吨标准煤/万元					
就业人员	万人	272.10	271.87	271.97	273.09	276.62
第一产业	万人	194.68	193.39	193.10	190.76	186.31
第二产业	万人	35.16	34.65	33.82	34.09	35.04
第三产业	万人	42.26	43.83	45.05	48.24	55.27
城镇单位就业人员	万人	35.04	34.96	33.85	33.89	34.27
# 国有单位	万人	29.80	28.86	28.36	28.41	28.18
集体单位	万人	2.30	2.18	2.16	1.87	1.98
城镇单位在岗职工人数	万人	33.90	33.80	32.87	32.63	32.95
城镇单位在岗职工平均工资	元	6192	6964	7889	9379	10511

社会主要指标

2005年	2006年	2007年	2008年	2009年	2010年	2011年
547.11	545.65	542.04	543.07	529.03	528.99	530.49
4.46	4.44	4.43	4.48	4.39	3.26	3.29
153.46	159.23	161.56	165.36	169.48	171.35	176.56
330.17	377.40	456.95	563.09	636.96	801.42	1028.97
58.66	63.13	80.19	96.26	100.55	128.94	160.47
148.71	171.83	206.06	256.22	294.44	394.55	545.19
131.28	151.31	181.10	222.49	248.78	339.71	476.64
122.80	142.44	170.70	210.61	241.97	277.93	323.31
6052	6907	8402	10378	11728	15149	19424
112.4	112.9	114.2	116.3	114.3	115.0	115.0
105.5	107.3	104.9	107.6	106.5	107.3	107.0
112.4	114.8	115.5	117.3	116.3	120.7	120.6
119.1	115.0	115.6	117.1	113.7	121.8	121.3
98.3	113.3	116.7	118.7	114.7	110.6	110.9
111.2	112.7	114.7	116.6	114.2	115.1	114.9
127.68	150.27	182.89	235.24	279.58	350.19	459.62
			9.97	11.94	15.71	20.05
3.510	3.429	3.263	3.085	2.946	2.807	1.718
	-2.30	-4.85	-5.44	-4.51	-4.72	-3.60
7.760	8.040	7.153	5.742	4.801	4.116	3.392
297.70	299.74	301.35	303.16	311.97	334.47	351.21
185.33	186.71	184.46	180.34	174.96	186.96	187.21
36.76	37.48	39.36	42.25	44.85	51.84	53.64
75.61	75.55	77.53	80.57	92.16	95.67	110.36
33.75	33.91	34.51	34.73	34.87	37.35	38.99
27.41	27.11	27.12	27.68	27.72	27.16	27.45
1.93	1.77	1.62	1.53	1.52	1.88	1.33
32.65	32.69	33.39	33.48	34.47	35.47	36.69
11822	13577	16792	21092	24589	28628	33703

8-1 续表 1

指　标	单 位	2000年	2001年	2002年	2003年	2004年
全社会固定资产投资	亿元	49.96	54.44	63.02	83.13	100.77
# 房地产开发	亿元	2.10	1.83	2.04	3.82	4.08
商品房销售面积	万平方米	14.82	14.91	18.83	24.30	28.61
# 住宅	万平方米	12.44	14.35	15.80	20.55	23.97
地方财政收入	亿元	8.91	8.95	8.17	8.03	8.46
地方财政支出	亿元	13.76	17.17	18.23	20.18	22.88
金融机构人民币各项存款余额	亿元	188.73	215.79	253.02	295.94	349.55
金融机构人民币各项贷款余额	亿元	169.02	173.41	189.60	222.00	241.10
农村居民人均总收入	元	2005	2021	2199	2130	2485
农村居民人均纯收入	元	1465	1489	1578	1589	1742
工资性收入	元	414	458	499	551	642
家庭经营收入	元	932	915	912	897	953
财产性收入	元	31	29	45	56	42
转移性收入	元	88	87	122	85	105
农村居民人均生活消费支出	元	1723	1121	1294	1355	1429
# 食品支出	元	305	287	326	497	560
城镇居民人均总收入	元	4140	4569	5391	6051	6636
工资性收入	元	3370	3704	4360	4873	5218
经营性收入	元	124	137	163	188	183
财产性收入	元	94	95	100	78	63
转移性收入	元	553	632	769	912	1173
城镇居民人均可支配收入	元	4117	4542	5344	5661	6267
城镇居民人均生活消费性支出	元	3387	3853	4032	4310	4832
# 食品支出	元	1192	1211	1434	1509	1706
城镇人均住房使用面积	平方米	25.9	26.5	27.5	28.3	29.3
农村人均住房面积	平方米	23.9	25.1	26.6	27.0	27.2
城市人均公园绿地面积	平方米					
城市人均道路面积	平方米		3.6	9.3	9.1	9.1
城市用水普及率	%	93.3	31.9	99.2	99.5	99.5
城市燃气普及率	%	63.3	19.3	61.2	76.0	92.4
常用耕地面积	千公顷	534.61	527.54	527.83	518.13	514.72
农林牧渔业总产值	亿元	68.91	71.13	74.15	69.57	84.23
农作物总播种面积	千公顷	701.36	639.70	673.97	673.98	674.68
# 粮食作物	千公顷	584.29	515.24	546.56	523.32	503.63

2005年	2006年	2007年	2008年	2009年	2010年	2011年
107.76	159.69	215.99	333.59	509.39	742.25	912.94
8.19	10.93	16.11	22.17	28.20	42.08	68.21
40.23	73.95	85.53	100.29	100.38	139.72	243.49
36.89	68.04	80.14	94.11	94.40	127.87	211.93
9.01	12.02	16.06	21.36	28.25	34.00	44.30
29.40	40.62	57.88	82.97	116.54	154.30	197.32
411.23	471.52	519.80	651.75	847.23	998.47	1131.64
236.60	265.33	291.22	319.85	386.38	471.52	544.34
2862	3083	3509	4222	4868	6050	7783
1882	2043	2410	2972	3584	4372	5571
736	819	966	1228	1549	1833	2366
969	1013	1166	1340	1526	1964	2515
46	46	67	83	91	122	145
131	165	211	321	419	453	545
1793	2034	2180	2504	3031	3273	4495
660	724	786	895	932	1035	1349
7114	7890	9323	11467	14198	16554	19581
5475	6124	7023	8880	10330	11992	14077
240	222	373	276	332	422	642
82	76	71	133	352	454	498
1317	1468	1855	2177	3184	3686	4365
6764	7451	8827	11001	13652	15918	18768
4896	5483	6182	7817	8605	10130	12309
1745	1940	2304	2746	2822	3216	3984
29.7	30.5	30.6	31.9	33.7	34.8	36.1
26.7	27.8	29.2	30.9	31.6	32.7	34.0
	3.9	7.6	7.6	9.8	11.9	12.1
10.3	11.6	17.4	19.8	17.0	16.8	18.8
99.5	99.4	99.2	99.2	93.7	99.4	99.5
93.1	98.2	94.5	94.8	85.9	86.7	81.3
514.80	513.09	517.91	519.19	520.13	521.04	521.65
96.32	107.31	136.00	167.34	174.67	227.61	283.71
700.11	701.41	652.26	704.83	754.28	758.77	721.79
541.82	531.60	481.05	532.80	572.23	583.84	538.00

8-1 续表 2

指　标	单 位	2000年	2001年	2002年	2003年	2004年
粮食产量	万吨	184.17	154.21	172.11	179.50	191.45
棉花产量	吨	23455	42835	36760	46960	73662
油料产量	吨	88919	74667	75386	75369	79133
蔬菜产量	吨	563022	533981	610811	620760	617819
水果产量	吨	1319485	1310635	1230013	1206104	1385899
# 苹果	吨	1107810	1086817	977728	955965	1093491
肉类产量	吨	86651	91342	101145	106177	110462
# 猪牛羊肉	吨	72786	77125	85902	90523	98284
奶类产量	吨	87825	96999	111625	121761	119713
# 牛奶	吨	14910	17871	23938	32549	42212
禽蛋产量	吨	65429	67995	74897	75738	66200
水产品产量	吨	13660	14103	15017	14433	15155
规模以上工业企业单位数	个	278	269	266	268	264
规模以上工业总产值	亿元	100.27	112.93	136.04	191.74	257.79
规模以上工业增加值	亿元	34.01	41.28	46.22	63.12	87.80
纱产量	万吨	1.78	1.80	1.89	1.92	2.06
布产量	万米	10644	8752	7882	8020	8415
原煤产量	万吨	704.65	702.26	792.42	938.71	1117.98
发电量	亿千瓦小时	103.59	117.07	126.35	150.85	171.60
粗钢产量	万吨	19.78	31.64	47.59	110.62	124.64
钢材产量	万吨	17.54	25.62	37.75	74.10	109.07
水泥产量	万吨	243.61	112.33	153.98	173.62	241.37
建筑业企业单位数	个	90	102	94	84	84
建筑业企业年末从业人员	万人	3.39	4.52	4.15	4.16	3.54
建筑业总产值	亿元	16.92	23.11	25.40	30.71	30.65
房屋建筑施工面积	万平方米	107.77	188.04	186.64	204.57	181.93
房屋建筑竣工面积	万平方米	48.75	102.88	109.21	128.41	72.70
公路里程	公里	5198	5128	5200	5467	5631
# 等级公路	公里	5056	4951	5022	5296	5460
# 高速公路	公里	96	96	96	96	96
民用汽车拥有量	辆	32318	43063	45653	50253	55059
# 私人汽车	辆	16351	19789	21324	27945	28281
邮电业务总量	亿元	8.25	9.13	12.01	14.79	25.00
邮政业务总量	亿元	0.41	0.85	1.01	1.11	11.97
电信业务总量	亿元	7.84	8.28	11.01	13.68	4.22

2005年	2006年	2007年	2008年	2009年	2010年	2011年
190.28	201.19	166.91	228.56	245.13	264.19	210.47
67884	72441	80389	91711	75932	61501	60070
68411	71707	55732	67168	65647	65647	66322
633346	680677	693757	960089	1726268	1918245	2013540
1283589	1578790	1573896	1799235	2376744	2542490	2738925
961794	1200284	1210942	1348448	1751151	1826027	1929095
122491	129062	78877	105348	158135	178342	196762
108438	115479	67440	93551	145831	164682	180683
124251	130950	165509	221754	296480	335594	363871
56694	62355	92229	137557	180886	221499	230575
66358	67933	56948	59407	77839	85662	97722
15300	15022	7277	7508	8205	17375	17115
265	267	265	283	422	527	342
337.71	377.63	474.27	638.00	767.22	1039.83	1360.03
134.10	140.72	187.55	196.67	222.73	308.31	431.67
2.31	0.01	2.68	2.67	3.74	3.73	3.94
9013	283	7087	3544	3834	1448	1223
1191.24	1122.86	1561.10	1521.79	1614.64	1884.41	2487.57
167.67	218.81	240.61	232.21	259.20	282.89	275.04
204.42	254.50	263.51	204.20	373.09	408.07	559.18
152.74	224.02	271.11	244.03	394.64	459.91	562.58
275.72	338.80	440.30	482.96	436.49	523.21	575.78
93	93	90	93	93	90	89
5.11	4.26	4.44	4.73	5.27	7.90	5.65
62.36	73.03	89.04	98.23	144.05	221.13	314.48
229.69	282.73	330.95	381.83	579.29	909.23	1104.86
125.23	132.87	177.88	225.87	223.01	323.05	919.81
5945	11941	14940	17072	17388	17716	17764
5773	7671	11861	13204	14206	14627	14715
270	270	270	270	270	324	324
66357	97672	113515	116766	150868	266699	309902
36219	68370	71219	69307	106794	205237	238791
29.83	38.35	47.70	56.64	57.28	24.46	32.16
1.41	1.75	2.12	2.46	2.99	2.60	2.94
28.41	36.60	45.58	54.18	54.29	21.86	29.22

8-1 续表 3

指　　标	单 位	2000年	2001年	2002年	2003年	2004年
固定电话用户	万户	38.01	48.06	64.31	81.13	93.91
移动电话用户	万户	15.84	28.79	54.32	33.41	87.59
互联网用户	万户	1.68	3.92	10.58	12.70	9.04
限额以上企业数	个					
批发业	个					
零售业	个					
住宿业	个					
餐饮业	个					
社会消费品零售总额	亿元	58.53	62.37	66.68	73.21	81.58
进出口总额	万美元			2216	2862	6024
# 出口额	万美元			1481	1716	3859
实际外商直接投资额	万美元			917	1668	910
接待入境旅游者人数	万人次	1.30	1.46	1.50	1.76	2.71
# 外国人	万人次	0.86	0.10	1.16	1.22	1.69
国际旅游外汇收入	万美元	222.89	249.68	257.45	300.47	463.83
国内旅游人数	万人次	308.70	378.54	447.50	343.24	557.29
国内旅游收入	亿元	5.43	10.43	12.30	9.36	16.42
星级饭店数	个			14	16	16
幼儿园数	所	1305	1356	1193	1105	860
在园儿童数	万人	7.94	6.93	7.91	7.11	6.54
普通小学学校数	所	3886	3292	3137	3003	2804
普通小学专任教师数	人	23937	25346	27137	28034	27738
普通小学在校学生数	万人	71.31	67.84	62.85	56.61	51.02
普通中学学校数	所	388	406	452	407	426
普通中学专任教师数	人	18760	20387	24195	23586	24622
普通中学在校学生数	万人	36.23	36.23	48.31	47.44	49.30
卫生机构数	个	482	431	433	428	450
卫生机构床位数	张	9331	9508	10021	9946	9530
卫生技术人员	人	12449	13356	13469	13830	13765
# 执业(助理)医师	人	5769	6284	5508	6220	6189
注册护师、护士	人	3421	3442	3321	3706	3548

2005年	2006年	2007年	2008年	2009年	2010年	2011年
100.05	105.41	105.25	98.53	94.86	90.08	87.50
103.54	117.86	166.31	190.77	221.43	246.08	282.51
9.25	10.30	13.92	19.25	21.91	31.47	39.86
				203	260	366
				18	18	21
				100	136	217
				27	34	41
				58	72	87
93.02	108.65	131.96	175.03	201.58	237.87	278.96
9768	11646	14903	11994	11505	16927	17390
6195	9321	12291	9314	8454	10110	13420
1725	2041	3448	5499	4470	3051	5019
3.00	3.67	4.56	6.41	9.05	15.04	18.87
2.14	2.38	3.75	4.13	5.37	6.02	7.13
526.52	641.70	821.30	1153.80	1628.32	2707.70	3545.00
600.00	688.83	798.84	898.69	1103.48	1313.50	2039.00
18.08	20.95	26.20	36.33	50.32	65.75	116.30
16	16	23	24	27	24	33
654	545	532	499	483	575	1002
6.13	6.09	3.93	6.45	6.73	8.46	14.75
2600	2392	2146	1854	1609	1362	1266
27199	27001	26163	25391	24548	23624	21287
45.77	43.79	41.03	38.23	35.89	34.25	32.60
429	422	405	408	397	390	385
25542	26560	26926	27163	27435	27479	29117
48.66	49.67	47.87	45.69	42.36	39.02	36.11
433	424	399	351	345	358	3893
10680	11020	11550	12845	13276	13950	15913
13730	14048	14589	14177	14643	15943	19126
6136	6137	5900	5808	5687	5955	5775
3626	3867	4208	3947	4051	4690	5935

8-2 临渭区经济

指　　标	单 位	2000年	2001年	2002年	2003年	2004年
年底总人口	万人	88.44	90.61	90.52	90.98	91.35
生产总值	万元	329200	366600	399100	463800	571088
第一产业	万元	61700	64000	66400	71800	88000
第二产业	万元	125500	147100	162200	202200	250300
# 工业	万元	82700	101100	113500	133000	178300
第三产业	万元	142000	155500	170500	189800	232788
人均生产总值	元	3744	4131	4446	5109	6243
生产总值指数	上年=100	109.4	108.8	108.5	113.3	111.9
城镇单位在岗职工人数	人	90859	77417	74435	71094	84669
乡村从业人员	人		355800	358800	360900	362300
全社会固定资产投资	万元	111528	122968	133577	178604	227670
地方财政收入	万元	9739	9589	9411	9844	10166
地方财政支出	万元	13532	18273	19214	21490	23859
农村居民人均纯收入	元	1609	1747	1833	1889	2015
城镇居民人均可支配收入	元	4275	4810	5604	5844	6631
城镇单位在岗职工平均工资	元	6523	7259	8203	9187	10784
常用耕地面积	公顷	76522	73453	70677	70072	67512
粮食产量	吨	346528	316438	333268	325674	354088
农林牧渔业总产值	万元	115753	118043	124514	asdf	149011
社会消费品零售总额	万元	105365	110847	120162	asdf	160223
普通小学专任教师数	人	4041	3890	3881	3827	3896
普通小学在校学生数	人	113200	107600	99200	90500	83200
普通中学专任教师数	人	3319	3411	3509	3663	3788
普通中学在校学生数	人	62500	69500	74500	64900	81600
卫生机构床位数	张	2135	2139	2144	2150	2152
卫生技术人员	人	1418	1446	1450	1441	1495
# 执业(助理)医师	人	1039	1046	1051	1057	1093
注册护师、护士	人	398	409	413	406	421

社会主要指标

2005年	2006年	2007年	2008年	2009年	2010	2011年
91.93	91.87	91.69	91.85	87.78	87.78	88.19
682651	807845	963790	1218810	1418320	1735290	2202600
91000	112400	140900	161900	169790	216120	265000
313977	380129	437134	555100	652480	810800	1081950
225902	275848	324469	409600	457510	573430	778170
277674	315316	385756	501800	596050	708370	855650
7423	8790	10501	13281	15439	18886	25034
115.7	112.2	119.4	120.1	118.1	118.4	117.6
79534	89412	92660	92978	95189	99767	100380
374264	374890	375214	374796	374562	358704	351222
313769	385353	530267	909865	1356388	1614135	1919684
6267	7558	11530	16321	21164	27666	38611
30299	40015	62413	90949	129574	176929	226591
2160	2322	2638	3150	3736	4565	5820
7172	7684	9025	11282	14008	16495	19679
11938	13510	16508	21799	25339	30013	34446
67050	67691	69026	68898	68415	69277	68702
361597	365206	291701	387019	396689	429995	350510
168098	184307	238723	291390	302580	383463	476007
198885	258417	338217	455266	522055	584493	685314
3854	3762	3565	3488	3603	3856	3952
75800	71900	65400	62400	28700	30245	35264
3943	4055	4155	4080	4390	4693	4986
80500	79500	77800	71800	70600	72654	75285
2158	2179	2426	2763	2961	4035	3987
1514	1493	2425	2842	3471	4530	6097
1102	1078	1590	1914	2077	2578	3012
431	434	854	976	1357	1475	1892

8-3 华县经济

指　标	单 位	2000年	2001年	2002年	2003年	2004年
年底总人口	万人	34.38	34.32	34.32	34.29	34.39
生产总值	万元	96046	102830	113042	133104	300400
第一产业	万元	15642	15981	17807	14984	20400
第二产业	万元	54299	56072	58524	76068	226700
# 工业	万元	49197	50770	53648	71029	221000
第三产业	万元	26105	30777	36711	42052	53320
人均生产总值	元	2800	2994	3294	3880	8759
生产总值指数	上年=100	108.8	109.0	108.0	100.2	115.7
城镇单位在岗职工人数	人	29367	28521	27454	23256	23567
乡村从业人员	人		152500	154300	154600	154700
全社会固定资产投资	万元	23463	26624	24316	26661	42848
地方财政收入	万元	5800	5481	5005	4029	5587
地方财政支出	万元	7712	9769	10144	13159	14751
农村居民人均纯收入	元	1350	1326	1366	1028	1178
城镇居民人均可支配收入	元		3117	3719	3855	3992
城镇单位在岗职工平均工资	元	7491	7920	8672	11429	14418
常用耕地面积	公顷	24648	24379	24406	22335	24005
粮食产量	吨	121266	100713	103550	90858	126238
农林牧渔业总产值	万元	30798	30345	34243	22607	34458
社会消费品零售总额	万元	22672	23330	23809	23472	30185
普通小学专任教师数	人	1588	1715	1835	1781	1850
普通小学在校学生数	人	44144	40430	36689	32232	28183
普通中学专任教师数	人	1309	1431	1551	1629	1676
普通中学在校学生数	人	23987	26209	28038	29196	30411
卫生机构床位数	张	1074	1059	984	998	722
卫生技术人员	人	1045	1027	859	854	830
# 执业(助理)医师	人	335	328	363	363	398
注册护师、护士	人	287	283	251	246	221

社会主要指标

2005年	2006年	2007年	2008年	2009年	2010年	2011年
36.40	36.18	35.18	35.29	32.24	32.24	32.31
360800	378200	451610	544690	647570	770080	921290
22660	25070	31100	42910	45100	58390	69960
281340	285760	335810	399930	485590	582970	702010
277460	278450	326910	387990	469230	563420	677970
56840	67350	84700	101850	116880	128720	149320
10515	10422	12657	15460	18342	21803	28545
120.4	107.2	114.2	116.4	114.2	115.7	114.3
23484	23093	23600	23924	23249	23649	24990
154833	155185	156008	158162	158276	157843	157765
52893	96453	144769	260615	440127	659621	820000
16929	26706	30349	40099	48482	40000	45000
28663	43825	53939	67593	84112	115223	150001
1425	1645	2371	2948	3600	4288	5480
4618	7343	9165	11420	14218	16364	19293
17980	20089	22174	25244	29501	34422	40476
23888	23903	23964	24061	24032	24039	24043
121441	136142	130644	146650	152411	147912	108749
39861	44759	56021	70344	76316	101497	121850
30818	34000	40363	65777	80675	94421	110894
1931	1836	1820	1726	1626	1577	1551
24692	22513	21088	20429	20310	20387	19532
1826	1802	1763	1749	1681	1657	1624
28622	28195	25778	23619	20729	18525	16210
912	880	980	1083	1127	1030	1197
839	793	750	988	1006	1036	944
337	293	320	386	450	470	492
189	208	218	264	286	290	297

8-4 潼关县经济

指　　标	单 位	2000年	2001年	2002年	2003年	2004年
年底总人口	万人	14.46	14.64	14.94	15.79	15.98
生产总值	万元	54766	55626	56889	61443	67800
第一产业	万元	7423	6742	5947	6236	7540
第二产业	万元	20714	19983	19195	19221	20600
# 工业	万元	17305	15987	15492	15463	16800
第三产业	万元	26629	28901	31747	35986	39660
人均生产总值	元	3803	3810	3818	3999	4272
生产总值指数	上年=100	102.8	100.3	104.0	102.3	104.9
城镇单位在岗职工人数	人	13366	13755	13140	13873	13583
乡村从业人员	人	58821	59897	61385	61858	62731
全社会固定资产投资	万元	11515	13734	14719	15964	10466
地方财政收入	万元	6120	6316	4856	4505	4420
地方财政支出	万元	6117	6836	6184	6889	7207
农村居民人均纯收入	元	1533	1541	1603	1574	1749
城镇居民人均可支配收入	元					
城镇单位在岗职工平均工资	元	5571	6378	6797	7603	8156
常用耕地面积	公顷	11568	10567	10521	10384	9995
粮食产量	吨	36680	24437	30447	31673	42152
农林牧渔业总产值	万元	11343	10169	9247	8714	11299
社会消费品零售总额	万元	17984	18261	18590	19235	24311
普通小学专任教师数	人	892	1131	1188	1274	1254
普通小学在校学生数	人	23117	24458	23108	21089	18478
普通中学专任教师数	人	437	497	547	626	720
普通中学在校学生数	人	9046	10077	11708	13600	14256
卫生机构床位数	张	296	280	318	341	361
卫生技术人员	人	584	585	577	576	625
# 执业(助理)医师	人	116	147	212	138	225
注册护师、护士	人	55	58	161	166	189

社会主要指标

2005年	2006年	2007年	2008年	2009年	2010	2011
15.78	15.57	15.27	15.38	15.56	15.56	15.59
71200	91920	113770	142690	169970	203010	268000
8500	7280	10340	14290	15050	19150	26050
20100	34200	44400	57600	74530	96080	139730
17500	29800	39900	52900	68020	88310	130320
42600	50440	59030	70800	80390	87780	102220
4464	5862	7378	9308	11059	13217	17207
107.4	113.1	113.9	116.0	115.1	115.1	116.2
12449	12799	12604	12051	12226	12823	14783
64762	66550	68741	71643	74047	74270	76257
14887	18477	34929	63028	130638	232321	256600
3650	3690	4103	5338	7268	10018	14680
9035	13232	19508	31133	44510	60068	80018
1853	1950	2341	2910	3524	4302	5382
		7461	10763	13317	15394	18196
9798	10155	12475	15924	17523	20552	25394
9971	9997	10089	10214	10379	10417	11449
43175	36996	48051	48139	52855	52858	43106
12354	14543	20330	26499	29620	35871	45705
25229	28652	32364	41947	50528	60792	70911
1258	1198	1126	1080	1025	978	946
15929	15271	13769	12030	10571	9578	9004
739	775	798	848	802	831	975
15088	16175	16012	16781	15789	14271	11042
363	363	451	464	463	449	448
594	640	676	681	655	650	792
224	237	258	263	245	244	231
186	184	174	174	179	185	240

8-5 大荔县经济

指　标	单位	2000年	2001年	2002年	2003年	2004年
年底总人口	万人	68.93	72.07	69.36	69.61	70.12
生产总值	万元	172600	186800	200600	215900	235990
第一产业	万元	67300	69500	73400	78900	88100
第二产业	万元	27200	28500	29000	30000	35800
# 工业	万元	23300	24400	24800	25700	29000
第三产业	万元	78100	88800	98200	107000	112090
人均生产总值	元	2509	2705	2896	3107	3378
生产总值指数	上年=100	106.4	106.5	106.6	104.5	107.1
城镇单位在岗职工人数	人	22028	22059	22822	23557	24288
乡村从业人员	人	330771	333000	336300	338400	346900
全社会固定资产投资	万元	34007	37162	39930	35657	45138
地方财政收入	万元	8552	8310	7657	6597	6183
地方财政支出	万元	11509	15989	17316	18838	22775
农村居民人均纯收入	元	1626	1666	1808	1851	2006
城镇居民人均可支配收入	元	3406	3567	3907	4371	4998
城镇单位在岗职工平均工资	元	5901	6483	7785	8305	9427
常用耕地面积	公顷	73044	74137	76573	74221	73246
粮食产量	吨	255228	196879	226072	188138	165473
农林牧渔业总产值	万元	111191	114159	119923	125113	141503
社会消费品零售总额	万元	68669	75646	83463	93715	105728
普通小学专任教师数	人	2896	3158	3362	3571	3350
普通小学在校学生数	人	91600	79100	71000	60400	54300
普通中学专任教师数	人	2525	2805	2941	3112	3132
普通中学在校学生数	人	52600	53600	67400	51500	49200
卫生机构床位数	张	1055	1055	1045	1045	1037
卫生技术人员	人	808	808	822	822	950
# 执业(助理)医师	人	331	331	351	351	452
注册护师、护士	人	277	277	298	298	209

社会主要指标

2005年	2006年	2007年	2008年	2009年	2010年	2011年
72.30	72.19	71.99	72.06	69.39	69.39	69.56
260763	300246	375353	458940	521300	637950	812290
76700	79000	108400	134170	141060	182710	236790
46668	57298	71850	82850	98740	129110	194390
38196	45296	55899	61500	70040	94450	152060
137395	163948	195103	241920	281500	326130	381110
3608	4156	5207	6372	7233	8851	11692
112.4	113.9	114.4	116.2	114.5	114.5	114.5
24163	23212	22692	23899	25283	25672	23249
348590	353607	350907	357968	365390	368581	377095
45226	66985	133254	252825	310705	436649	549320
2427	2670	3671	4100	5540	7239	10510
29740	39206	51552	74874	109720	131032	165158
2156	2354	2713	3250	3851	4660	5969
5158	5544	8455	10776	13315	15431	18147
10502	12776	16132	19104	23097	24423	27684
72125	71411	71638	72057	73303	74173	75493
195279	193210	214184	308209	315671	343211	353901
164666	171458	212373	265320	274530	350657	435449
120282	139122	165406	219472	252393	304104	351977
3267	3319	3253	3212	3226	3102	3020
50300	56900	53500	51300	48400	45477	44385
3296	3297	3321	3294	3314	3261	3315
61400	68600	63900	62400	21400	47203	45326
1073	1073	1072	1072	1111	1230	1883
979	1097	908	1098	1424	1559	1634
459	534	405	438	442	542	453
216	259	237	350	370	516	528

8-6 合阳县经济

指 标	单 位	2000年	2001年	2002年	2003年	2004年
年底总人口	万人	43.46	43.33	43.27	43.22	43.63
生产总值	万元	79559	87910	94850	107109	126990
第一产业	万元	27237	28644	30317	31581	38303
第二产业	万元	19486	22348	25081	30184	36294
# 工业	万元	12041	12065	13096	15004	16056
第三产业	万元	32836	36918	39452	45344	52393
人均生产总值	元	1866	2019	2179	2477	2924
生产总值指数	上年=100	108.4	109.0	109.0	108.3	110.4
城镇单位在岗职工人数	人	17849	22639	16286	17014	17391
乡村从业人员	人	213040	213502	211054	209197	210257
全社会固定资产投资	万元	22538	29028	22820	31419	29462
地方财政收入	万元	6650	6421	5467	4744	4177
地方财政支出	万元	8742	13411	13435	13665	15661
农村居民人均纯收入	元	1380	1287	1378	1426	1556
城镇居民人均可支配收入	元					
城镇单位在岗职工平均工资	元	5421	5778	7776	8251	8573
常用耕地面积	公顷	58054	58010	59917	59430	58103
粮食产量	吨	168013	141410	142241	168174	178173
农林牧渔业总产值	万元	50056	52741	55122	56007	72467
社会消费品零售总额	万元	21998	23083	24005	25651	50172
普通小学专任教师数	人	1787	2124	2117	2587	2377
普通小学在校学生数	人	54075	54815	52058	48090	43278
普通中学专任教师数	人	1292	1398	1561	1565	1681
普通中学在校学生数	人	25688	28347	31731	34816	36428
卫生机构床位数	张	463	463	463	530	474
卫生技术人员	人	796	706	869	787	818
# 执业(助理)医师	人	225	232	242	248	247
注册护师、护士	人	182	188	188	192	178

社会主要指标

2005年	2006年	2007年	2008年	2009年	2010年	2011年
44.82	44.73	44.33	44.42	43.68	43.68	43.77
167360	204622	238643	275100	328730	402720	506910
42937	49071	58006	68300	71790	94500	131510
25715	44747	51968	54300	80040	110010	145520
19663	36838	41871	41600	62660	89330	120320
98708	110804	128669	152500	176900	198210	229880
3265	3782	4543	5356	7402	9070	11593
112.8	113.3	113.4	114.8	114.1	114.3	114.2
18041	17595	16717	16368	16499	16945	22964
206178	210298	209215	205839	206332	203971	206376
32424	57227	75729	145160	205297	320479	550737
2155	2335	3272	4412	6267	10009	14021
20317	27830	39558	58368	78998	109880	125800
1580	1682	1858	2360	3007	3761	4867
		6480	10410	13034	15380	17902
9744	10591	13092	17233	20841	24810	31257
58384	57603	58058	58815	57973	58311	58342
161041	180547	203879	205766	247514	274941	201833
75133	84481	104572	131251	138019	176347	240399
66289	72848	83293	107464	128992	156862	187354
2260	2237	2066	1981	1977	1992	1732
40446	38649	36416	34694	32591	30778	27712
1742	1883	1890	1981	1987	2057	2079
38375	39633	40309	38312	37316	34296	31888
474	495	625	781	806	745	765
820	796	760	804	893	1002	1090
331	317	286	304	312	340	471
187	183	198	214	233	269	215

8-7 澄城县经济

指　　标	单 位	2000年	2001年	2002年	2003年	2004年
年底总人口	万人	38.51	38.59	38.46	38.11	38.76
生产总值	万元	110000	120100	131000	140400	167883
第一产业	万元	36300	35300	37500	35900	42500
第二产业	万元	38900	40000	45400	50400	70000
# 工业	万元	31700	32500	37000	39700	58300
第三产业	万元	34800	44800	48100	54100	55383
人均生产总值	元	2857	3112	3406	3681	4368
生产总值指数	上年=100	109.1	108.7	109.6	102.7	110.9
城镇单位在岗职工人数	人	16792	28425	27564	27129	26395
乡村从业人员	人		157400	158300	156100	155000
全社会固定资产投资	万元	24042	23522	27900	44700	59104
地方财政收入	万元	6300	6296	4930	4900	5122
地方财政支出	万元	10905	12730	13532	14952	17292
农村居民人均纯收入	元	1270	1277	1367	1370	1506
城镇居民人均可支配收入	元					
城镇单位在岗职工平均工资	元	5334	6046	7779	8453	9286
常用耕地面积	公顷	49100	47919	42891	41918	41403
粮食产量	吨	126508	100005	119319	122752	125564
农林牧渔业总产值	万元	57706	57054	60612	54543	65701
社会消费品零售总额	万元	43522	44543	46608	50460	54822
普通小学专任教师数	人	2016	1978	1911	1851	1783
普通小学在校学生数	人	50200	47600	44000	40500	37100
普通中学专任教师数	人	1436	1608	1699	1882	1954
普通中学在校学生数	人	32700	31100	34300	30700	38400
卫生机构床位数	张	930	942	945	947	947
卫生技术人员	人	1000	1018	1006	1005	962
# 执业(助理)医师	人	482	455	444	440	420
注册护师、护士	人	197	212	230	238	252

社会主要指标

2005年	2006年	2007年	2008年	2009年	2010年	2011年
38.92	38.76	38.46	38.53	38.65	38.64	38.73
189684	215799	262003	322370	368090	501550	654910
46049	52359	75226	90830	95850	120260	152790
81394	94419	106513	128320	149370	238150	332630
68201	77872	86361	101300	112990	194750	279090
62241	69022	80264	103220	122870	143140	169490
4887	5556	6786	8374	9552	12453	16144
112.1	113.8	116.7	118.1	115.0	116.8	115.8
23866	23199	22456	23302	25288	26259	31011
162595	166730	166087	159770	184303	190803	190227
58373	87147	140052	258639	430446	695548	806800
4348	4783	6738	9218	12550	16320	22899
21581	28182	37889	56898	79989	102863	135383
1653	1819	2165	2673	3272	3936	5007
	6684	8467	10785	13428	15751	18759
11400	13239	15459	20053	23099	26254	34045
41160	41046	45343	45653	45298	45548	45494
117621	127288	102846	137101	182454	212046	164266
78823	86789	112378	150426	156443	206979	271788
60234	67573	82056	109132	126083	150824	174517
1676	1790	1777	1739	1640	1781	1591
33700	32500	31800	31206	24187	20898	21325
2006	2105	2127	2095	2097	2132	2314
38000	37500	36600	36100	33900	32837	30247
949	955	967	990	998	1180	1120
927	917	910	954	975	1029	1089
439	434	429	449	461	487	514
270	292	320	352	381	410	435

8-8 蒲城县经济

指　标	单 位	2000年	2001年	2002年	2003年	2004年
年底总人口	万人	73.37	74.06	74.42	73.70	74.66
生产总值	万元	217100	234700	257900	284700	327100
第一产业	万元	63400	62300	66500	68200	73100
第二产业	万元	76600	84200	91700	106100	132000
# 工业	万元	66100	71700	79400	92700	120400
第三产业	万元	77100	88200	99700	110400	122000
人均生产总值	元	2982	3185	3471	3842	4408
生产总值指数	上年=100	107.9	107.4	109.4	108.6	110.9
城镇单位在岗职工人数	人	38218	37894	37952	38197	36595
乡村从业人员	人	362400	359200	356000	357100	374700
全社会固定资产投资	万元	56599	78047	96030	103679	77055
地方财政收入	万元	11252	11223	10305	9803	8983
地方财政支出	万元	14023	16726	19729	19649	22131
农村居民人均纯收入	元	1402	1384	1448	1516	1675
城镇居民人均可支配收入	元	4084	4444	5132	5580	6234
城镇单位在岗职工平均工资	元	5604	6661	8013	8533	8573
常用耕地面积	公顷	103630	99539	103080	101772	103401
粮食产量	吨	250270	193445	236362	289061	286793
农林牧渔业总产值	万元	102439	100854	106470	96199	105486
社会消费品零售总额	万元	75160	83661	92004	103100	112744
普通小学专任教师数	人	3415	3496	3767	3823	3842
普通小学在校学生数	人	108500	103500	93100	81900	71300
普通中学专任教师数	人	2593	2930	3289	3497	3575
普通中学在校学生数	人	53000	60200	19400	58100	33500
卫生机构床位数	张	796	796	820	840	995
卫生技术人员	人	1129	1129	1142	1142	1151
# 执业(助理)医师	人	497	497	504	511	521
注册护师、护士	人	202	202	206	209	215

社会主要指标

2005年	2006年	2007年	2008年	2009年	2010年	2011年
76.10	75.98	75.82	75.93	74.36	74.35	74.54
375700	426700	490500	615600	694930	838640	1110760
81700	89200	96600	130800	135950	167440	196840
156500	182300	209500	246800	287060	360720	542250
140400	161700	183600	219200	249810	315880	487190
137500	155200	184400	238000	271920	310480	371670
5036	5696	6462	8113	9152	11043	14095
113.1	115.5	113.5	116.2	114.8	116.5	116.2
34315	32306	35061	34312	34769	35300	33189
374209	375706	375800	377165	379800	382630	373250
102398	184658	255448	460964	748061	1008311	1087565
5340	7200	8822	12201	19600	25601	36000
26623	37043	49637	81324	115513	151581	196775
1810	1983	2355	2985	3585	4388	5555
6628	7296	8754	10797	13462	16033	19031
10635	11400	16083	20541	24295	27913	32541
103433	103406	103342	101020	101397	100731	99261
311425	292927	281705	352696	392646	405500	336481
105486	144391	182564	225119	231769	284873	335754
119519	130395	151063	195153	233796	298433	346303
3681	3579	3390	3255	3094	2839	2759
63500	60500	57200	53300	49170	46438	41518
3640	3862	3975	4049	4047	4341	4403
73100	75000	71900	66900	60405	54407	47756
995	995	995	1471	1546	1695	1695
1151	1200	1210	1481	1663	1745	1945
521	554	561	908	1059	1140	1228
215	225	231	369	428	529	608

8-9 白水县经济

指　　标	单 位	2000年	2001年	2002年	2003年	2004年
年底总人口	万人	27.74	28.31	28.00	28.14	27.82
生产总值	万元	79458	82298	92852	104338	119900
第一产业	万元	29530	28481	31004	32417	39400
第二产业	万元	22006	20462	23190	25686	29200
# 工业	万元	16157	18207	20133	23177	25800
第三产业	万元	27922	33355	38659	46234	51300
人均生产总值	元	2882	2957	3321	3717	4285
生产总值指数	上年=100	103.3	100.2	107.0	106.9	114.4
城镇单位在岗职工人数	人	13288	13263	12579	12384	12441
乡村从业人员	人	112658	138900	132900	133500	133200
全社会固定资产投资	万元	15492	10097	18063	22038	23585
地方财政收入	万元	5306	5106	4286	4598	3128
地方财政支出	万元	7417	10174	11375	12077	13915
农村居民人均纯收入	元	1162	1037	1121	1181	1322
城镇居民人均可支配收入	元					
城镇单位在岗职工平均工资	元	5870	6315	7417	7902	9331
常用耕地面积	公顷	27917	28706	29761	28816	27587
粮食产量	吨	80691	69764	73261	80172	96568
农林牧渔业总产值	万元	46749	40687	44953	43732	59130
社会消费品零售总额	万元	36052	36468	36929	37249	40137
普通小学专任教师数	人	1427	1535	1805	1811	1731
普通小学在校学生数	人	41200	38400	37200	34194	30211
普通中学专任教师数	人	885	995	1091	1225	1354
普通中学在校学生数	人	21100	19300	21500	22400	21162
卫生机构床位数	张	248	262	383	355	408
卫生技术人员	人	310	428	524	753	753
# 执业(助理)医师	人	101	101	107	125	175
注册护师、护士	人	97	97	114	114	127

社会主要指标

2005年	2006年	2007年	2008年	2009年	2010年	2011年
28.13	27.91	27.61	27.59	27.99	27.99	28.05
136100	169800	197200	246900	283550	378490	476910
45000	54900	68900	81200	85800	131940	160230
32700	47500	47600	63000	75620	103970	151330
26900	40700	41000	54000	63200	89010	130330
58400	67400	80700	102700	122130	142580	165350
4904	6060	7104	8946	10279	13723	17020
110.1	113.5	113.1	115.3	114.5	115.0	114.0
12815	13644	13829	13126	13902	14663	18886
134305	134412	134478	134560	134412	134575	134195
31000	36034	49102	89474	162173	264156	377599
2425	3130	4100	5500	7500	10006	14105
16845	23048	31521	45613	61899	90582	114208
1448	1616	1957	2467	3210	4070	5250
		7243	10464	13086	15389	17959
10062	12665	15959	20114	23202	27156	33199
29251	28687	28340	28255	28214	28355	28533
79712	98478	112701	116302	115652	137284	111129
69273	91426	118886	137484	146905	227528	273846
44995	51004	58595	77336	89701	110382	128897
1717	1744	1776	1773	1609	1560	1513
26800	24199	21602	20078	18530	17682	17322
1431	1589	1611	1634	1629	1562	1706
27849	27934	26710	25977	15010	13107	21105
408	350	478	499	435	480	556
452	651	546	575	733	1011	1123
201	223	275	291	291	189	257
137	152	161	173	173	193	174

8-10 富平县经济

指　　标	单 位	2000年	2001年	2002年	2003年	2004年
年底总人口	万人	75.53	75.67	75.36	75.55	76.09
生产总值	万元	134958	151287	170350	192666	238100
第一产业	万元	42404	47535	53524	60536	69700
第二产业	万元	31405	35205	39640	44833	71700
# 工业	万元	26290	29471	33184	37531	65200
第三产业	万元	61149	68548	77186	87297	96700
人均生产总值	元	1792	2001	2256	2553	3140
生产总值指数	上年=100	109.2	109.0	109.1	109.7	111.6
城镇单位在岗职工人数	人	30625	30527	29858	29097	28148
乡村从业人员	人	358710	354597	359500	364800	370800
全社会固定资产投资	万元	17859	36114	35857	55199	61526
地方财政收入	万元	8703	8555	7712	6743	5615
地方财政支出	万元	11862	15982	17430	19461	22400
农村居民人均纯收入	元	1454	1508	1570	1636	1799
城镇居民人均可支配收入	元	3200	4105	4537	4881	5153
城镇单位在岗职工平均工资	元	5966	6962	8098	9294	10478
常用耕地面积	公顷	74871	74205	73783	71481	71292
粮食产量	吨	280985	253089	291925	345026	362000
农林牧渔业总产值	万元	90214	93058	98403	93867	114450
社会消费品零售总额	万元	58785	62019	66060	85598	91748
普通小学专任教师数	人	3146	3280	3863	3834	3798
普通小学在校学生数	人	103900	102700	97383	89403	78820
普通中学专任教师数	人	2673	2693	3072	3202	3359
普通中学在校学生数	人	55600	56500	63230	66939	67176
卫生机构床位数	张	919	973	839	904	1173
卫生技术人员	人	1602	1557	1876	1806	1336
# 执业(助理)医师	人	405	423	450	455	468
注册护师、护士	人	416	445	456	466	476

社会主要指标

2005年	2006年	2007年	2008年	2009年	2010年	2011年
76.96	76.81	76.51	76.62	74.40	74.39	74.61
258700	308400	365700	445500	500090	604280	800100
77500	80900	103200	132800	136950	169550	206050
79400	100000	112000	134300	154760	196830	321780
71500	86900	102600	121700	137530	176240	296740
101800	127500	150500	178400	208380	237900	272270
3412	4048	4770	5818	6526	7886	10740
111.0	112.8	113.9	115.5	114.0	114.4	115.1
27787	27829	28764	27640	29589	29457	29258
378498	379605	370786	367645	378120	397539	357466
63362	89147	124257	196551	329498	465245	632245
3594	3829	5117	7003	10792	14491	22211
27953	38382	53031	90489	120641	159496	203315
1922	1924	2366	2945	3581	4329	5524
5547	6290	7830	10784	13412	15718	18673
11717	13620	17847	21173	23715	27731	31695
71272	71245	71179	71122	71193	71554	71132
343325	390618	404812	405495	413882	441645	363948
127893	138639	167294	205764	214605	285970	355447
121540	130496	151161	195067	233543	274081	335864
3690	3651	3487	3407	3369	3246	2678
70860	64071	59906	54510	51104	47793	45340
3481	3677	3868	4030	4238	4269	4224
71216	71817	72394	69326	65144	59584	53561
1173	1355	1355	2120	1560	1655	1561
2690	1549	1457	1486	1520	1845	2089
480	500	515	525	535	1040	1082
490	498	511	521	531	720	765

8-11 韩城市经济

指　　标	单 位	2000年	2001年	2002年	2003年	2004年
年底总人口	万人	38.25	39.45	38.57	38.82	38.53
生产总值	万元	175700	196400	202300	300300	443300
第一产业	万元	32600	41600	40400	35800	42300
第二产业	万元	96300	103600	106600	192900	266700
# 工业	万元	89900	94500	90000	162400	239800
第三产业	万元	46800	51200	55300	71600	134300
人均生产总值	元	4638	5125	5243	7738	13083
生产总值指数	上年=100	108.1	108.8	103.4	116.8	122.5
城镇单位在岗职工人数	人	44751	43421	42877	39059	40763
乡村从业人员	人	133371	134939	141321	141400	141600
全社会固定资产投资	万元	39806	80742	130173	231771	316488
地方财政一般预算收入	万元	9205	10015	10208	11505	16010
地方财政一般预算支出	万元	11666	14741	16176	17690	23076
农村居民人均纯收入	元	1708	1793	1910	1850	2046
城镇居民人均可支配收入	元	3655	3930	4643	5295	6501
城镇单位在岗职工平均工资	元	6283	7269	8377	11213	12811
常用耕地面积	公顷	28678	27960	27079	26318	26122
粮食产量	吨	97416	81049	82038	81215	81744
农林牧渔业总产值	万元	53595	71631	59799	53366	61502
社会消费品零售总额	万元	47788	50758	53978	60053	69833
普通小学专任教师数	人	1737	1789	1954	2125	2331
普通小学在校学生数	人	49604	48126	45093	40869	37492
普通中学专任教师数	人	1453	1679	1899	2065	2190
普通中学在校学生数	人	28643	32025	36100	40445	38200
卫生机构床位数	张	635	460	460	795	1182
卫生技术人员	人	824	1032	1087	1480	1731
# 执业(助理)医师	人	346	596	608	810	972
注册护师、护士	人	478	436	479	670	734

社会主要指标

2005年	2006年	2007年	2008年	2009年	2010年	2011年
39.53	39.49	39.32	39.43	39.15	39.15	39.25
569000	703000	808600	1011000	1207090	1452160	1972750
45400	56600	66200	75600	76620	93710	115350
369400	467000	524800	679300	841790	1032360	1477110
339800	436500	491700	634800	781910	960950	1389040
154200	179400	217600	256100	288680	326090	380290
15531	18069	21561	25676	30091	36791	50325
115.8	117.2	115.2	116.6	116.8	118.2	120.6
41879	42565	43998	46170	46366	47391	46271
139796	139886	139987	144377	145605	145802	122317
279913	227819	318020	467396	693954	947184	1204021
16273	21125	31459	43008	55208	69822	87065
28851	38325	57623	80155	107521	151609	189025
2179	2496	3213	3972	4846	5854	7499
7046	8019	9726	12386	15501	18042	21308
14390	15640	18418	23163	27347	32161	38190
26107	26252	26192	26047	26070	26107	26406
72597	93675	68132	86138	79493	87302	77541
66737	80186	98260	119615	123472	158898	205574
84068	97905	116845	151513	175185	214638	248757
2337	2317	2203	2142	2020	1905	1593
35185	33189	31159	29026	26819	25443	24243
2241	2306	2222	2228	2164	2172	2385
36500	35700	33500	31400	29700	27469	25686
1216	1434	1203	1200	1200	1200	1558
1792	1771	1794	1804	1810	1814	2366
986	912	817	820	864	868	938
703	756	871	861	459	459	753

8-12 华阴市经济

指标	单位	2000年	2001年	2002年	2003年	2004年
年底总人口	万人	25.95	24.72	25.43	25.74	25.41
生产总值	万元	101862	112575	125583	142175	170900
第一产业	万元	14500	15076	16055	14133	17800
第二产业	万元	52098	54259	58659	74804	82300
# 工业	万元	47902	49461	53350	68701	75100
第三产业	万元	35264	43239	50869	53237	70800
人均生产总值	元	4016	4362	4915	5556	6725
生产总值指数	上年=100	121.0	109.8	111.8	110.9	117.8
城镇单位在岗职工人数	人	23548	23077	23396	24247	21683
乡村从业人员	人	100150	94800	99300	101000	101600
全社会固定资产投资	万元	37519	26796	43218	50822	56071
地方财政收入	万元	4710	5079	4518	4123	4771
地方财政支出	万元	7138	8297	9185	10410	11768
农村居民人均纯收入	元	1345	1394	1478	1395	1575
城镇居民人均可支配收入	元	5477	5533	5305	5554	6072
城镇单位在岗职工平均工资	元	7194	8484	9158	9290	9547
常用耕地面积	公顷	14049	13997	11287	12892	12905
粮食产量	吨	67980	61063	71716	60092	84336
农林牧渔业总产值	万元	19215	20192	23379	18834	24578
社会消费品零售总额	万元	29946	33260	35857	43589	43319
普通小学专任教师数	人	946	1243	1454	1550	1526
普通小学在校学生数	人	32900	30800	28900	26500	23400
普通中学专任教师数	人	848	953	1000	1146	1216
普通中学在校学生数	人	14000	14700	16400	15500	18500
卫生机构床位数	张	886	1105	1173	1028	1173
卫生技术人员	人	963	1423	1031	1178	1000
# 执业(助理)医师	人	297	317	305	318	305
注册护师、护士	人	256	251	250	254	257

社会主要指标

2005年	2006年	2007年	2008年	2009年	2010年	2011年
26.24	26.16	25.86	25.97	25.83	25.83	25.89
196680	208257	269532	307500	404910	487510	583080
19500	19600	23600	29900	31500	35680	44120
95400	97200	126700	140600	214550	269390	327000
82800	86700	113600	120100	187030	236240	285960
81780	91457	119232	137000	158860	182440	211960
7679	8033	10383	11629	15588	18765	22548
112.3	112.0	114.2	115.4	115.3	115.2	115
21265	21201	21554	21071	22402	22761	21871
103867	103934	103990	104001	104026	96388	97923
52903	54533	74186	156492	286569	489608	585214
3550	4844	6101	8608	12133	15835	22674
13119	19254	25096	38238	53267	74055	94208
1703	1891	2409	2968	3621	4287	5389
6674	7350	8819	10968	13612	15871	18712
10199	12394	16288	19747	23253	27519	31714
13022	13043	13051	13052	12996	12728	12798
83760	80452	63006	83636	95504	97623	73768
28476	30388	37407	46053	48894	60345	75313
48764	55788	66784	87185	100359	129632	148839
1528	1568	3965	3988	1399	1088	1459
20300	18300	16600	15000	14500	14122	13623
1220	1230	1217	1196	1135	1059	1230
18200	17800	16700	15400	14000	11162	12490
1172	1121	1170	1143	1366	1063	1105
1135	1135	1125	1067	1225	1497	1097
368	369	366	390	395	297	291
270	265	263	265	270	284	299

九、延安市

资料整理：曹培霞 赵香芸 李 娜 潘英杰

9-1 延安市经济

指　　标	单 位	2000年	2001年	2002年	2003年	2004年
年底总人口	万人	196.64	198.15	200.74	205.61	208.80
人口自然增长率	‰					
年底总户数	万户	50.00	51.82	54.60	58.56	61.78
生产总值	亿元	130.63	158.33	179.71	218.33	275.36
第一产业	亿元	19.13	22.68	24.94	23.03	25.86
第二产业	亿元	78.69	98.38	113.35	151.00	188.99
# 工业	亿元	74.65	93.30	107.50	143.37	180.55
第三产业	亿元	32.81	37.27	41.42	44.30	60.51
人均生产总值	元	6690	8021	9010	10746	13289
生产总值指数	上年=100	109.8	112.4	112.3	115.5	119.8
第一产业	上年=100	103.1	101.0	104.0	102.0	105.7
第二产业	上年=100	114.9	116.4	114.9	121.5	126.0
# 工业	上年=100	115.4	116.2	115.1	121.1	127.4
第三产业	上年=100	109.5	109.5	109.9	106.6	107.7
人均生产总值指数	上年=100	108.7	111.2	111.2	113.3	117.5
非公有制经济增加值	亿元					
文化产业增加值	亿元					
单位GDP能耗	吨标准煤/万元					
单位GDP能耗比上年增长	%					
单位工业增加值能耗	吨标准煤/万元					
就业人员	万人	91.03	89.94	91.98	91.65	94.92
第一产业	万人	52.38	53.42	54.96	53.45	53.78
第二产业	万人	10.05	9.18	10.12	11.21	10.91
第三产业	万人	28.60	27.34	26.90	26.99	30.23
城镇单位就业人员	万人	18.07	17.92	18.21	18.57	18.86
# 国有单位	万人	16.84	16.69	16.55	16.95	17.37
集体单位	万人	1.04	1.00	0.94	0.90	0.77
城镇单位在岗职工人数	万人	17.30	17.40	17.47	17.67	17.95
城镇单位在岗职工平均工资	元	6970	8979	10239	11300	13687

社会主要指标

2005年	2006年	2007年	2008年	2009年	2010年	2011年
211.85	212.02	213.49	214.49	217.07	218.87	219.40
	4.61	4.62	4.70	4.64	4.27	4.27
65.28	68.67	71.42	73.76	77.55	80.80	81.85
394.65	541.86	647.46	760.84	728.26	885.42	1113.35
29.47	34.52	41.32	52.15	55.07	71.19	86.69
286.90	415.77	498.40	578.20	515.89	635.49	815.45
277.60	404.15	484.02	562.11	497.21	614.45	789.45
78.28	91.57	107.74	130.49	157.30	178.74	211.21
18815	25567	30432	35555	33898	40621	50807
116.2	116.5	115.1	116.3	112.2	113.6	111.0
110.2	110.6	104.5	107.1	106.3	107.0	107.4
118.8	118.3	115.4	117.0	110.5	114.8	110.9
119.6	118.4	115.5	117.2	110.4	115.0	110.8
110.0	112.2	117.6	116.6	120.2	111.0	112.8
114.8	115.3	114.6	115.6	111.7	112.7	110.4
55.91	65.28	74.56	104.61	118.71	151.47	201.55
			4.01	5.22	6.47	8.24
0.980	0.952	0.907	0.865	0.826	0.691	0.667
	-2.85	-4.78	-4.56	-4.54	-5.38	-3.50
0.640	0.560	0.746	0.737	0.611	0.561	0.519
96.88	100.09	101.61	105.93	107.79	111.18	115.56
53.74	54.00	53.58	54.07	53.75	52.37	53.03
12.13	13.31	13.87	15.82	15.37	16.57	17.65
31.01	32.78	33.96	36.04	38.67	42.24	44.88
19.66	20.27	21.43	22.31	22.15	23.11	24.05
17.89	18.58	19.80	20.52	20.30	21.01	21.95
1.04	1.01	0.95	1.05	0.95	1.12	1.00
18.99	19.60	20.73	21.60	20.66	21.48	23.06
15864	18404	23140	29530	34347	38313	42676

9-1 续表 1

指　标	单 位	2000年	2001年	2002年	2003年	2004年
全社会固定资产投资	亿元	48.10	56.55	65.28	106.12	149.94
# 房地产开发	亿元	1.28	2.66	5.45	6.45	3.45
商品房销售面积	万平方米	9.39	19.80	8.85	28.87	23.62
# 住宅	万平方米	9.04	18.72	8.34	27.76	22.98
地方财政收入	亿元	8.86	12.50	13.76	20.12	28.98
地方财政支出	亿元	16.47	20.97	26.58	32.47	43.91
金融机构人民币各项存款余额	亿元	97.61	111.94	136.97	176.07	221.38
金融机构人民币各项贷款余额	亿元	84.91	91.75	105.97	127.47	152.97
农村居民人均总收入	元					
农村居民人均纯收入	元	1444	1483	1587	1707	1953
工资性收入	元					
家庭经营收入	元					
财产性收入	元					
转移性收入	元					
农村居民人均生活消费支出	元					
# 食品支出	元					
城镇居民人均总收入	元			6105	6536	6892
工资性收入	元			4921	4851	5301
经营性收入	元				326	92
财产性收入	元			18	149	131
转移性收入	元			1165	1210	1367
城镇居民人均可支配收入	元	5083	5333	5525	5994	6334
城镇居民人均生活消费性支出	元	4394	4860	5084	5530	6681
# 食品支出	元	1244	1166	1205	1773	1941
城镇人均住房使用面积	平方米	13.3	13.9	16.7	17.2	19.1
农村人均住房面积	平方米					
城市人均公园绿地面积	平方米		2.9	3.4	3.5	3.7
城市人均道路面积	平方米		9.8	6.0	2.7	3.0
城市用水普及率	%		66.8	38.3	38.3	38.6
城市燃气普及率	%		60.6	79.4	85.8	60.1
常用耕地面积	千公顷	256.45	243.32	249.04	236.81	228.89
农林牧渔业总产值	亿元	35.23	36.14	32.81	34.67	44.06
农作物总播种面积	千公顷	322.25	290.91	260.20	239.02	275.02
# 粮食作物	千公顷	278.30	238.37	214.41	189.37	223.35

2005年	2006年	2007年	2008年	2009年	2010年	2011年
160.19	231.67	315.33	406.35	557.48	724.53	815.21
2.74	5.45	5.22	10.38	8.18	8.13	8.08
24.34	11.72	45.13	64.52	38.71	20.28	23.98
22.21	11.27	44.55	57.17	38.71	20.19	21.37
45.08	60.37	72.69	80.05	90.47	105.19	120.73
56.36	83.09	101.07	130.52	156.93	192.71	223.82
301.99	395.15	442.05	545.75	645.36	728.54	826.26
177.46	201.03	219.82	245.23	302.05	360.97	410.49
	3330	3702	4502	5395	6576	8322
2195	2461	2845	3551	4258	5173	6565
	594	605	907	1141	1434	1770
	1439	1742	1979	2367	2871	3808
	131	176	205	179	276	297
	297	322	460	571	592	690
	2356	2763	2947	3262	3731	4335
	919	961	1141	1229	1337	1714
8177	10291	10355	12840	16066	18944	22488
6032	6718	7291	8901	10897	12368	14975
147	1635	1363	1415	1640	1962	2509
184	81	8	287	306	407	596
1815	1857	1692	2237	3222	4208	4408
7471	8500	9801	12232	15217	17880	21188
7321	11284	7006	8383	9858	11633	13458
2088	2446	2266	2889	3269	3653	4237
20.0	19.6	29.3	26.5	28.1	28.3	29.3
18.5	19.1	20.1	20.8	22.9	24.1	26.4
4.4	4.7	8.0	8.5	9.6	9.6	9.6
4.2	4.4	4.7	4.8	4.9	5.1	5.1
39.7	66.0	66.6	85.0	85.3	86.0	86.4
90.1	92.1	89.5	92.4	94.0	94.0	94.0
233.64	231.86	231.36	231.16	233.51	234.57	235.29
51.99	57.44	70.41	90.86	96.41	125.16	152.29
270.16	211.31	208.17	251.81	257.00	252.57	239.42
217.14	216.26	161.28	203.94	208.98	209.56	196.25

9-1 续表 2

指　　标	单 位	2000年	2001年	2002年	2003年	2004年
粮食产量	万吨	66.60	56.44	62.76	56.84	73.18
棉花产量	吨	110	109	240	157	283
油料产量	吨	16123	24567	22320	18011	20209
蔬菜产量	吨	121194	127864	228836	269028	376565
水果产量	吨	467899	500659	558505	596284	893474
# 苹果	吨	436758	460209	521370	554109	829522
肉类产量	吨	46384	48454	57673	55632	56528
# 猪牛羊肉	吨	41975	43237	51559	48183	50689
奶类产量	吨	1909	2092	2622	3764	5490
# 牛奶	吨	771	1069	1636	2539	3503
禽蛋产量	吨	13683	15004	16020	17506	16286
水产品产量	吨	1693	1737	1801	1923	2049
规模以上工业企业单位数	个	122	109	104	97	90
规模以上工业总产值	亿元	131.00	160.78	188.52	263.71	347.40
规模以上工业增加值	亿元	72.00	90.38	104.00	140.28	176.68
天然原油产量	万吨	213.56	314.33	377.57	479.57	626.43
发电量	亿千瓦小时	3.39	3.48	3.63	3.40	2.63
钢材产量	万吨	0.56	0.70	0.97	3.74	3.93
水泥产量	万吨	6.78	6.85	9.93	9.72	6.97
建筑业企业单位数	个	34	51	45	43	36
建筑业企业年末从业人员	万人	0.78	0.83	0.93	1.06	0.92
建筑业总产值	亿元	5.13	5.36	8.51	9.88	9.19
房屋建筑施工面积	万平方米	118.35	125.15	167.10	171.81	140.57
房屋建筑竣工面积	万平方米	36.20	71.27	44.64	88.87	64.88
公路里程	公里	4499	4616	4810	5174	5291
# 等级公路	公里	3049	4083	4333	4726	4882
# 高速公路	公里		4	4	36	36
民用汽车拥有量	辆	22851	31677	33353	37953	43834
# 私人汽车	辆	9581	10467	11921	17484	18449
邮电业务总量	亿元	3.93	5.12	7.09	10.59	15.84
邮政业务总量	亿元	0.35	0.61	0.70	0.78	0.82
电信业务总量	亿元	3.59	4.51	6.39	9.81	15.02

2005年	2006年	2007年	2008年	2009年	2010年	2011年
74.49	75.93	50.46	70.86	77.10	82.04	68.47
191	245	489	411	483	484	514
19376	17909	16700	16965	23043	23042	23000
500989	519766	551495	611565	710075	881386	930065
1014649	1225550	1433105	1724977	2069785	2332987	2565509
952877	1178175	1380908	1642816	1969101	2215184	2438139
62793	31043	29315	36114	54419	61937	68355
56514	27259	25602	31096	48198	55760	60930
5491	5850	6290	6535	6553	7098	7563
3848	3881	4242	4600	4873	5277	5427
16884	15934	17256	19514	21961	23969	25933
2119	2197	2439	1810	1978	2595	2705
92	94	67	95	134	122	91
537.11	765.24	905.20	1085.33	969.50	1227.31	1504.86
272.60	398.82	478.62	562.11	490.00	630.63	822.43
1058.57	1180.32	1333.37	1410.85	1514.06	1602.12	1623.14
3.08	3.12	2.94	5.37	5.82	4.83	5.00
1.26	1.26					
3.96		12.03	15.67	12.05	9.40	69.87
44	44	46	63	63	63	97
1.45	1.34	1.17	1.96	2.16	2.01	2.26
16.35	19.80	28.30	41.10	44.00	53.95	68.44
204.95	268.87	255.55	378.17	324.05	342.88	410.53
115.18	100.10	123.92	219.33	158.91	102.55	184.67
5465	13842	12602	13311	14337	14926	15727
5061	8625	10604	11969	13610	14343	15129
58	235	235	235	235	427	427
49599	100969	115258	137479	128002	179370	197714
22104	80898	98079	101208	70009	144707	160665
21.38	27.74	36.86	44.49	44.12	17.26	22.34
0.88	1.06	1.20	1.25	1.42	1.22	1.66
20.50	26.68	35.66	43.23	42.70	16.04	20.68

9-1 续表 3

指　　标	单 位	2000年	2001年	2002年	2003年	2004年
固定电话用户	万户	15.38	19.00	23.27	25.63	28.55
移动电话用户	万户	8.01	14.33	24.35	31.15	64.55
互联网用户	万户	0.59	1.25	2.35	3.74	5.18
限额以上企业数	个					
批发业	个					
零售业	个					
住宿业	个					
餐饮业	个					
社会消费品零售总额	亿元	22.63	26.22	30.78	34.99	41.10
进出口总额	万美元			434	89	539
# 出口	万美元				89	526
实际外商直接投资额	万美元		220	512	900	56
接待入境旅游者人数	万人次	0.40	0.52	0.71	0.82	1.42
# 外国人	万人次	0.13	0.22	0.11	0.27	0.72
国际旅游外汇收入	万美元	52	79	107	130	217
国内旅游人数	万人次	184	235	279	280	388
国内旅游收入	亿元	4.12	7.17	10.44	10.99	15.13
星级饭店数	个			17	18	18
幼儿园数	所	155	123	131	149	171
在园儿童数	万人	3.57	4.09	3.67	3.58	3.77
普通小学学校数	所	4707	4091	3639	3183	2754
普通小学专任教师数	人	14189	14531	15339	15733	14834
普通小学在校学生数	万人	36.16	33.90	31.62	29.05	26.27
普通中学学校数	所	180	191	218	193	180
普通中学专任教师数	人	6805	7560	8510	9375	10046
普通中学在校学生数	万人	12.75	14.29	16.41	18.31	19.80
卫生机构数	个	367	376	410	399	403
卫生机构床位数	张	5249	5242	5305	5551	5844
卫生技术人员	人	7206	7577	8174	8055	7955
# 执业(助理)医师	人	3543	3755	3611	3676	3665
注册护师、护士	人	1718	1889	2011	1938	2029

2005年	2006年	2007年	2008年	2009年	2010年	2011年
30.16	34.02	35.17	33.69	30.13	47.81	38.69
84.59	116.86	150.96	203.15	206.20	212.54	201.78
7.44	10.65	14.64	20.54	16.70	16.59	20.10
				101	140	169
				12	15	15
				33	60	84
				36	39	35
				20	26	35
47.53	54.70	65.85	84.80	94.66	111.81	131.14
1295	1309	2115	2532	2241	2247	3684
1236	1273	2093	2531	2224	2241	3684
	43	20	272	174	1027	1566
1.53	1.67	2.23	3.60	5.05	8.54	12.01
0.76	0.81	0.61	1.30	1.47	6.06	7.75
151	162	220	279	364	659	909
508	563	650	742	1019	1442	2038
20.20	25.49	35.01	42.84	53.63	76.08	109.43
18	18	26	26	33	34	34
198	216	233	269	304	349	428
4.02	4.03	4.31	4.74	5.52	6.36	8.52
2400	2192	1614	1302	591	386	346
14931	14594	14065	14018	13510	13537	12511
23.52	22.36	21.33	20.02	18.94	18.90	18.00
180	183	173	160	152	139	130
10709	11154	11504	11546	11143	10736	10806
21.03	21.39	20.78	19.52	18.03	16.71	15.91
397	407	363	341	424	463	3419
6385	6855	7190	7121	7790	8519	8962
8368	8395	8722	9192	9766	10252	11286
3738	3528	3646	3638	3852	4017	3648
2173	2175	2277	2552	2891	3175	3759

9-2 宝塔区经济

指　　标	单　位	2000年	2001年	2002年	2003年	2004年
年底总人口	万人	34.04	34.85	36.08	37.46	39.90
生产总值	万元	214525	249140	310463	374941	529677
第一产业	万元	21972	22325	24385	26415	30980
第二产业	万元	119189	132626	173688	220345	346548
# 工业	万元	99155	108636	143497	188800	311859
第三产业	万元	73364	94189	112390	128181	152149
人均生产总值	元	6356	7234	8755	10197	13694
生产总值指数	上年=100	116.8	113.0	123.4	119.2	132.0
城镇单位在岗职工人数	人	49971	48240	49399	47018	47530
乡村从业人员	人	89400	91600	96900	97500	96500
全社会固定资产投资	万元	130412	154508	194592	316701	366458
地方财政收入	万元	10455	12093	14488	19635	32461
地方财政支出	万元	14626	17482	22680	28082	39021
农村居民人均纯收入	元	1487	1536	1640	1751	1963
城镇居民人均可支配收入	元	5083	5333	5525	5994	6334
城镇单位在岗职工平均工资	元	6185	8086	8661	9620	12199
常用耕地面积	公顷	32042	32042	34744	34210	34210
粮食产量	吨	86061	81995	87663	81476	95817
农林牧渔业总产值	万元	36098	36406	39886	35137	46032
社会消费品零售总额	万元	78021	92865	113659	135859	166572
普通小学专任教师数	人	2502	2794	2812	3075	2939
普通小学在校学生数	人	68558	65336	62501	60080	56691
普通中学专任教师数	人	1359	1581	1795	2010	2193
普通中学在校学生数	人	25776	30341	36103	40675	45363
卫生机构床位数	张	1631	1660		1641	1770
卫生技术人员	人	1901	1997		2502	2526
# 执业(助理)医师	人	899	981		1807	1214
注册护师、护士	人					

社会主要指标

2005年	2006年	2007年	2008年	2009年	2010年	2011年
40.55	40.59	40.98	41.21	46.44	47.57	47.65
785449	1086926	1293130	1350674	1251790	1463849	1728300
33396	38131	45360	58560	59130	80843	100500
469703	714476	835315	799748	602810	663306	765400
436629	668251	779506	734037	527860	578553	658940
282350	334319	412455	492366	589850	719700	862400
19568	26791	31702	32863	30334	31143	36303
115.9	119.2	112.1	113.6	110.2	113.2	111.4
48860	48954	54523	56468	74582	77298	88535
96924	94938	93110	93694	95046	95842	94922
305353	441357	500212	956043	1054746	1372678	1555031
38990	48801	65595	70977	76015	85312	94053
44277	55828	72612	101824	110881	121655	145627
2177	2381	2622	3458	4157	5051	6379
7471	9109	10580	12748	15771	18486	21906
13939	14755	18106	25434	29983	34040	39662
34078	33034	32547	32280	32130	32221	32152
94336	60984	57539	88115	90842	96850	82648
54575	59268	72896	96301	98796	134951	166710
202186	239517	293540	384611	430075	509042	601629
2980	3064	2921	2894	2830	2888	2624
51767	49762	46625	44639	43496	40760	42913
2448	2740	2850	2808	2768	2789	2684
50397	52488	52674	50293	46918	42127	41206
2425	2689	2910	2789	3093	3558	3787
2975	2594	3216	2966	3741	4014	4671
1247	1098	1327	1453	1508	1686	1685
				1304	1417	1732

9-3 延长县经济

指　　标	单　位	2000年	2001年	2002年	2003年	2004年
年底总人口	万人	14.20	14.10	14.23	14.61	14.71
生产总值	万元	43975	52213	60412	74503	88788
第一产业	万元	11528	10824	11473	12715	17557
第二产业	万元	16853	23566	29731	39653	46276
# 工业	万元	16115	22177	27886	37717	44433
第三产业	万元	15594	17823	19208	22135	24955
人均生产总值	元	3097	3703	4263	5167	6056
生产总值指数	上年=100	106.5	117.2	114.6	116.9	116.3
城镇单位在岗职工人数	人	7327	6929	7223	7313	7220
乡村从业人员	人	51600	53100	50000	50800	49700
全社会固定资产投资	万元	4493	19271	31101	34125	37751
地方财政收入	万元	1084	1400	2026	3587	3796
地方财政支出	万元	6025	8892	10828	11671	14804
农村居民人均纯收入	元	956	948	1036	1146	1392
城镇居民人均可支配收入	元					
城镇单位在岗职工平均工资	元	6527	9086	9516	10103	10830
常用耕地面积	公顷	17925	14383	16880	15758	16144
粮食产量	吨	33287	22945	29017	27849	29489
农林牧渔业总产值	万元	17909	17417	18356	19563	30683
社会消费品零售总额	万元	10074	11353	12720	14137	16592
普通小学专任教师数	人	913	908	975	923	723
普通小学在校学生数	人	26315	21972	19318	16371	12976
普通中学专任教师数	人	453	479	553	594	628
普通中学在校学生数	人	9112	9174	10482	11293	12393
卫生机构床位数	张	260	289		290	219
卫生技术人员	人	371	410		458	442
# 执业(助理)医师	人	185	182		199	176
注册护师、护士	人					

社会主要指标

2005年	2006年	2007年	2008年	2009年	2010年	2011年
14.41	14.42	14.42	14.47	12.60	12.55	12.58
121204	175314	200971	238770	223120	254792	295990
17984	20717	24354	32420	33520	47881	58910
68821	113451	128052	149530	119530	128291	139900
65728	110549	123948	144280	113440	121681	131930
34399	41146	48565	56820	70070	78620	97180
8411	12158	13939	16524	15385	20260	23555
117.2	117.1	111.0	112.4	110.1	113.3	111.3
7599	7847	8220	8409	8354	8598	8760
49290	49450	48993	45872	45957	46452	46691
75330	40863	61437	131437	173115	226308	263890
10495	16910	18918	21800	23330	25686	28259
23072	32869	36019	48530	56058	78767	90619
1666	1844	2199	2904	3473	4258	5378
		8810	11303	13920	16333	19305
11779	15409	19535	28945	34103	40749	44775
17077	16413	16237	16237	16181	16510.2	16510
31655	20200	21431	34337	36336	38742	33263
31921	34577	42162	57719	59866	85331	104211
18457	20231	24001	30677	34198	40353	46899
675	688	679	675	687	682	638
10687	10470	10206	9768	9361	8850	8404
653	656	664	620	554	523	539
12572	12230	11581	9767	8559	7290	7183
219	219	209	222	248	289	322
442	379	381	354	377	374	414
171	147	169	152	156	151	102
				103	108	120

9-4 延川县经济

指　　标	单　位	2000年	2001年	2002年	2003年	2004年
年底总人口	万人	18.03	18.14	18.37	18.70	18.14
生产总值	万元	106517	128605	143826	200535	303916
第一产业	万元	9145	8138	9126	9046	12786
第二产业	万元	77934	95325	105647	159143	253234
# 工业	万元	66719	80591	91971	142133	235777
第三产业	万元	19438	25142	29053	32346	37896
人均生产总值	元	6066	7113	7881	10822	16499
生产总值指数	上年=100	118.7	118.6	105.6	108.7	105.2
城镇单位在岗职工人数	人	20249	20011	20127	20738	20971
乡村从业人员	人	46700	48200	49700	53600	60400
全社会固定资产投资	万元	127539	188429	164723	360702	445026
地方财政收入	万元	2621	4226	5324	8067	11615
地方财政支出	万元	8440	12168	14300	16118	21510
农村居民人均纯收入	元	748	708	927	1032	1279
城镇居民人均可支配收入	元					
城镇单位在岗职工平均工资	元	11999	15720	17116	19635	26561
常用耕地面积	公顷	15618	15618	24553	24417	24417
粮食产量	吨	18165	13529	28394	24718	42248
农林牧渔业总产值	万元	15239	13087	15523	15344	21967
社会消费品零售总额	万元	8827	10835	12400	15745	20992
普通小学专任教师数	人	1198	1300	1422	1443	1199
普通小学在校学生数	人	32556	31485	28964	25615	22795
普通中学专任教师数	人	525	545	627	670	727
普通中学在校学生数	人	9360	10065	11455	13094	14447
卫生机构床位数	张	353	339		338	334
卫生技术人员	人	467	479		532	563
# 执业(助理)医师	人	240	236		236	266
注册护师、护士	人					

社会主要指标

2005年	2006年	2007年	2008年	2009年	2010年	2011年
18.36	18.37	18.51	18.60	16.85	16.85	16.89
371300	440400	453200	516703	525260	650531	812580
14700	16000	18800	27360	29370	35408	42810
312200	373700	373200	418184	409980	520623	657400
297100	356400	350800	389251	375840	483913	613190
44400	50700	61200	71159	85910	94500	112370
20366	23973	24577	27840	28189	38612	48165
106.4	109.7	106.9	112.6	106.5	106.0	107.5
24196	29064	32264	33693	9842	9885	9652
62346	61821	59761	56573	59859	59207	59204
425193	515423	719538	68066	84529	110034	120772
11456	13910	15316	16236	17376	18420	19200
26258	33318	44568	56671	64251	83300	103900
1503	1805	2012	2718	3278	4002	4970
		7474	10248	12933	15183	17977
24401	27745	33541	34924	29288	33391	37501
24417	24417	24477	24714	24712	24712	24838
40330	32919	32153	42684	45723	45917	40212
23697	26375	32152	47564	51926	62222	74289
23863	25742	30087	38271	42618	50059	58047
1088	1023	964	1048	1048	959	927
19456	17356	15935	15023	13648	13158	12600
787	807	773	772	722	713	649
15640	26026	15210	14260	12614	11872	10679
340	358	379	390	425	425	438
568	544	543	525	526	504	527
270	255	241	235	238	226	180
				125	123	156

9-5 子长县经济

指　　标	单 位	2000年	2001年	2002年	2003年	2004年
年底总人口	万人	22.92	23.05	23.27	24.33	23.89
生产总值	万元	80562	101144	117696	135777	177659
第一产业	万元	20708	19636	22850	21934	23473
第二产业	万元	39109	55267	65218	78688	113185
# 工业	万元	36938	52564	61947	73505	109839
第三产业	万元	20745	26241	29628	35155	41001
人均生产总值	元	3524	4396	5073	5705	7370
生产总值指数	上年=100	110.0	118.5	111.2	112.0	122.9
城镇单位在岗职工人数	人	11069	11999	12055	12442	12652
乡村从业人员	人	75500	74500	75100	75300	75100
全社会固定资产投资	万元	16112	22344	30883	43030	81173
地方财政收入	万元	5139	8833	5070	9817	20361
地方财政支出	万元	9747	15160	16785	21536	29963
农村居民人均纯收入	元	1219	1260	1340	1483	1703
城镇居民人均可支配收入	元					4428
城镇单位在岗职工平均工资	元	6550	8434	9468	9377	10637
常用耕地面积	公顷	29362	27351	27317	25656	26691
粮食产量	吨	76418	53688	74869	49122	75468
农林牧渔业总产值	万元	34503	32886	37836	32161	37709
社会消费品零售总额	万元	19186	21949	24740	26578	28156
普通小学专任教师数	人	1251	1407	1475	1509	1505
普通小学在校学生数	人	43411	40621	36889	34071	30474
普通中学专任教师数	人	578	741	810	880	938
普通中学在校学生数	人	13965	17116	18990	20496	21059
卫生机构床位数	张	333	323		382	396
卫生技术人员	人	463	484		502	491
# 执业(助理)医师	人	345	262		235	245
注册护师、护士	人					

社会主要指标

2005年	2006年	2007年	2008年	2009年	2010年	2011年
24.65	24.67	25.14	25.25	21.66	21.71	21.76
211100	305600	346300	438900	505380	594395	689320
26000	29000	34100	46400	47060	54900	64740
125000	205000	231200	295700	345050	418575	485700
121600	201100	226100	289800	338180	410970	476590
60100	71600	81000	96800	113270	120920	138880
8719	12393	13902	17417	19971	27412	31714
117.9	121.2	112.9	115.4	114.1	113.2	108.8
12530	12213	12202	12553	12464	12114	11710
75213	75139	75261	76019	76556	76510	76827
68854	82416	132796	321078	398664	519338	645574
25555	27468	35032	39040	70416	84199	92697
37680	46515	56381	91363	127255	136472	153731
1948	2249	2519	3368	4129	5050	6277
5398	7915	9996	12895	16119	18988	22669
14576	17564	22040	29033	35634	36260	42969
28413	28612	28737	28968	29145	29618	29994
77318	56811	56749	75877	80432	82239	67727
43156	46984	57164	78410	80294	93722	111102
32241	36018	43382	55199	61585	72669	85016
1469	1427	1434	1493	1441	1456	1401
27059	26271	25581	23695	20532	19746	19781
940	947	948	1037	1009	949	998
20542	20628	20965	18360	16435	15682	15219
337	423	450	478	511	553	585
505	533	587	632	693	799	839
239	226	288	274	268	315	255
				222	218	258

9-6 安塞县经济

指　　标	单　位	2000年	2001年	2002年	2003年	2004年
年底总人口	万人	15.10	15.19	15.43	15.51	16.16
生产总值	万元	141648	148002	147409	213950	261336
第一产业	万元	15586	16032	18150	16209	19077
第二产业	万元	105316	109099	104214	168700	211517
# 工业	万元	104352	108150	103341	166377	207758
第三产业	万元	20746	22871	25045	29041	30742
人均生产总值	元	9308	9710	9620	13821	16498
生产总值指数	上年=100	100.7	101.7	103.9	130.5	107.0
城镇单位在岗职工人数	人	8033	9499	8946	9477	9610
乡村从业人员	人	52300	47000	49900	51800	52400
全社会固定资产投资	万元	12709	20040	14694	32898	124527
地方财政收入	万元	11656	14836	12036	13058	20058
地方财政支出	万元	13578	16896	17858	22471	26161
农村居民人均纯收入	元	1706	1741	1818	1966	2196
城镇居民人均可支配收入	元					
城镇单位在岗职工平均工资	元	6591	7376	8639	9407	9889
常用耕地面积	公顷	28279	25702	25702	25702	25702
粮食产量	吨	59048	48561	57388	58242	65595
农林牧渔业总产值	万元	29187	33130	35419	28746	34560
社会消费品零售总额	万元	10948	12725	14472	16451	21891
普通小学专任教师数	人	734	718	927	988	946
普通小学在校学生数	人	29506	27650	25603	24204	22605
普通中学专任教师数	人	561	604	718	696	656
普通中学在校学生数	人	10635	10456	11520	12575	12725
卫生机构床位数	张	294	274		313	331
卫生技术人员	人	391	436		482	507
# 执业(助理)医师	人	203	214		220	251
注册护师、护士	人					

社会主要指标

2005年	2006年	2007年	2008年	2009年	2010年	2011年
16.56	16.57	16.62	16.70	17.09	17.17	17.24
384840	538376	660617	824515	641190	722392	947610
25218	25940	30810	34850	35950	42800	51730
317245	463135	571670	718789	516640	583572	785930
312457	458293	565915	711761	508280	573482	773340
42377	49301	58137	70876	88600	96020	109950
23610	32491	39796	49491	38286	99081	55077
108.0	115.2	120.2	116.1	114.0	114.2	115.5
11136	10855	10701	10925	10172	11213	12997
52953	53026	53046	64724	56462	59037	63142
140169	122824	157460	193697	294862	457436	602069
36147	57591	66824	70886	73366	77830	90067
46360	60886	75735	80669	100549	121954	134439
2399	2868	3295	3904	4646	5562	6936
		10170	12926	16223	19208	22706
14630	16043	17937	26819	33243	36956	37392
25800	25800	25800	25800	27200	27200	27200
68307	46169	43479	62515	65106	71319	59918
43586	44879	53774	62305	65058	77578	92326
25112	29124	33864	42718	47660	56338	65646
1075	1070	1074	915	827	1031	1046
18324	15833	14915	13543	13699	13995	13819
773	781	772	799	771	830	730
14201	13795	12144	11767	11556	11359	10615
359	354	345	436	478	481	535
477	440	467	450	585	605	577
217	182	192	173	206	219	184
				169	175	182

9-7 志丹县经济

指　　标	单　位	2000年	2001年	2002年	2003年	2004年
年底总人口	万人	11.80	11.97	12.26	12.79	13.03
生产总值	万元	143585	204428	236451	285956	473905
第一产业	万元	13806	14388	14263	14907	18418
第二产业	万元	112378	167892	196535	244003	423871
# 工业	万元	108233	163544	191887	239352	418592
第三产业	万元	17401	22148	25653	27046	31616
人均生产总值	元	12189	17193	19525	22840	36708
生产总值指数	上年=100	112.7	138.0	115.3	113.8	145.6
城镇单位在岗职工人数	人	9178	9404	9864	10027	10512
乡村从业人员	人	43200	41100	43000	43500	47900
全社会固定资产投资	万元	28228	34287	44894	58932	89995
地方财政收入	万元	11116	15089	19350	23110	38988
地方财政支出	万元	13319	17190	22978	32534	39853
农村居民人均纯收入	元	1398	1600	1698	1846	2073
城镇居民人均可支配收入	元	4489	4800	5100	5809	6280
城镇单位在岗职工平均工资	元	5963	6698	9097	8781	12076
常用耕地面积	公顷	24680	24680	25297	25297	19059
粮食产量	吨	49605	52075	49949	49939	53110
农林牧渔业总产值	万元	23400	24386	25172	23925	27559
社会消费品零售总额	万元	13653	15498	18263	20260	21620
普通小学专任教师数	人	705	717	827	857	942
普通小学在校学生数	人	22607	22547	21819	20363	18671
普通中学专任教师数	人	274	298	348	382	430
普通中学在校学生数	人	5838	6558	8556	9279	10802
卫生机构床位数	张	211	213		285	368
卫生技术人员	人	319	348		393	431
# 执业(助理)医师	人	162	188		176	195
注册护师、护士	人					

社会主要指标

2005年	2006年	2007年	2008年	2009年	2010年	2011年
13.44	13.45	13.54	13.61	13.92	14.06	14.11
690461	1067731	1296508	1510757	1210757	1386337	1672780
17970	21980	25890	30060	30507	38300	43630
615717	975402	1189255	1381322	1059150	1218737	1480920
609644	967763	1180344	1370809	1046690	1204127	1462550
56774	70349	81363	99375	121100	129300	148230
52268	79385	96038	111249	88729	99081	118741
135.9	127.3	118.2	125.2	114.5	114	111.8
11108	12403	12253	13287	11991	12044	12600
50323	51676	54193	52035	49696	52660	52528
108341	148643	219175	459430	569417	758848	993582
76557	95850	113642	124498	140112	154516	177127
57267	88416	124045	146824	150650	170746	207264
2270	2392	2796	3447	4203	5116	6792
7535	8650	10147	12796	16110	18978	22678
16627	18818	30943	36282	48602	50747	52979
20019	20161	20338	20426	20400	21248	21252
56884	39456	36531	54322	55913	56027	46012
28190	33308	38878	45799	47300	59115	69157
24361	27974	33957	43218	48318	57106	67009
993	1018	998	1040	944	914	871
17499	16645	15868	15237	13766	12806	12251
482	551	591	528	503	508	473
11935	12315	11782	10227	9262	8445	7977
342	374	391	414	403	464	503
416	406	477	496	555	601	681
162	151	156	164	187	189	152
				145	192	229

9-8 吴起县经济

指 标	单 位	2000年	2001年	2002年	2003年	2004年
年底总人口	万人	12.10	12.10	12.10	12.43	12.57
生产总值	万元	64798	82129	102646	122591	164612
第一产业	万元	14578	13633	15591	17244	21530
第二产业	万元	28836	44289	59967	76311	110911
# 工业	万元	26076	41067	56348	72294	105935
第三产业	万元	21384	24207	27088	29036	32171
人均生产总值	元	5379	6787	8480	9992	13167
生产总值指数	上年=100	109.1	120.5	126.1	115.4	118.2
城镇单位在岗职工人数	人	9288	9724	9284	8520	9642
乡村从业人员	人	40000	40400	43300	44900	45100
全社会固定资产投资	万元	26153	30471	36880	57420	131854
地方财政收入	万元	4725	8449	8886	16263	33076
地方财政支出	万元	7632	12158	17111	23629	34225
农村居民人均纯收入	元	1396	1439	1535	1683	1891
城镇居民人均可支配收入	元					
城镇单位在岗职工平均工资	元	6715	8606	10514	11286	14133
常用耕地面积	公顷	20000	20000	20000	20000	20000
粮食产量	吨	51949	32728	33155	34708	45089
农林牧渔业总产值	万元	24477	22793	29563	27236	35819
社会消费品零售总额	万元	11143	12309	14274	15466	16466
普通小学专任教师数	人	635	551	594	599	612
普通小学在校学生数	人	21787	19198	18258	16601	15293
普通中学专任教师数	人	333	375	414	571	682
普通中学在校学生数	人	6764	8104	9112	11799	12855
卫生机构床位数	张	204	284		293	276
卫生技术人员	人	273	276		251	331
# 执业(助理)医师	人	137	159		136	133
注册护师、护士	人					

社会主要指标

2005年	2006年	2007年	2008年	2009年	2010年	2011年
12.30	12.31	12.35	12.40	14.21	14.52	14.54
384400	559199	684798	846722	828720	1209295	1716100
24100	26070	30320	33480	33730	35567	40320
312800	475608	585031	729115	692430	1063828	1546630
306700	467348	574861	717395	678720	1048448	1527920
47500	57521	69447	84127	102560	109900	129150
31050	45390	55539	68393	66715	84178	118128
116.0	124.5	121.1	122.9	114.9	118.1	114.5
10979	12173	13515	14200	13619	15152	15716
44252	46087	45403	45183	45454	49473	48960
201782	299293	460306	531586	646426	841570	1067603
73408	122905	136888	148480	160717	181108	207388
72080	115764	146404	146618	185612	210513	234699
2086	2363	2745	3619	4415	5298	6878
		10380	13006	16361	19322	22781
16471	23375	28982	33881	40830	48578	49572
20090	20090	20090	20262	20262	20262	20263
51089	33040	37386	32773	51036	58877	49699
40932	41704	48989	56990	57373	60037	68180
18227	19841	23688	29724	33201	39237	46024
619	672	687	776	785	748	833
14291	13936	13388	12328	12178	11834	11638
674	717	812	822	856	675	546
13859	14493	14127	14082	13289	12388	11256
316	426	442	422	418	398	385
317	399	445	475	567	578	567
170	108	168	160	177	192	151
				145	157	170

9-9 甘泉县经济

指　　标	单 位	2000年	2001年	2002年	2003年	2004年
年底总人口	万人	7.46	7.41	7.45	7.83	7.92
生产总值	万元	33027	38083	44014	56713	77724
第一产业	万元	7480	7178	7840	6973	8756
第二产业	万元	11602	15329	19614	32117	49353
# 工业	万元	10531	13976	17927	30163	47064
第三产业	万元	13945	15576	16560	17623	19615
人均生产总值	元	4460	5123	5923	7423	9873
生产总值指数	上年=100	114.5	112.5	114.5	112.5	118.7
城镇单位在岗职工人数	人	6937	6952	7064	7679	7924
乡村从业人员	人	23000	24900	25200	25000	24800
全社会固定资产投资	万元	26044	36724	45239	42919	53312
地方财政收入	万元	2398	5093	5369	8456	13632
地方财政支出	万元	4943	9071	10828	14747	17745
农村居民人均纯收入	元	1678	1786	1895	2018	2293
城镇居民人均可支配收入	元				5280	6169
城镇单位在岗职工平均工资	元	6165	7841	9832	9848	10906
常用耕地面积	公顷	10754	10113	10313	9319	9305
粮食产量	吨	26172	23097	21341	16391	25089
农林牧渔业总产值	万元	12209	12268	13724	10729	14042
社会消费品零售总额	万元	6612	7467	8811	9788	11313
普通小学专任教师数	人	686	697	812	819	680
普通小学在校学生数	人	13647	12984	11911	10637	9249
普通中学专任教师数	人	219	250	297	356	432
普通中学在校学生数	人	4471	5013	5666	6429	7208
卫生机构床位数	张	155	130		166	220
卫生技术人员	人	248	266		308	302
# 执业(助理)医师	人	125	214		112	140
注册护师、护士	人					

社会主要指标

2005年	2006年	2007年	2008年	2009年	2010年	2011年
7.91	7.92	7.98	8.02	7.74	7.73	7.75
106270	130594	157775	193799	180840	205999	183090
11889	13111	15675	20640	21350	25762	30520
66785	84470	103750	132354	110780	126897	95500
63684	82017	100917	128960	106850	122437	90070
27596	33013	38350	40805	48710	53340	57070
13524	16489	19845	24225	22511	26649	23655
114.3	110.2	112.3	116.1	108.7	113.4	98.3
8401	8716	8871	9350	9086	9243	9243
25552	25623	25980	25915	27233	26756	27198
80488	69862	90063	108461	126982	166041	77771
18234	24818	29080	32602	35216	39456	32018
24032	30734	35456	41676	45583	57095	63242
2604	2829	3136	3671	4331	5301	6594
6720	7639	9300	11579	14304	16779	19750
14706	16419	19895	25946	32706	36089	42468
9314	9294	9292	9485	9492	9533	9586
32061	22869	26406	35008	35921	45474	37119
20122	21202	26372	35578	37732	45387	53936
12383	13695	16102	20624	22980	27169	31329
745	714	669	647	607	609	605
8044	7533	6830	6445	6241	6232	6405
438	457	483	466	435	415	399
7582	7533	6867	6167	5643	5379	4749
184	205	209	213	218	220	221
337	339	350	346	366	392	435
133	105	120	118	129	116	138
				95	132	141

9-10 富县经济

指标	单位	2000年	2001年	2002年	2003年	2004年
年底总人口	万人	14.26	14.28	14.46	14.76	14.76
生产总值	万元	36485	39287	42974	46590	63120
第一产业	万元	17248	17984	19841	19673	21807
第二产业	万元	3898	4168	4412	6009	17339
# 工业	万元	2842	3104	3183	3476	16421
第三产业	万元	15339	17135	18721	20908	23974
人均生产总值	元	2580	2753	2991	3189	4276
生产总值指数	上年=100	110.2	104.4	108.1	105.2	123.1
城镇单位在岗职工人数	人	8373	8848	9145	9492	9594
乡村从业人员	人	55100	54800	58600	57200	59100
全社会固定资产投资	万元	8295	9312	11877	24691	14618
地方财政收入	万元	2485	1842	2330	2722	2813
地方财政支出	万元	6882	9204	10572	12277	13998
农村居民人均纯收入	元	1704	1601	1681	1779	2103
城镇居民人均可支配收入	元					
城镇单位在岗职工平均工资	元	6614	8090	9907	10101	10113
常用耕地面积	公顷	14833	13258	11397	10320	10131
粮食产量	吨	57802	49342	49603	41096	50386
农林牧渔业总产值	万元	30114	31587	35120	33086	38376
社会消费品零售总额	万元	11560	12907	15254	16797	19735
普通小学专任教师数	人	1139	1057	1275	1328	1314
普通小学在校学生数	人	23066	22208	20097	18155	15632
普通中学专任教师数	人	574	632	685	752	798
普通中学在校学生数	人	8950	10600	11702	12361	12828
卫生机构床位数	张	280	283		347	302
卫生技术人员	人	489	530		494	500
# 执业(助理)医师	人	199	234		184	192
注册护师、护士	人					

社会主要指标

2005年	2006年	2007年	2008年	2009年	2010年	2011年
14.83	14.84	14.86	14.93	14.93	14.98	15.02
89418	110747	101816	126771	145560	193948	253190
23607	29040	35190	43460	50340	71658	87310
29102	34516	14415	24821	24360	44810	67510
27990	33154	12441	22046	21090	41209	63100
36709	47191	52211	58490	70860	77480	98370
6058	7463	6856	8516	9736	12965	16879
116.1	109.4	97.0	114.7	116.3	125.5	115.1
9979	9382	9524	9854	8757	8655	10073
60364	60469	59162	58171	61390	57715	60948
19933	26344	46650	70140	87973	119151	170678
3174	3737	4505	5373	6565	11793	17051
16253	22178	30026	47960	54565	78555	93900
2380	2690	3126	3859	4573	5497	6981
		8100	10498	13101	15498	18454
10615	12912	15662	21728	32711	36764	41018
10167	9949	9947	9847	9847	10069	9847
50139	33723	30370	47490	47240	45256	36807
44898	50968	64458	82405	94132	141870	171521
22065	25542	30362	38607	42969	50519	59021
1313	1316	1268	1215	1162	1132	1096
15282	15368	14947	14880	15013	14661	14220
852	870	885	889	774	696	688
14358	14800	13997	13152	11715	11166	10511
318	196	283	285	364	457	455
496	500	505	511	517	508	503
210	166	183	190	196	191	130
				121	125	145

9-11 洛川县经济

指　　标	单 位	2000年	2001年	2002年	2003年	2004年
年底总人口	万人	19.09	19.12	19.24	19.34	19.59
生产总值	万元	149967	160354	170064	210282	336080
第一产业	万元	34049	35815	41729	42021	49549
第二产业	万元	91523	95497	96102	131146	245141
# 工业	万元	89873	93758	94224	129217	242807
第三产业	万元	24395	29042	32233	37115	41390
人均生产总值	元	7889	8395	8871	10901	17267
生产总值指数	上年=100	111.6	105.3	106.1	112.9	116.8
城镇单位在岗职工人数	人	15663	14310	14047	15357	15454
乡村从业人员	人	65800	68200	71800	71800	74900
全社会固定资产投资	万元	9700	17997	39425	37306	86451
地方财政收入	万元	5914	6504	5324	5702	5715
地方财政支出	万元	8431	11173	12381	13852	17562
农村居民人均纯收入	元	2131	2271	2380	2493	2780
城镇居民人均可支配收入	元					
城镇单位在岗职工平均工资	元	6320	9496	10687	13271	17101
常用耕地面积	公顷	22898	20530	17469	14981	12220
粮食产量	吨	95220	85400	87228	80317	86816
农林牧渔业总产值	万元	81322	87600	95434	70635	86560
社会消费品零售总额	万元	21398	24571	28442	31870	36704
普通小学专任教师数	人	1735	1727	1458	1463	1471
普通小学在校学生数	人	31717	30560	29089	26839	24438
普通中学专任教师数	人	847	904	1087	1202	1254
普通中学在校学生数	人	14107	15684	18304	20194	21111
卫生机构床位数	张	501	485		490	490
卫生技术人员	人	647	629		460	613
# 执业(助理)医师	人	299	300		258	284
注册护师、护士	人					

社会主要指标

2005年	2006年	2007年	2008年	2009年	2010年	2011年
20.11	20.13	20.21	20.30	21.92	22.08	22.14
480215	651072	854741	946070	1046210	1281527	1770240
66223	75716	89787	108060	113270	142970	179940
359527	514560	692907	753126	829760	1027317	1463890
357457	511902	689438	748488	824470	1021369	1456520
54465	60796	72047	84884	103180	111240	126410
24307	32359	42377	46708	51476	58243	80058
120.8	112.9	119.0	103.7	108.9	113.0	108.1
15322	15276	15393	15357	15600	15877	15874
75012	75710	76281	88902	89299	90263	94379
70858	99934	203685	289422	310890	376963	375282
4542	6314	7661	8617	11410	14876	16927
19519	27719	34566	63181	64330	91701	104149
3080	3303	4020	4500	5301	6352	7978
		9216	11428	14095	16660	19875
18107	19078	24495	33043	37752	40673	47915
12197	11956	11896	11384	11460	11535	11322
84299	59762	51573	76753	97282	108610	88175
111236	126268	157670	194974	202713	255664	322117
41543	48608	57852	73438	81736	96243	111348
1541	1422	1247	1321	1313	1242	1234
22568	23175	22984	22104	21645	20209	20069
1250	1185	1212	1281	1227	1179	1161
21785	22121	21880	21691	20389	18675	17665
510	510	504	483	595	528	549
613	514	538	544	585	637	764
309	255	256	260	290	278	232
				127	171	262

9-12 宜川县经济

指　　标	单 位	2000年	2001年	2002年	2003年	2004年
年底总人口	万人	11.22	11.21	11.21	11.28	11.33
生产总值	万元	19337	21128	22761	26766	31124
第一产业	万元	7039	7558	7499	9237	11873
第二产业	万元	1923	2156	2167	2404	3282
# 工业	万元	1200	1442	1529	1813	2696
第三产业	万元	10375	11414	13095	15125	15969
人均生产总值	元	1704	1885	2030	2379	2753
生产总值指数	上年=100	100.3	110.0	103.7	109.7	107.8
城镇单位在岗职工人数	人	7143	6936	6762	6664	6752
乡村从业人员	人	37800	34500	35400	36500	37400
全社会固定资产投资	万元	8287	8153	8246	7656	13132
地方财政收入	万元	1170	1228	1397	1655	1320
地方财政支出	万元	4991	7168	9298	9211	12623
农村居民人均纯收入	元	1004	1018	1106	1206	1487
城镇居民人均可支配收入	元					
城镇单位在岗职工平均工资	元	5967	7337	9175	9485	9741
常用耕地面积	公顷	16559	16291	15526	12121	11997
粮食产量	吨	39790	36369	42823	38074	35676
农林牧渔业总产值	万元	12803	13298	15642	14413	19785
社会消费品零售总额	万元	7395	8240	9600	10101	12318
普通小学专任教师数	人	944	954	975	870	710
普通小学在校学生数	人	19579	18128	16094	13579	11546
普通中学专任教师数	人	352	352	388	431	448
普通中学在校学生数	人	6600	7297	8507	9400	10801
卫生机构床位数	张	171	188		171	176
卫生技术人员	人	302	325		307	324
# 执业(助理)医师	人	137	143		162	156
注册护师、护士	人					

社会主要指标

2005年	2006年	2007年	2008年	2009年	2010年	2011年
11.55	11.56	11.63	11.68	11.69	11.73	11.77
47151	54059	63169	84090	96586	132430	157370
15474	18113	21391	35004	40235	65290	77090
4947	5963	6188	7731	7348	8920	9320
4223	5048	4971	6173	5569	6900	6880
26730	29983	35590	41355	49003	58220	70960
4138	4678	5448	7215	8267	11308	13397
113.5	112.4	112.3	118.6	114.1	112.3	110.9
6599	6808	7006	6656	6598	6739	6610
37816	39336	39512	40804	41925	42093	42340
18377	25272	40048	51537	68149	88893	91192
1337	1708	2106	2806	4028	6180	7119
15217	20295	28423	42082	52350	63905	88595
1762	2071	2486	3406	4193	5104	6477
	6892	8806	11322	14198	16653	19668
11122	11867	16266	27966	33843	37054	43191
11684	11693	11796	11941	12851	11759	11748
36175	25059	26739	42782	40932	41030	33715
25136	30301	36537	60197	70063	111822	132110
13318	14268	17731	22658	25196	29704	34621
654	611	614	551	468	421	388
9735	8741	7932	7036	6488	6201	6128
474	505	553	564	550	519	505
11144	11306	10722	9850	9369	9346	9175
171	201	202	208	227	285	305
305	332	347	450	381	374	348
174	159	154	152	157	153	130
				103	104	98

9-13 黄龙县经济

指　　标	单　位	2000年	2001年	2002年	2003年	2004年
年底总人口	万人	4.70	4.65	4.66	4.70	4.74
生产总值	万元	12822	13704	15747	17910	20417
第一产业	万元	7694	7722	8647	9688	10679
第二产业	万元	1372	1611	1612	1863	1696
# 工业	万元	827	783	592	633	530
第三产业	万元	3756	4371	5488	6359	8042
人均生产总值	元	2748	2932	3385	3827	4326
生产总值指数	上年=100	104.5	110.8	109.9	109.4	113.5
城镇单位在岗职工人数	人	5124	5234	5186	5078	4806
乡村从业人员	人	9800	10300	9600	9800	11100
全社会固定资产投资	万元	6066	8501	9402	9776	9727
地方财政收入	万元	767	678	705	736	681
地方财政支出	万元	4192	5488	6294	7605	9364
农村居民人均纯收入	元	1346	1225	1275	1376	1707
城镇居民人均可支配收入	元					
城镇单位在岗职工平均工资	元	6630	7594	9033	9871	10896
常用耕地面积	公顷	9481	9453	9431	9415	9407
粮食产量	吨	27728	26449	27236	30071	75312
农林牧渔业总产值	万元	13028	13096	14691	13734	18026
社会消费品零售总额	万元	3487	3953	4608	5012	5792
普通小学专任教师数	人	503	464	474	457	411
普通小学在校学生数	人	6625	6613	6187	5663	5269
普通中学专任教师数	人	179	206	216	257	230
普通中学在校学生数	人	2712	3019	3342	3668	3831
卫生机构床位数	张	188	183		181	246
卫生技术人员	人	149	145		154	117
# 执业(助理)医师	人	81	71		77	68
注册护师、护士	人					

社会主要指标

2005年	2006年	2007年	2008年	2009年	2010年	2011年
4.88	4.88	4.88	4.89	4.95	4.94	4.95
25866	29118	35510	45980	55050	63451	76390
11722	12740	16070	21900	26010	27603	34490
2101	2230	2468	3210	3840	4658	5320
820	930	720	830	1100	15599	1530
12043	14148	16972	20870	25200	31190	36580
5389	5967	7277	9403	11247	12834	15454
107.6	106.8	115.8	117.3	114.2	111.2	110.1
4771	4822	5390	5337	5133	5211	5190
10499	11474	11481	11382	12843	14044	14381
11152	11457	18294	26569	32789	42533	46600
530	630	780	904	1041	1295	1809
12020	14400	19010	25018	34153	49974	56487
2081	2269	2725	3200	3821	4570	5813
		6983	8750	10876	12779	15181
12084	15112	17483	23082	28998	34525	38785
10762	10760	10751	10699	10747	10885	11636
75490	51826	52128	67491	73964	79483	67014
20341	21293	27305	36553	43472	45806	57232
6277	6697	7961	9747	10831	12722	14689
441	444	370	337	338	329	322
4528	4410	4090	3484	3288	3101	2810
242	241	254	255	272	268	271
3829	3869	3765	3553	3150	3014	2955
160	166	165	165	165	156	157
146	116	132	170	171	108	196
81	62	65	67	97	43	59
				28	18	32

9-14 黄陵县经济

指　　标	单　位	2000年	2001年	2002年	2003年	2004年
年底总人口	万人	11.72	12.09	11.97	11.87	12.07
生产总值	万元	71052	76176	85290	98835	122545
第一产业	万元	13127	13801	13656	14453	17491
第二产业	万元	32099	31927	38936	49457	65582
# 工业	万元	27687	27733	35707	46061	61826
第三产业	万元	25826	30448	32698	34925	39472
人均生产总值	元	6062	6301	7126	8174	10121
生产总值指数	上年=100	106.9	104.3	111.1	110.2	113.5
城镇单位在岗职工人数	人	15577	15874	15606	16864	16813
乡村从业人员	人	41100	37900	40000	41900	41600
全社会固定资产投资	万元	11947	15242	20886	35069	45381
地方财政收入	万元	4977	5043	5695	6938	10903
地方财政支出	万元	8393	10380	12981	15697	17078
农村居民人均纯收入	元	2047	2082	2224	2319	2552
城镇居民人均可支配收入	元					
城镇单位在岗职工平均工资	元	6399	7914	9725	10873	12268
常用耕地面积	公顷	14022	13903	10409	9612	9605
粮食产量	吨	44778	38194	38917	36356	51724
农林牧渔业总产值	万元	22037	23431	25514	21954	29485
社会消费品零售总额	万元	23946	27529	30581	31840	32882
普通小学专任教师数	人	1244	1237	1313	1402	1382
普通小学在校学生数	人	22251	19665	19470	18355	17097
普通中学专任教师数	人	551	595	572	574	630
普通中学在校学生数	人	9243	9519	10400	11791	12590
卫生机构床位数	张	668	591		654	716
卫生技术人员	人	773	771		868	808
# 执业(助理)医师	人	304	327		286	345
注册护师、护士	人					

社会主要指标

2005年	2006年	2007年	2008年	2009年	2010年	2011年
12.30	12.31	12.37	12.42	13.06	12.99	13.00
175695	261868	344085	481615	569380	698978	835610
18259	21630	25410	29350	30250	42878	54880
109310	181010	246051	367271	437890	546450	651100
104453	174482	237952	356168	424670	530930	631950
48126	59228	72624	84994	101240	109650	129630
14296	21221	27816	38840	45828	53677	64308
111.9	110.3	118.2	124.6	117.1	114.1	111.6
18378	17535	17428	19922	20381	22817	23674
42894	42942	39829	40748	41081	41895	42759
76025	124882	161668	238765	375456	495320	633456
12546	15332	19099	24348	46560	60464	79797
21446	28080	35667	55198	75570	102533	121781
2690	3024	3516	4285	5091	6130	7723
	7836	9347	11964	14897	17578	20904
16394	18925	24250	31527	39935	43939	46684
9622	9681	9450	9113	9084	9016	8938
46787	35079	32129	48452	50286	50552	42437
32068	37309	45707	53786	55410	78114	100021
35313	39727	46014	58471	65235	76983	90154
1338	1125	1140	1106	1060	1126	1005
15953	14120	13964	12067	10040	9408	8947
696	697	707	705	702	672	684
12457	12326	12115	12062	11422	10357	9922
704	670	630	616	645	705	720
771	646	734	892	702	758	764
355	293	327	240	243	258	250
				204	235	234

十、汉中市

资料整理：穆　杰　左　丹　王冬羽

10-1 汉中市经济

指　标	单 位	2000年	2001年	2002年	2003年	2004年
年底总人口	万人	368.93	369.47	370.44	372.12	373.99
人口自然增长率	‰					
年底总户数	万户	107.29	108.07	108.22	110.36	111.66
生产总值	亿元	119.23	129.32	141.31	163.44	192.94
第一产业	亿元	31.41	31.55	32.91	36.79	43.01
第二产业	亿元	38.41	42.28	47.45	56.57	75.49
# 工业	亿元	26.77	28.79	32.48	39.02	56.45
第三产业	亿元	49.41	55.49	60.95	70.08	74.44
人均生产总值	元	3250	3503	3819	4402	5172
生产总值指数	上年=100	108.2	106.6	107.2	109.1	110.9
第一产业	上年=100	103.8	102.5	101.7	105.9	109.1
第二产业	上年=100	109.3	108.0	108.7	111.8	115.9
# 工业	上年=100	106.0	107.6	109.5	113.3	123.0
第三产业	上年=100	110.2	109.0	109.2	108.4	107.8
人均生产总值指数	上年=100	107.5	105.9	107.0	108.7	110.4
非公有制经济增加值	亿元					
文化产业增加值	亿元					
单位GDP能耗	吨标准煤/万元					
单位GDP能耗比上年增长	%					
单位工业增加值能耗	吨标准煤/万元					
就业人员	万人	207.51	207.53	213.19	209.11	198.14
第一产业	万人	99.36	96.28	96.69	95.22	87.77
第二产业	万人	29.72	30.00	31.68	28.65	32.16
第三产业	万人	78.43	81.25	84.82	85.24	78.21
城镇单位就业人员	万人	24.96	24.35	23.68	22.71	22.70
# 国有单位	万人	20.38	20.01	19.30	18.09	17.44
集体单位	万人	2.90	2.73	2.40	1.96	1.88
城镇单位在岗职工人数	万人	24.96	24.35	23.68	22.71	22.70
城镇单位在岗职工平均工资	元	6437	7508	8562	9424	10771

社会主要指标

2005年	2006年	2007年	2008年	2009年	2010年	2011年
348.46	349.62	350.48	351.33	342.09	341.76	341.51
2.30	2.45	2.46	2.45	2.38	2.47	2.44
113.45	113.95	117.88	121.70	124.34	125.97	127.59
217.72	249.83	299.71	366.19	415.64	509.70	647.48
48.07	55.64	66.77	87.64	91.71	110.39	142.29
85.38	99.01	115.39	135.03	152.48	199.50	267.58
64.72	75.67	87.82	99.22	108.58	146.32	203.17
84.27	95.18	117.55	143.52	171.45	199.81	237.61
6255	7158	8562	10435	11819	14907	18952
111.9	112.1	113.9	113.8	114.5	115.1	115.5
109.2	108.1	106.0	107.9	106.4	106.6	106.6
112.0	115.6	114.9	113.8	113.6	119.6	122.2
114.1	118.1	116.3	113.8	111.0	120.6	125.5
113.0	110.8	117.3	116.8	119.3	114.3	113.7
111.2	111.8	113.6	113.5	114.3	115.2	115.6
91.83	111.62	140.86	175.89	203.14	252.35	327.03
			3.76	4.73	6.04	8.11
1.800	1.739	1.655	1.563	1.494	1.440	1.130
	-3.40	-4.54	-5.52	-4.38	-3.63	-3.61
4.720	4.210	3.490	2.803	2.563	2.388	2.009
188.84	212.64	209.45	208.00	207.83	206.37	205.33
85.46	82.14	80.80	80.21	75.82	76.25	75.18
24.42	29.38	27.60	28.76	32.41	35.36	37.79
78.96	101.12	101.05	99.03	99.60	94.76	92.36
21.97	22.03	21.90	21.49	23.98	25.01	25.66
16.28	15.88	15.60	15.39	15.34	15.81	15.82
1.64	1.27	1.19	1.03	1.27	1.36	1.33
21.97	22.03	21.90	21.49	21.50	22.15	22.85
12248	13957	17968	22333	26629	30148	35119

10-1 续表 1

指 标	单 位	2000年	2001年	2002年	2003年	2004年
全社会固定资产投资	亿元	38.84	45.70	50.48	64.72	65.92
# 房地产开发	亿元	6.15	7.40	9.45	12.72	13.37
商品房销售面积	万平方米	41.42	49.93	45.46	60.03	62.72
# 住宅	万平方米	39.77	46.93	43.56	58.07	59.95
地方财政收入	亿元	5.20	5.50	5.76	6.37	7.54
地方财政支出	亿元	13.00	15.06	16.57	18.55	21.85
金融机构人民币各项存款余额	亿元	154.46	173.78	196.53	232.41	267.63
金融机构人民币各项贷款余额	亿元	150.31	142.04	154.94	166.28	163.36
农村居民人均总收入	元	1936	2008	2042	2170	2287
农村居民人均纯收入	元	1428	1476	1554	1643	1765
工资性收入	元	469	458	594	575	630
家庭经营收入	元	846	941	856	964	985
财产性收入	元	53	26	25	35	53
转移性收入	元	60	51	79	69	97
农村居民人均生活消费支出	元	1138	1253	1223	1265	1490
# 食品支出	元	621	632	619	609	751
城镇居民人均总收入	元			5046	5464	6086
工资性收入	元			3551	3861	4292
经营性收入	元			222	297	283
财产性收入	元			33	27	56
转移性收入	元			1241	1278	1455
城镇居民人均可支配收入	元	4117	4422	4851	5186	5748
城镇居民人均生活消费性支出	元		3208	3615	4006	4574
# 食品支出	元	1288	1336	1501	1629	1836
城镇人均住房使用面积	平方米	20.5	20.9	23.4	24.9	25.1
农村人均住房面积	平方米	27.0	27.0	28.0	29.0	29.0
城市人均公园绿地面积	平方米					
城市人均道路面积	平方米		3.9	3.5	3.5	3.5
城市用水普及率	%		41.5	86.0	84.9	85.7
城市燃气普及率	%		29.0	28.6	28.2	28.6
常用耕地面积	千公顷	231.56	222.64	203.73	202.99	202.79
农林牧渔业总产值	亿元	55.15	55.24	56.89	58.16	71.38
农作物总播种面积	千公顷	459.67	440.34	423.76	415.58	443.29
# 粮食作物	千公顷	346.36	325.45	307.59	281.36	303.31

2005年	2006年	2007年	2008年	2009年	2010年	2011年
63.67	90.88	120.05	163.63	238.43	312.80	411.33
12.49	14.11	22.85	22.97	24.21	38.22	57.21
79.53	101.69	112.59	106.86	145.17	165.34	216.45
76.34	97.34	104.85	101.52	140.78	157.78	205.14
6.40	7.69	10.24	12.33	14.39	18.62	23.55
25.02	32.62	48.41	77.72	116.63	126.79	159.25
307.97	369.98	404.58	534.07	676.57	798.11	932.82
150.12	165.42	179.26	178.28	241.57	300.08	347.95
2418	2621	3028	3590	4184	5184	6565
1893	2038	2393	2884	3446	4183	5283
691	744	932	1155	1504	1890	2643
985	1096	1316	1361	1520	1766	2102
89	63	40	53	67	123	93
128	136	104	315	355	405	445
1586	1715	1997	2640	2835	3192	3892
771	835	973	1049	1225	1390	1617
6641	7357	8760	10660	13651	15756	18275
4580	5309	6348	6618	8106	8852	9977
302	312	327	840	1411	2348	2503
62	35	21	168	148	236	282
1696	1701	2064	3034	3985	4320	5513
6257	6925	8209	10155	12562	14509	17019
5011	5381	6315	7416	8966	9519	11210
2002	2160	2632	3159	3533	3724	4375
26.3	27.9	28.3	29.7	29.5	28.9	29.5
32.0	31.4	28.0	32.6	33.2	34.7	36.6
	6.3	6.5	14.3	14.1	14.1	15.0
6.0	6.2	4.2	5.9	5.9	6.3	6.9
81.9	76.2	78.1	82.0	75.8	75.7	81.9
28.2	28.6	37.2	68.3	61.1	67.6	83.7
202.15	200.16	201.03	202.35	202.99	203.59	204.62
83.22	94.79	114.63	150.49	159.10	190.34	245.56
445.75	447.17	408.56	492.99	443.62	448.03	432.95
301.73	303.56	264.88	277.21	284.10	285.87	267.00

10-1 续表 2

指 标	单 位	2000年	2001年	2002年	2003年	2004年
粮食产量	万吨	124.50	109.76	104.56	94.97	114.16
棉花产量	吨	181	96	76	70	66
油料产量	吨	105420	100811	112172	131197	135811
蔬菜产量	吨	1018968	886339	879782	926909	955444
水果产量	吨	62087	69822	96820	133304	151455
# 苹果	吨	4677	5146	4725	3880	4271
肉类产量	吨	157802	163066	179062	192162	201176
# 猪牛羊肉	吨	147844	152471	166087	179885	188330
奶类产量	吨	4833	5447	6169	7711	8167
# 牛奶	吨	4636	5042	5748	6833	7438
禽蛋产量	吨	20818	22011	24471	40472	38133
水产品产量	吨	12204	13564	14714	17225	17817
规模以上工业企业单位数	个	251	226	231	235	
规模以上工业总产值	亿元	68.43	76.31	89.11	110.07	142.76
规模以上工业增加值	亿元	21.44	21.71	25.94	32.81	42.55
纱产量	吨	919	825			1776
布产量	万米	293.91	183.96			595.20
原煤产量	万吨	8.62	7.86	8.49	6.62	6.17
发电量	亿千瓦小时	11.29	14.00	13.55	12.15	13.55
粗钢产量	万吨	27.38	31.59	34.46	56.66	95.57
钢材产量	万吨	27.38	20.04	19.92	19.79	19.67
水泥产量	万吨	108.04	120.53	149.40	166.63	180.00
汽车产量	辆	291	297	301	1658	3444
建筑业企业单位数	个	119	110	107	90	90
建筑业企业年末从业人员	万人	3.64	3.68	4.05	3.86	3.35
建筑业总产值	亿元	9.00	11.47	13.97	14.90	13.69
房屋建筑施工面积	万平方米	258.13	282.91	391.91	390.61	296.79
房屋建筑竣工面积	万平方米	138.06	123.84	172.18	168.53	112.71
公路里程	公里	6227	6251	6351	6716	6990
# 等级公路	公里	4667	4308	4408	4822	5148
# 高速公路	公里					55
民用汽车拥有量	辆	24391	27978	29543	34143	40138
# 私人汽车	辆	10129	9216	10342	13407	14366
邮电业务总量	亿元	5.61	6.48	8.27	9.96	16.00
邮政业务总量	亿元	0.48	1.09	1.13	1.26	1.34
电信业务总量	亿元	5.13	5.39	7.14	8.70	14.66

2005年	2006年	2007年	2008年	2009年	2010年	2011年
111.69	116.89	93.23	102.12	109.87	114.13	95.14
37	36	33	29	10	2	3
146944	124889	134942	151344	159260	170121	176689
1024168	1095835	1198475	1385397	1597018	1744760	1794085
198409	192948	263457	266842	335157	305389	382869
3909	4473	4720	4814	4875	4954	4806
223341	245898	191607	212744	250761	279910	297264
207893	227945	171346	196206	232094	259511	274839
8883	9407	9742	10771	11679	13097	13783
8268	8710	9139	9495	10552	11693	12171
38739	40632	48718	53279	55237	62068	69111
18173	18331	19427	20202	21118	23498	23594
231	252	250	266	340	353	254
165.41	204.37	241.11	260.60	310.79	404.41	545.42
49.90	63.28	75.98	78.29	87.51	122.41	169.04
2070	2283	3676	6207	8184	8172	8862
823.80	1278.00	1157.10	1128.93	1341.48	1040.00	1179.00
8.40	14.90	21.93	26.22	61.47	101.78	135.09
14.78	14.68	20.89	23.74	22.61	32.88	28.56
98.06	126.75	117.20	94.25	145.59	182.35	201.41
21.15	38.48	64.24	54.08	125.52	145.89	155.53
203.37	234.54	255.00	264.38	308.62	508.35	618.80
1294	4666					
85	92	94	97	98	98	94
3.32	3.48	3.18	3.07	3.43	4.23	3.42
16.64	16.65	20.46	25.39	37.72	52.26	70.00
336.70	313.18	377.75	417.87	511.50	708.71	875.80
153.35	137.90	168.34	159.93	219.69	266.97	312.28
7305	14003	13662	12398	14298	15051	15974
5608	5695	8385	8930	11458	13785	14211
106	166	192	210	210	307	431
43110	56024	68029	78171	86510	101494	113834
24733	40180	49155	57610	66799	79665	91324
19.40	24.56	29.60	37.17	35.79	16.77	21.91
1.52	2.04	2.50	2.99	3.60	3.30	4.04
17.89	22.52	27.10	34.18	32.19	13.47	17.87

10-1 续表 3

指 标	单 位	2000年	2001年	2002年	2003年	2004年
固定电话用户	万户	22.61	28.31	37.97	52.19	61.94
移动电话用户	万户	9.89	19.96	32.61	51.53	43.57
互联网用户	万户	1.29	2.89	3.86	5.32	6.42
限额以上企业数	个					
批发业	个					
零售业	个					
住宿业	个					
餐饮业	个					
社会消费品零售总额	亿元	42.91	45.22	48.31	52.69	57.23
进出口总额	万美元			1617	1588	1745
# 出口	万美元			1318	1443	1667
实际外商直接投资额	万美元				628	511
接待入境旅游者人数	万人次	0.51	0.57	0.58	0.23	0.65
# 外国人	万人次					0.25
国际旅游外汇收入	万美元	64	68	74	29	91
国内旅游人数	万人次	452	460	490	276	526
国内旅游收入	亿元	4.07	2.30	6.63	3.90	7.39
星级饭店数	个			13	14	14
幼儿园数	所	405	272	66	67	90
在园儿童数	万人	8.33	4.83	4.60	4.67	4.64
普通小学学校数	所	3603	3369	3178	2806	2455
普通小学专任教师数	人	18274	17485	17264	17188	16908
普通小学在校学生数	万人	38.63	36.66	34.91	33.22	31.84
普通中学学校数	所	249	255	290	259	256
普通中学专任教师数	人	10822	11115	12951	12098	12309
普通中学在校学生数	万人	18.51	18.51	24.31	23.07	22.88
卫生机构数	个	596	587	530	557	545
卫生机构床位数	张	11197	11644	10737	10586	10217
卫生技术人员	人	13619	13952	13466	13932	13630
# 执业(助理)医师	人	7407	7351	5425	5766	5417
注册护师、护士	人	3157	3184	3187	3241	3128

2005年	2006年	2007年	2008年	2009年	2010年	2011年
66.61	72.20	72.52	65.94	61.80	62.68	59.34
60.80	74.31	105.33	120.00	138.35	151.10	177.80
5.47	6.90	10.18	13.82	13.82	21.77	24.42
				123	204	231
				16	24	25
				58	100	125
				36	51	50
				13	29	31
65.30	76.10	91.80	116.66	133.02	157.50	184.40
2267	2130	2944	3720	4071	4422	4595
1913	1869	2205	3111	3268	3032	3948
541	251	674	826	3597	1595	2428
0.69	0.76	1.10	1.25	1.52	1.72	2.01
0.18	0.19	0.21	0.24	0.29	1.22	1.42
98	148	260	330	490	690	830
560	620	732	820	1030	1210	1504
8.10	12.50	17.00	23.00	31.60	48.70	63.00
14	14	28	28	31	30	30
141	158	164	171	192	655	731
4.78	4.67	3.31	4.59	4.47	7.37	8.80
2196	1909	1758	1570	1325	972	876
16813	16628	16524	16265	16016	15631	14330
30.27	29.23	27.93	26.32	24.99	23.85	22.70
254	248	244	241	232	225	219
12463	12844	13191	13373	13643	13866	14998
22.13	21.94	21.77	21.63	21.75	21.44	21.12
523	468	402	402	401	412	3951
10194	10586	10598	11447	12200	13309	14580
12916	13058	12873	13930	14260	15833	16499
5198	5299	5473	5408	5669	5231	5484
3108	3217	3392	4015	4191	4903	5145

10-2 汉台区经济

指　　标	单　位	2000年	2001年	2002年	2003年	2004年
年底总人口	万人	50.50	51.06	51.74	52.52	52.91
生产总值	万元	272300	296100	342800	385300	445800
第一产业	万元	28100	28500	29300	30500	40400
第二产业	万元	128800	134300	150300	163300	190400
# 工业	万元	98100	99500	107800	113500	135800
第三产业	万元	115400	133300	163200	191500	215000
人均生产总值	元	5436	5831	6669	7391	8458
生产总值指数	上年=100	109.9	107.6	109.8	109.0	110.1
城镇单位在岗职工人数	人	75893	73031	72482	66929	66320
乡村从业人员	人		149600	154300	153700	154100
全社会固定资产投资	万元	118595	123300	153300	161000	186900
地方财政收入	万元	15824	16594	17093	18308	20398
地方财政支出	万元	17314	25037	22022	22998	25075
农村居民人均纯收入	元	1878	2008	2130	2260	2445
城镇居民人均可支配收入	元	4308	4571	5026	5395	6138
城镇单位在岗职工平均工资	元	6870	8003	8819	10101	11153
常用耕地面积	公顷	16855	16313	15700	15570	15442
粮食产量	吨	131827	118552	111829	98072	119703
农林牧渔业总产值	万元	46954	47363	48939	53283	68873
社会消费品零售总额	万元	168963	176060	183278	193597	205987
普通小学专任教师数	人	2358	2297	2241	2234	2195
普通小学在校学生数	人	44500	43400	42500	41300	40500
普通中学专任教师数	人	1835	1880	1928	1991	2004
普通中学在校学生数	人	27900	28700	30400	31300	31800
卫生机构床位数	张	4396	4278	3963	3869	3866
卫生技术人员	人	3588	3671	3899	4009	4002
# 执业(助理)医师	人	1305	1404	1576	1618	1556
注册护师、护士	人	1064	1110	1213	1227	1201

社会主要指标

2005年	2006年	2007年	2008年	2009年	2010年	2011年
53.94	54.22	54.77	54.81	53.26	53.52	53.55
495900	558900	661800	806400	915900	1110100	1354670
45900	51100	61800	79700	83500	100490	129510
204900	230700	257600	310000	332100	431330	546110
145200	162400	177100	202500	200600	271200	346100
245100	277100	342400	416700	500300	578280	679050
9358	10340	12150	14718	16762	20753	25304
111.5	112.1	115.0	115.1	114.5	116.1	115.9
65750	62335	62976	61972	62134	63758	66910
154169	154968	156438	157314	159918	160708	161139
204500	257700	320100	388604	539100	728000	920900
16519	20068	25808	32369	37366	45069	56689
28459	34110	45615	69458	83245	109315	141726
2639	2850	3236	3878	4603	5522	6984
6671	7704	8981	10602	12922	15109	17768
13137	15928	20747	25342	28822	31780	35191
15381	15548	15497	15579	15539	15383	15056
114229	122689	96184	103464	114289	116797	97100
78562	87369	106057	136899	144554	173000	222837
237000	282300	341300	443600	530300	626236	736933
2254	2375	2351	2309	2263	2255	2063
39700	39800	38300	36000	34400	34039	31481
2049	2108	2179	2167	2199	2151	2150
30700	31200	30900	31000	31900	32014	30906
3866	4022	3951	4305	4409	4666	5084
3937	4025	4192	4438	4694	5095	5223
1539	1551	1585	1541	1783	1759	1763
1193	1309	1485	1685	1782	2132	2160

10-3 南郑县经济

指　　标	单　位	2000年	2001年	2002年	2003年	2004年
年底总人口	万人	53.89	53.81	53.78	53.91	54.72
生产总值	万元	211400	235400	256800	269600	284200
第一产业	万元	56300	49100	50300	50400	50600
第二产业	万元	83700	109900	126100	132700	142700
# 工业	万元	65500	90400	104000	109700	114500
第三产业	万元	71400	76400	80400	86500	90900
人均生产总值	元	3970	4371	4773	5007	5781
生产总值指数	上年=100	91.6	109.1	104.4	107.1	109.3
城镇单位在岗职工人数	人	28801	29562	26313	27102	26971
乡村从业人员	人	252000	246200	261100	266500	276100
全社会固定资产投资	万元	25245	37078	43521	77677	51201
地方财政收入	万元	4938	6068	7233	9501	11669
地方财政支出	万元	13031	16727	17311	20648	23367
农村居民人均纯收入	元	1517	1559	1677	1784	1902
城镇居民人均可支配收入	元					
城镇单位在岗职工平均工资	元	6257	7284	8548	9054	10094
常用耕地面积	公顷	30612	29874	30555	30492	30452
粮食产量	吨	177861	160415	153912	146086	167095
农林牧渔业总产值	万元	84635	84127	81761	75952	92284
社会消费品零售总额	万元	51383	54246	57866	63229	68029
普通小学专任教师数	人	2538	2515	2568	2561	2541
普通小学在校学生数	人	53300	52600	53000	51700	49500
普通中学专任教师数	人	1527	2401	1633	1699	1784
普通中学在校学生数	人	25200	24900	29100	32200	33400
卫生机构床位数	张	775	775	775	775	775
卫生技术人员	人	1283	1295	1273	1142	1135
# 执业(助理)医师	人	597	593	585	546	553
注册护师、护士	人	461	464	420	413	408

社会主要指标

2005年	2006年	2007年	2008年	2009年	2010年	2011年
49.04	49.21	49.24	49.35	47.31	47.19	47.12
318940	359860	421490	516180	587130	737193	946257
59200	66590	80510	101710	106720	128093	165567
164280	187070	218000	265930	287000	382590	501630
138940	158730	184840	224330	235800	320320	425470
95460	106200	122980	148540	193410	226510	279060
6504	7325	8563	10471	11849	15602	20067
113.9	111.1	113.3	113.6	114.0	115.4	117.6
23232	24518	24852	24215	24212	24653	23370
285407	285575	280435	280960	270407	271110	276952
74300	72871	100200	132500	176768	241000	330500
10387	12574	15089	18634	22438	27005	35128
26341	34989	48996	81756	105050	127390	166598
2042	2216	2694	3360	4005	4848	6125
		8451	10167	12748	14718	17353
12090	13505	18742	21615	27343	31142	36432
30390	30252	30203	30202	30264	30264	30250
165769	169791	135507	144523	159429	165901	138018
107290	118670	143454	181303	192085	228253	295814
72134	77381	88298	106873	126101	153568	176908
2576	2470	2423	2372	2337	2272	1964
46300	43300	40800	38200	36100	33835	31949
1814	1847	1887	1956	2032	2033	2862
32500	33000	34200	32600	33300	30982	30905
775	965	965	965	965	965	965
1121	1125	1096	1110	1094	1231	1298
571	561	553	567	589	768	729
419	421	423	417	430	354	405

10-4 城固县经济

指　　标	单 位	2000年	2001年	2002年	2003年	2004年
年底总人口	万人	50.06	50.08	50.31	50.39	50.57
生产总值	万元	203700	212600	228900	257900	279400
第一产业	万元	77500	75400	78000	82700	93600
第二产业	万元	69800	73300	79300	87600	83800
# 工业	万元	59600	62300	67200	71600	67900
第三产业	万元	56400	63900	71600	87600	102000
人均生产总值	元	4122	4246	4560	5122	5532
生产总值指数	上年=100	107.2	104.9	107.5	108.2	101.9
城镇单位在岗职工人数	人	30238	28701	28646	28240	28379
乡村从业人员	人	182430	180900	180800	183700	186400
全社会固定资产投资	万元	37500	39500	51600	63200	73600
地方财政收入	万元	6594	6858	7155	7083	6528
地方财政支出	万元	10790	13667	16353	18081	19925
农村居民人均纯收入	元	1704	1730	1811	1895	1978
城镇居民人均可支配收入	元	4311	4605	5014	5116	5508
城镇单位在岗职工平均工资	元	6859	7493	8272	8909	9884
常用耕地面积	公顷	28557	27875	27408	26163	25940
粮食产量	吨	175790	158351	147899	123181	158668
农林牧渔业总产值	万元	132389	127796	128084	134779	154175
社会消费品零售总额	万元	55120	56073	58044	63636	69929
普通小学专任教师数	人	3237	2306	2287	2344	2338
普通小学在校学生数	人	53300	49000	44900	42100	40100
普通中学专任教师数	人	1844	1747	1841	1884	1928
普通中学在校学生数	人	26500	29900	33400	36300	34200
卫生机构床位数	张	1018	1068	1068	1085	1135
卫生技术人员	人	1309	1345	1378	1457	1531
# 执业(助理)医师	人	399	421	456	479	511
注册护师、护士	人	219	228	258	306	326

社会主要指标

2005年	2006年	2007年	2008年	2009年	2010年	2011年
46.59	46.71	46.82	46.91	46.47	46.51	46.45
322280	369400	436740	547920	617500	775323	1014366
101540	124800	150700	198570	207830	250973	322656
100570	109140	125120	149440	175450	250160	355620
84510	90980	103600	120940	140770	208260	303040
120170	135460	160920	199910	234220	274190	336090
7014	7919	9339	11691	13152	16677	21824
111.1	111.1	113.0	114.5	114.6	115.3	115.7
28769	28684	28703	28336	27464	28553	28746
188838	189515	193373	197423	200490	199825	199005
82500	108000	147451	202300	284100	412600	545800
3668	4099	4721	5707	6719	9271	12160
22384	31774	39768	66003	79692	112701	153850
2086	2205	2511	3275	4012	4898	6199
6037	6603	7752	10270	12755	14725	17346
11257	12458	15147	18587	23288	27069	36138
25694	24274	24240	24278	24290	24332	24328
153787	165933	133367	145073	150956	157017	131008
180892	211046	255088	336215	355277	426444	549088
73460	84723	99438	122900	146900	177880	207887
2346	2258	2329	2245	2168	2110	2033
39200	38200	38100	37500	36000	34803	34031
1951	1924	2018	2023	2034	2090	2141
32100	31000	30500	30300	30300	29635	29846
1157	1178	1195	1225	1238	1264	1351
1597	1655	1701	1758	1798	1797	1764
553	601	630	655	689	639	592
369	412	437	468	497	478	479

10-5 洋县经济

指　　标	单 位	2000年	2001年	2002年	2003年	2004年
年底总人口	万人	44.08	44.09	44.01	43.97	44.05
生产总值	万元	117100	127300	137200	155800	182000
第一产业	万元	32500	33500	35600	39300	48900
第二产业	万元	49700	51600	54300	61000	72000
# 工业	万元	44300	45400	45600	41500	48100
第三产业	万元	34900	42200	47400	55600	61100
人均生产总值	元	2722	2883	3118	3541	4135
生产总值指数	上年=100	133.1	103.7	107.1	107.9	110.7
城镇单位在岗职工人数	人	27340	25400	24701	23949	23391
乡村从业人员	人	154100	153200	159900	163800	171100
全社会固定资产投资	万元	21262	23467	42700	62600	92152
地方财政收入	万元	3612	3645	3966	3972	4759
地方财政支出	万元	8450	11816	13581	14603	17640
农村居民人均纯收入	元	1154	1231	1291	1349	1430
城镇居民人均可支配收入	元					
城镇单位在岗职工平均工资	元	5564	7055	7841	8890	10544
常用耕地面积	公顷	27799	26672	27546	28125	28172
粮食产量	吨	159063	147504	152067	150376	166291
农林牧渔业总产值	万元	56354	59538	63749	68805	80501
社会消费品零售总额	万元	24186	24927	26650	30002	33037
普通小学专任教师数	人	2783	2675	2650	2507	2507
普通小学在校学生数	人	42367	41465	40544	39398	36628
普通中学专任教师数	人	1405	1428	1425	1487	1488
普通中学在校学生数	人	27568	28045	28025	30336	27519
卫生机构床位数	张	703	724	734	739	751
卫生技术人员	人	799	816	835	906	935
# 执业(助理)医师	人	562	567	582	590	593
注册护师、护士	人	237	249	253	280	296

社会主要指标

2005年	2006年	2007年	2008年	2009年	2010年	2011年
39.42	39.52	39.57	39.68	38.46	38.42	38.37
204900	232600	280200	349800	400782	492270	623610
52500	65100	79700	105000	109882	132100	170040
82500	89800	106700	129700	154310	196830	255180
52800	56600	67400	79700	93210	123110	162740
69900	77700	93800	115200	136590	163340	198390
5197	5886	7081	8815	10090	12778	16242
109.7	110.6	113.8	115.5	115.1	116.0	115.6
22372	20780	17893	16890	17254	18141	19215
172798	172284	171435	175404	177386	175267	173233
103026	115183	130000	191691	285900	410200	480200
3167	3632	4228	5633	7182	20617	14119
21313	28054	35632	55451	75167	10303	141333
1498	1570	1768	2313	3063	3790	4885
			9255	12136	14116	16784
12394	13427	17769	22757	24094	31576	37585
28158	28135	28082	27913	27896	27895	27859
163236	174135	140508	154306	167528	176625	147023
92423	108113	133752	176483	186761	224183	288202
36757	41150	48404	59270	70700	85730	100588
2461	2402	2309	2236	2169	2070	1943
36274	35326	31182	30663	30667	27315	26255
1420	1463	1523	1567	1604	1675	1711
26737	26118	25881	25803	25476	25416	25317
760	768	943	934	1051	1317	1419
911	958	1221	1388	1331	1292	1295
586	602	537	612	607	612	620
305	320	332	376	358	360	362

10-6 西乡县经济

指　　标	单　位	2000年	2001年	2002年	2003年	2004年
年底总人口	万人	39.80	39.75	39.78	40.04	40.15
生产总值	万元	73600	81400	87900	107600	126500
第一产业	万元	25900	26100	27800	31100	41000
第二产业	万元	18100	20100	22000	30200	32000
# 工业	万元	15400	16500	17800	18500	19900
第三产业	万元	29600	35200	38100	46300	53500
人均生产总值	元	1844	2047	2208	2697	3602
生产总值指数	上年=100	106.1	107.5	107.9	112.8	110.2
城镇单位在岗职工人数	人	13320	13966	13750	12955	13067
乡村从业人员	人	155643	129100	137600	152000	156500
全社会固定资产投资	万元	14009	21447	38337	41660	45664
地方财政收入	万元	3542	3575	3848	3950	3559
地方财政支出	万元	8668	10319	12751	14020	15130
农村居民人均纯收入	元	1019	1062	1093	1143	1199
城镇居民人均可支配收入	元	4015	4402	4999	5374	5928
城镇单位在岗职工平均工资	元	6467	7761	8882	9971	10799
常用耕地面积	公顷	29215	28724	20821	20359	20775
粮食产量	吨	132214	121797	109205	92935	120095
农林牧渔业总产值	万元	44683	42899	44485	48448	67962
社会消费品零售总额	万元	25660	27918	30207	32958	36353
普通小学专任教师数	人	1685	1684	1640	1573	1534
普通小学在校学生数	人	41549	36973	33116	29990	28173
普通中学专任教师数	人	1107	1176	1207	1251	1309
普通中学在校学生数	人	23301	25952	28139	28476	28698
卫生机构床位数	张	813	887	887	895	895
卫生技术人员	人	1096	1112	1142	1165	1187
# 执业(助理)医师	人	165	210	262	306	357
注册护师、护士	人	124	138	150	171	183

社会主要指标

2005年	2006年	2007年	2008年	2009年	2010年	2011年
35.04	35.11	35.19	35.34	34.27	34.20	34.15
143650	166860	203530	256340	293250	360750	443110
44400	51700	62500	84000	87900	105380	136200
36010	41610	49670	59600	71680	92660	108940
23510	27510	32970	38100	45300	60630	69000
63240	73550	91360	112740	133670	162710	197970
4084	4765	5783	7267	8291	10534	12966
110.1	112.7	113.6	114.7	114.9	115.5	115.5
12137	12649	12398	12560	12294	12414	12999
159364	159891	161217	165657	169833	176696	173018
51800	60325	79000	137900	214200	335255	440000
1915	2336	3505	4903	6767	10061	12582
17460	23873	33061	54560	70061	91916	136382
1289	1427	1698	2360	3065	3802	4905
6517	6975	7816	9501	12465	14536	17065
12067	13505	17859	21910	26729	32387	37519
20972	21213	21479	21684	21793	21797	21746
113674	112727	90189	99147	105037	110108	92056
79045	87995	107675	144632	153199	182510	236337
41079	46363	59857	74509	89201	83033	97476
1472	1421	1391	1376	1328	1287	1181
26988	26716	25775	24835	24575	24361	23907
1311	1355	1404	1429	1407	1414	1589
26501	26576	24583	24096	22018	21821	21458
895	895	907	907	1216	1289	1314
1194	1201	1213	1259	1288	1188	1355
411	448	483	518	561	388	434
207	231	256	282	358	359	436

10-7 勉县经济

指 标	单 位	2000年	2001年	2002年	2003年	2004年
年底总人口	万人	41.89	41.92	42.00	42.20	42.45
生产总值	万元	121200	130000	145000	171300	220600
第一产业	万元	36300	35500	36200	38800	46300
第二产业	万元	47400	52700	59800	77000	112000
# 工业	万元	34900	38000	42600	51100	87700
第三产业	万元	37500	41800	49000	55500	62300
人均生产总值	元	2893	3101	3452	4058	5211
生产总值指数	上年=100	161.9	104.9	112.4	113.9	127.0
城镇单位在岗职工人数	人	23706	23105	22995	21944	23367
乡村从业人员	人	149300	146600	149100	160100	163500
全社会固定资产投资	万元	33286	49600	65600	79200	89600
地方财政收入	万元	5222	5348	5316	5574	7561
地方财政支出	万元	9154	10964	12797	14005	18402
农村居民人均纯收入	元	1182	1230	1320	1382	1482
城镇居民人均可支配收入	元					
城镇单位在岗职工平均工资	元	5824	6583	7976	8190	10009
常用耕地面积	公顷	27207	26413	23285	22211	23720
粮食产量	吨	159570	130181	128138	114486	147002
农林牧渔业总产值	万元	60506	61858	62283	58903	79701
社会消费品零售总额	万元	37790	39585	43657	49311	57457
普通小学专任教师数	人	1873	1902	1930	1998	1987
普通小学在校学生数	人	44800	45100	42200	39600	36900
普通中学专任教师数	人	1199	1231	1263	1301	1359
普通中学在校学生数	人	20400	23000	24800	26700	27100
卫生机构床位数	张	1137	1139	1139	1114	1160
卫生技术人员	人	1821	1819	1842	1879	1895
# 执业(助理)医师	人	499	483	500	512	523
注册护师、护士	人	274	287	300	319	307

社会主要指标

2005年	2006年	2007年	2008年	2009年	2010年	2011年
40.87	41.03	41.02	41.09	38.96	38.83	38.78
246700	301990	382680	442440	488520	597660	786560
49790	58310	69200	92520	96740	116630	150720
124600	162180	213720	210070	233340	303450	421730
101040	135850	182780	168070	182270	241600	344050
72290	81510	99760	139850	158440	177580	214110
5809	7235	9328	10777	11877	15366	20270
119.2	116.3	116.1	114.6	113.8	115.7	116.2
25522	26050	26964	26426	26773	27282	28421
163293	163111	165896	172837	163038	176798	184012
71500	83200	125000	167200	253700	355900	485000
5173	6926	10098	12814	13090	17667	21825
20336	26628	39853	95590	134676	119508	135055
1651	1860	2136	2989	3571	4440	5624
			9912	12613	14715	17378
9945	11630	14284	20383	23465	25564	30802
23727	24104	23923	24303	24790	25089	25591
147576	151982	120598	134060	144774	150511	125106
93656	105056	126528	168082	177695	210786	272296
64926	73500	85800	105657	126200	153500	180447
1817	1781	1752	1726	1718	1657	1525
34200	32600	30200	28000	26100	24451	21959
1386	1417	1463	1472	1495	1514	1659
28100	28500	28300	27800	27200	25971	25205
1133	1213	1249	1249	1287	37	34
1672	1841	1934	1963	2146	1907	2043
537	575	616	611	675	508	574
312	395	394	387	400	450	489

10-8 宁强县经济

指　　标	单　位	2000年	2001年	2002年	2003年	2004年
年底总人口	万人	33.16	33.21	33.26	33.31	33.42
生产总值	万元	74455	79721	88187	95604	114800
第一产业	万元	33681	34066	35595	36649	42900
第二产业	万元	22789	24131	24961	23245	28000
# 工业	万元	19663	20129	19712	16183	19600
第三产业	万元	17985	21524	27631	35710	43900
人均生产总值	元	2252	2402	2653	2872	3255
生产总值指数	上年=100	110.9	108.3	108.5	110.1	111.3
城镇单位在岗职工人数	人	12105	11850	11899	11200	11096
乡村从业人员	人		141700	137200	146309	149959
全社会固定资产投资	万元	30632	56325	61458	76546	23246
地方财政收入	万元	2826	2917	3557	3675	3987
地方财政支出	万元	7151	9624	12086	13390	14517
农村居民人均纯收入	元	992	998	1081	1183	1282
城镇居民人均可支配收入	元	3434	3643	4134	4594	5151
城镇单位在岗职工平均工资	元	5499	7086	8622	9669	10606
常用耕地面积	公顷	24734	23391	22153	23110	21122
粮食产量	吨	94324	67725	76779	72124	80331
农林牧渔业总产值	万元	53517	54537	56608	59311	69398
社会消费品零售总额	万元	19615	22069	25847	30988	34673
普通小学专任教师数	人	1381	1411	1373	1438	1360
普通小学在校学生数	人	38607	37568	35777	34081	32876
普通中学专任教师数	人	747	867	938	995	1012
普通中学在校学生数	人	13757	15914	18240	19733	20112
卫生机构床位数	张	502	498	480	480	537
卫生技术人员	人	398	402	411	420	438
# 执业(助理)医师	人	278	288	292	304	322
注册护师、护士	人	83	85	88	98	102

社会主要指标

2005年	2006年	2007年	2008年	2009年	2010年	2011年
31.80	31.89	31.91	31.98	30.98	30.89	30.85
128136	153307	184034	231310	263310	320450	416530
46920	56120	66020	83510	87220	105340	135830
31241	41954	50978	60100	67810	84810	124320
21783	31424	38278	43700	47720	60180	93460
49975	55233	67036	87700	108280	130300	156380
3831	4610	5728	6944	8217	10359	13493
113.4	114.8	115.1	113.4	114.5	115.6	115.8
10992	11296	11326	11806	13077	13800	14876
150831	153119	151796	151783	151428	151385	152088
33504	48508	82500	137119	231400	331000	315000
3827	2887	3600	4554	5782	7339	9121
17566	23620	31083	70680	142687	119583	112026
1410	1519	1823	2552	3146	3899	4914
5698	6321	8177	9771	12468	14562	17183
12044	13306	17917	20921	28496	30903	35264
20699	20311	20527	20758	20960	21136	21136
77624	79315	79449	85404	88548	92005	77003
78295	89512	105388	138088	145949	176280	227324
39388	45061	53114	65298	77400	93914	109121
1395	1436	1478	1525	1556	1540	1478
31850	30756	29845	28398	27007	25095	23412
988	1071	1135	1168	1257	1283	1266
19902	20363	20522	20937	21679	21407	21287
541	504	612	751	813	926	1092
500	502	627	1209	1275	1309	1332
380	382	329	441	470	340	346
108	110	123	277	282	287	292

10-9 略阳县经济

指　　标	单　位	2000年	2001年	2002年	2003年	2004年
年底总人口	万人	20.21	20.20	20.18	20.25	20.15
生产总值	万元	89900	101400	114000	131900	158400
第一产业	万元	14700	15200	16100	18000	20000
第二产业	万元	43300	49200	53800	61500	72200
# 工业	万元	36000	40300	43900	51700	60300
第三产业	万元	31900	37000	44100	52400	66200
人均生产总值	元	4467	5019	5646	6525	7837
生产总值指数	上年=100	107.8	109.1	110.1	113.0	113.9
城镇单位在岗职工人数	人	22346	20436	19600	18254	18136
乡村从业人员	人	60400	59400	63628	65283	66506
全社会固定资产投资	万元	16270	22664	27104	31117	38324
地方财政收入	万元	4219	4390	4335	4579	7523
地方财政支出	万元	7353	9181	10832	11248	14678
农村居民人均纯收入	元	1197	1350	1417	1496	1598
城镇居民人均可支配收入	元	4326	4745	5167	5571	5957
城镇单位在岗职工平均工资	元	7260	7934	9010	10124	12628
常用耕地面积	公顷	10043	10016	10015	9969	9963
粮食产量	吨	64853	53175	43249	39745	49588
农林牧渔业总产值	万元	25816	27774	29043	31730	36668
社会消费品零售总额	万元	20275	21347	24589	28057	32157
普通小学专任教师数	人	768	788	899	966	1014
普通小学在校学生数	人	23500	22500	20500	18400	17100
普通中学专任教师数	人	524	539	627	647	515
普通中学在校学生数	人	7000	9200	9000	9600	9200
卫生机构床位数	张	753	783	818	878	856
卫生技术人员	人	875	852	838	800	804
# 执业(助理)医师	人	507	477	341	343	232
注册护师、护士	人	221	223	220	221	222

社会主要指标

2005年	2006年	2007年	2008年	2009年	2010年	2011年
20.08	20.23	20.25	20.33	20.19	20.17	20.19
179400	200400	226100	279560	320530	387360	485350
23900	26400	31400	40900	42670	51770	66610
84200	94100	100700	126010	144880	180830	246080
66500	74100	76700	97300	112146	137680	192320
71300	79900	94000	112700	132980	154760	172660
8909	9933	11171	13778	15743	19195	24051
110.5	111.0	113.7	113.5	115.2	114.7	115.2
15512	18252	18391	18077	16911	17716	18146
69501	69569	69803	71517	72945	73494	74402
69787	114957	126170	159111	236200	325000	319200
5959	6565	7560	9109	11580	12386	14870
16059	19005	27086	55315	126114	82565	91625
1668	1756	1942	2550	3117	3804	4824
6322	6825	7961	9978	12660	14534	17107
15044	15549	17956	23624	28004	30908	33609
9957	9945	9986	10091	9831	9831	10074
49279	40842	43507	47970	50346	52462	44004
41537	46925	55011	71629	75617	91202	117544
36305	41478	49753	61531	73601	89927	104460
924	1005	995	1009	1016	965	915
15800	14900	13400	11800	10600	10150	9488
639	617	628	622	636	650	508
8700	11000	10500	9800	9700	6289	5863
785	785	744	743	750	896	997
623	623	775	779	752	720	775
250	205	342	301	315	283	293
165	149	211	209	195	192	233

10-10 镇巴县经济

指　　标	单　位	2000年	2001年	2002年	2003年	2004年
年底总人口	万人	27.37	27.39	27.47	27.55	27.70
生产总值	万元	53600	58800	64500	67700	85300
第一产业	万元	26100	27600	29400	32500	33200
第二产业	万元	11300	12700	13800	15800	13900
# 工业	万元	8000	8700	8700	9800	7800
第三产业	万元	16200	18500	21300	19400	38200
人均生产总值	元	1972	2148	2351	2461	3066
生产总值指数	上年=100	111.7	108.9	106.7	105.9	110.8
城镇单位在岗职工人数	人	10234	10986	10086	10459	9869
乡村从业人员	人	90622	93100	93244	94300	92682
全社会固定资产投资	万元	18001	22359	21610	28889	30086
地方财政收入	万元	2647	2445	2169	2220	2068
地方财政支出	万元	6965	8486	9844	11345	12322
农村居民人均纯收入	元	1030	997	1051	1103	1178
城镇居民人均可支配收入	元	3643	3942	4416	4650	4860
城镇单位在岗职工平均工资	元	5392	7039	8712	9111	9837
常用耕地面积	公顷	22281	20521	22064	22428	22669
粮食产量	吨	103979	102419	90744	84944	97582
农林牧渔业总产值	万元	33691	33765	43087	46189	56264
社会消费品零售总额	万元	10742	13694	15398	17818	20312
普通小学专任教师数	人	1203	1167	1197	1198	1171
普通小学在校学生数	人	32500	30100	28500	27700	27100
普通中学专任教师数	人	559	624	648	679	688
普通中学在校学生数	人	11400	11800	13400	14600	15000
卫生机构床位数	张	631	631	631	631	631
卫生技术人员	人	849	858	861	863	865
# 执业(助理)医师	人	202	198	201	205	209
注册护师、护士	人	137	140	139	141	143

社会主要指标

2005年	2006年	2007年	2008年	2009年	2010年	2011年
24.17	24.11	24.03	24.11	24.77	24.69	24.71
94210	109500	130340	167100	194560	248700	336560
36200	43590	53410	72560	74870	89100	114870
15370	16370	19500	24370	29670	49780	86320
8470	8640	10300	12370	15040	32160	64330
42630	49540	57430	70170	90020	109820	135370
3426	4567	5415	6939	8057	10260	13626
109.5	110.3	111.4	115.1	114.2	115.1	115.2
9733	9653	9604	9030	9457	8995	9494
93150	93433	93739	94631	95075	97575	100140
36010	41051	51200	69581	93600	131742	193443
1311	1440	1700	2218	3034	4500	6128
15192	18677	28724	39081	56162	92928	99108
1306	1432	1686	2358	3013	3715	4687
5930	5648	7320	9007	11986	13850	16252
11628	12959	16790	21053	27072	30775	36296
22573	22481	22501	22879	22880	22946	23693
95291	99699	99585	88944	96245	97583	81011
62772	72776	88540	117931	124614	148550	191925
32574	37486	44927	55560	66401	80779	94917
1141	1223	1206	1193	1213	1169	1123
25500	24600	23500	22300	21100	19979	18837
701	831	836	862	880	889	932
14200	14400	14900	15000	14900	15162	15063
631	631	679	679	679	631	676
868	875	893	915	935	772	843
213	218	231	249	265	229	349
146	149	152	167	202	202	207

10-11 留坝县经济

指　　标	单　位	2000年	2001年	2002年	2003年	2004年
年底总人口	万人	4.59	4.55	4.55	4.62	4.52
生产总值	万元	15010	15429	17305	18570	21423
第一产业	万元	5263	5230	4680	5311	6236
第二产业	万元	4129	3617	5105	4766	4605
# 工业	万元	2952	2063	2641	2077	2033
第三产业	万元	5618	6582	7520	8493	10582
人均生产总值	元	3268	3387	3585	3433	4742
生产总值指数	上年=100	15.3	3.3	5.2	10.1	10.1
城镇单位在岗职工人数	人	2795	3714	3649	3463	3068
乡村从业人员	人		18500	19100	20100	20300
全社会固定资产投资	万元	13812	7870	8841	12908	12491
地方财政收入	万元	912	971	850	864	761
地方财政支出	万元	2472	3645	3999	4556	4601
农村居民人均纯收入	元	1180	1280	1345	1446	1550
城镇居民人均可支配收入	元					
城镇单位在岗职工平均工资	元	6126	7385	8060	9018	10442
常用耕地面积	公顷	2897	2850	3003	2986	2987
粮食产量	吨	13882	10797	9057	5287	10576
农林牧渔业总产值	万元	7690	7473	7819	8416	10698
社会消费品零售总额	万元	11626	12059	12500	13750	14550
普通小学专任教师数	人	242	286	268	258	243
普通小学在校学生数	人	5148	4599	4330	3962	3988
普通中学专任教师数	人	148	141	138	160	155
普通中学在校学生数	人	2872	2610	2653	2854	2840
卫生机构床位数	张	182	182	182	182	182
卫生技术人员	人	194	199	195	184	186
# 执业(助理)医师	人	98	95	97	100	100
注册护师、护士	人	52	47	50	51	49

社会主要指标

2005年	2006年	2007年	2008年	2009年	2010年	2011年
4.31	4.35	4.39	4.41	4.37	4.34	4.34
24537	27991	32570	41460	46920	57790	72100
7190	8430	10110	13640	14250	17190	22100
5652	6443	7239	8880	10080	12930	16300
2662	3093	3339	3880	4120	5770	7600
11695	13118	15221	18940	22590	27670	33700
5693	6433	7419	9401	10603	12970	16613
12.4	10.8	12.3	14.4	14.8	15.0	12.9
3104	3112	3150	3105	2928	2995	3912
20571	20784	20209	19923	19210	21996	22819
24296	12275	21300	28200	41300	54000	35000
570	361	461	600	938	1539	2086
5461	7432	10450	15101	19603	32800	42789
1636	1716	1891	2451	3028	3728	4700
			8543	11832	13696	16044
11431	12278	16574	21373	28510	31214	32158
2974	2964	2961	2955	2963	2958	3080
11268	10917	9421	10669	13005	13439	11013
12240	14198	17206	23211	24558	29443	37885
7651	8799	10312	12800	15360	18519	21711
222	250	263	251	229	231	199
3789	3706	3541	3180	2895	2889	2437
161	171	183	185	188	172	167
2747	2734	2683	2486	2586	2669	1689
182	202	202	222	222	204	230
190	185	187	183	179	213	211
101	104	110	116	122	99	99
49	50	52	55	59	56	58

10-12 佛坪县经济

指　　标	单　位	2000年	2001年	2002年	2003年	2004年
年底总人口	万人	3.44	3.39	3.36	3.36	3.35
生产总值	万元	10509	11689	7346	8711	11100
第一产业	万元	2828	2810	1773	2025	2400
第二产业	万元	2309	2340	2037	2705	3300
# 工业	万元	1451	1368	432	360	900
第三产业	万元	5372	6539	3536	3981	5400
人均生产总值	元	3109	3448	2186	2592	3304
生产总值指数	上年=100	109.4	109.6	62.8	116.3	111.9
城镇单位在岗职工人数	人	2810	2906	2842	2576	2691
乡村从业人员	人	6437	6401	7666	7348	7736
全社会固定资产投资	万元	2655	4120	7412	7540	7911
地方财政收入	万元	704	732	289	400	497
地方财政支出	万元	2453	3113	4337	3755	4061
农村居民人均纯收入	元	1150	1250	686	943	1068
城镇居民人均可支配收入	元					
城镇单位在岗职工平均工资	元	5788	8074	8996	9437	10134
常用耕地面积	公顷	2247	2154	1176	1574	1550
粮食产量	吨	12032	11278	5911	6647	7499
农林牧渔业总产值	万元	5237	5300	3466	3894	4772
社会消费品零售总额	万元	3815	3922	3080	3324	3680
普通小学专任教师数	人	188	196	211	214	205
普通小学在校学生数	人	3932	3713	3645	3562	3495
普通中学专任教师数	人	102	110	109	114	115
普通中学在校学生数	人	1872	2052	2486	2580	2668
卫生机构床位数	张	135	175	175	187	185
卫生技术人员	人	188	184	179	233	209
# 执业(助理)医师	人					
注册护师、护士	人					

社会主要指标

2005年	2006年	2007年	2008年	2009年	2010年	2011年
3.20	3.23	3.29	3.32	3.05	3.01	3.00
12980	15860	18290	23600	26730	32340	40930
2740	3330	4020	5330	5575	6830	8810
3680	4200	4940	6370	7800	9630	12880
920	1130	1240	1470	1846	2320	3562
6550	8330	9340	11900	13350	15880	19240
3881	4916	5565	7141	8039	10673	13621
127.5	113.0	120.2	119.5	115.1	114.9	115.0
2763	2954	2769	2485	2499	2478	2444
8002	8149	8143	8929	9320	9320	9315
9200	13300	17950	22100	28100	38000	47700
469	593	877	571	739	1001	1352
4913	6640	10071	13962	16795	27207	35815
1227	1450	1675	2012	3001	3716	4698
		6850	8340	11633	13691	16040
12131	14349	18536	24336	28791	31263	37222
1622	1624	1629	1706	1788	1801	1800
8126	7506	6940	7597	8532	9019	8016
5490	6225	7598	10089	10677	12781	16335
4806	5695	6720	8198	9777	11942	13958
207	207	196	184	174	169	175
3176	2918	2607	2344	2092	1861	1795
111	124	123	130	125	127	117
2565	2476	2320	2183	1995	1811	1640
185	185	175	150	166	175	175
195	178	186	148	192	152	168
		65	47	62	37	47
		23	23	28	29	31

十一、榆林市

资料整理：韩胜碧 王 燕 张伟琴

11-1 榆林市经济

指　标	单 位	2000年	2001年	2002年	2003年	2004年
年底总人口	万人	326.04	327.98	329.56	333.54	336.79
人口自然增长率	‰					
年底总户数	万户	83.74	85.00	87.35	90.26	92.85
生产总值	亿元	105.05	129.31	162.83	204.76	278.53
第一产业	亿元	13.98	13.03	17.68	19.31	26.24
第二产业	亿元	46.60	62.10	83.37	113.30	171.05
# 工业	亿元	40.25	56.45	77.67	106.73	164.00
第三产业	亿元	44.47	54.18	61.78	72.15	81.24
人均生产总值	元	3264	3942	4953	6176	8310
生产总值指数	上年=100	114.3	114.2	112.7	117.5	117.9
第一产业	上年=100	128.0	92.4	115.9	120.3	104.2
第二产业	上年=100	113.3	116.3	116.2	121.9	125.3
# 工业	上年=100	113.8	120.8	117.9	122.6	126.8
第三产业	上年=100	109.1	118.9	108.3	112.0	112.9
人均生产总值指数	上年=100	112.5	112.4	112.1	116.6	116.6
非公有制经济增加值	亿元					
文化产业增加值	亿元					
单位GDP能耗	吨标准煤/万元					
单位GDP能耗比上年增长	%					
单位工业增加值能耗	吨标准煤/万元					
就业人员	万人	151.07	152.02	156.81	152.04	153.10
第一产业	万人	95.13	93.70	95.32	90.54	90.18
第二产业	万人	17.91	17.97	19.11	19.27	20.66
第三产业	万人	38.03	40.35	42.38	42.23	42.26
城镇单位就业人员	万人	19.53	19.39	19.19	19.56	20.00
# 国有单位	万人	17.12	17.16	16.66	17.08	17.64
集体单位	万人	1.23	1.10	0.93	0.89	0.81
城镇单位在岗职工人数	万人	18.35	18.21	17.84	18.12	18.77
城镇单位在岗职工平均工资	元	6569	8373	10118	10166	11956

社会主要指标

2005年	2006年	2007年	2008年	2009年	2010年	2011年
329.93	330.33	332.80	333.98	334.60	335.42	335.24
5.07	5.03	5.03	5.07	4.89	5.00	5.02
96.74	99.99	107.36	112.47	118.86	125.38	129.73
447.63	592.34	795.98	1172.76	1302.31	1756.67	2292.25
28.34	35.33	47.47	66.11	70.09	92.16	111.91
260.06	358.05	503.92	796.10	860.78	1205.77	1629.66
249.71	345.87	489.77	777.58	837.34	1178.34	1597.96
159.23	198.96	244.59	310.55	371.44	458.74	550.68
13602	17943	24007	35177	38950	52437	68358
120.0	119.3	121.4	125.3	113.3	118.3	115.0
103.1	108.7	106.4	108.3	106.6	107.8	106.0
124.7	122.6	124.3	125.7	111.6	119.1	116.3
124.9	123.1	124.9	125.9	111.2	119.4	116.5
115.8	115.9	118.9	127.1	117.2	118.2	113.5
119.4	119.0	120.9	124.6	113.0	118.3	114.9
134.13	172.52	204.28	390.18	467.57	632.37	828.49
			6.30	7.97	10.34	13.82
2.510	2.426	2.343	2.195	2.072	2.000	0.983
	-3.35	-3.42	-6.30	-5.60	-3.46	-3.60
3.650	3.800	2.987	2.805	2.464	2.312	1.421
163.20	166.44	167.31	173.10	189.03	193.03	194.41
91.38	91.32	91.30	94.40	98.14	88.51	86.01
22.25	23.96	24.19	25.01	28.16	45.34	47.67
49.57	51.16	51.82	53.69	62.73	59.18	60.73
20.20	20.32	20.94	21.51	23.98	25.91	26.88
17.63	16.68	17.16	17.55	19.83	21.79	21.79
0.91	0.85	0.97	0.96	0.91	1.01	1.14
19.22	19.45	19.97	20.48	22.50	24.25	25.25
14257	17487	23547	30786	36406	40629	45053

11-1 续表 1

指　标	单 位	2000年	2001年	2002年	2003年	2004年
全社会固定资产投资	亿元	39.71	49.80	61.42	90.14	124.07
# 房地产开发	亿元	0.70	0.61	2.87	4.83	4.93
商品房销售面积	万平方米	3.71	5.17	6.27	11.21	11.89
# 住宅	万平方米	3.30	3.96	5.39	9.03	10.21
地方财政收入	亿元	6.15	7.88	9.68	12.35	19.54
地方财政支出	亿元	13.01	17.85	21.39	25.55	33.01
金融机构人民币各项存款余额	亿元	97.26	112.14	125.91	170.95	229.28
金融机构人民币各项贷款余额	亿元	82.97	92.60	109.32	154.16	184.80
农村居民人均总收入	元	1513	1460	1824	1950	2252
农村居民人均纯收入	元	1062	1071	1328	1438	1652
工资性收入	元	320	395	397	546	576
家庭经营收入	元	666	608	863	783	934
财产性收入	元	56	47	38	47	81
转移性收入	元	20	22	31	63	62
农村居民人均生活消费支出	元	1103	1104	1224	1395	1561
# 食品支出	元	549	533	560	536	623
城镇居民人均总收入	元	3530	3825	5058	5227	5888
工资性收入	元	2302	2473	3266	3454	3888
经营性收入	元	93	128	253	313	361
财产性收入	元	115	41	101	50	51
转移性收入	元	1016	1181	1438	1410	1588
城镇居民人均可支配收入	元	3505	3948	4870	5084	5713
城镇居民人均生活消费性支出	元	3081	3405	4049	4118	4538
# 食品支出	元	1084	1184	1255	1264	1544
城镇人均住房使用面积	平方米	15.7	16.2	20.1	19.1	19.6
农村人均住房面积	平方米	22.9	20.8	19.7	20.2	20.3
城市人均公园绿地面积	平方米					
城市人均道路面积	平方米		24.9	10.1	9.5	9.3
城市用水普及率	%		81.1	81.1	88.3	89.9
城市用气普及率	%		59.4	75.0	74.4	72.5
常用耕地面积	千公顷	596.42	523.41	504.60	500.41	501.22
农林牧渔业总产值	亿元	24.01	23.30	32.03	33.90	43.95
农作物总播种面积	千公顷	590.07	524.43	542.55	530.61	545.20
# 粮食作物	千公顷	493.76	430.76	430.71	407.68	437.10

2005年	2006年	2007年	2008年	2009年	2010年	2011年
154.47	312.75	452.79	600.52	850.33	1105.46	1378.73
4.83	9.01	13.67	24.49	22.98	28.33	29.12
24.43	37.41	38.82	61.15	83.54	92.32	96.82
22.30	34.33	34.38	54.87	78.67	84.60	88.09
23.84	35.66	50.12	70.01	91.18	125.54	180.25
45.40	65.57	96.75	123.18	171.08	237.19	316.14
357.24	483.44	594.65	886.93	1168.67	1452.72	1844.51
196.67	293.40	406.14	467.93	677.04	898.52	1179.39
2696	3164	3662	4692	5473	6528	9547
1803	2094	2621	3402	4127	5113	6520
625	709	1008	1303	1370	1833	2264
970	1180	1306	1583	2196	2717	3443
95	46	139	188	164	165	279
113	159	168	329	397	398	534
2028	2184	2357	3134	3317	4298	4975
769	810	943	1206	1164	1692	1826
6524	6878	9117	12392	15292	18037	21211
4599	4499	5910	8359	9906	11036	13018
404	519	858	1194	1494	2073	2485
49	222	705	734	1352	2078	2532
1471	1637	1644	2104	2541	2850	3177
6100	6691	8851	12197	14856	17545	20721
5235	6137	6011	7119	9048	10315	12650
1648	1703	1712	2195	2490	2948	3627
25.9	23.3	25.6	27.1	28.9	29.1	30.2
19.3	19.1	19.4	23.1	24.6	26.6	29.9
	3.0	4.8	5.4	7.5	7.1	7.7
10.9	12.0	10.9	12.1	13.7	12.8	13.2
91.0	93.1	93.8	94.7	96.3	95.1	95.1
68.4	79.2	75.5	66.9	90.9	77.1	90.0
500.72	511.32	559.94	566.08	573.46	574.33	575.00
48.84	60.28	82.04	110.24	120.01	152.88	187.06
574.48	577.61	549.19	563.71	585.48	594.99	563.38
474.86	482.10	458.97	469.64	488.78	498.75	466.29

11-1 续表 2

指　　标	单 位	2000年	2001年	2002年	2003年	2004年
粮食产量	万吨	70.90	55.02	104.34	100.53	131.71
棉花产量	吨	1	2	23	25	123
油料产量	吨	27841	26515	56642	38848	60084
蔬菜产量	吨	160400	184139	187906	221347	261536
水果产量	吨	84554	70914	114871	64532	148134
# 苹果	吨	34385	42823	53775	34036	68968
肉类产量	吨	96171	102442	106951	119743	132041
# 猪牛羊肉	吨	88621	94473	99014	111183	115982
奶类产量	吨	16069	16574	19219	28906	34997
# 牛奶	吨	12047	11181	14409	24953	31450
禽蛋产量	吨	26006	24271	24613	28231	27990
水产品产量	吨	2511	2908	2790	3722	3665
规模以上工业企业单位数	个	140	126	127	134	134
规模以上工业总产值	亿元	36.61	68.20	119.20	142.27	278.39
规模以上工业增加值	亿元	14.94	28.53	45.44	82.26	152.75
原煤产量	万吨	1640.00	2583.00	3227.00	4088.00	4405.00
天然原油产量	万吨	89.00	82.00	76.00	86.10	410.20
天然气产量	亿立方米			37.90	49.50	59.50
发电量	亿千瓦小时	15.04	25.66	30.41	32.70	39.53
水泥产量	万吨	24.00	22.00	22.70	27.80	41.40
建筑业企业单位数	个	80	75	74	74	83
建筑业企业年末从业人员	万人	0.80	1.18	0.89	1.13	2.51
建筑业总产值	亿元	8.79	13.21	13.09	21.00	24.11
房屋建筑施工面积	万平方米	122.70	236.25	223.55	272.56	275.74
房屋建筑竣工面积	万平方米	48.31	111.43	91.55	133.71	138.21
公路里程	公里	5711	5868	6135	6625	7348
# 等级公路	公里	4575	4808	5148	5656	6475
# 高速公路	公里				118	250
民用汽车拥有量	辆	19774	28522	30980	35580	40202
# 私人汽车	辆	8945	9897	11175	14942	18878
邮电业务总量	亿元	4.62	5.56	8.54	12.88	19.53
邮政业务总量	亿元	0.23	0.50	0.56	0.68	0.75
电信业务总量	亿元	4.39	5.06	7.98	12.20	18.79

2005年	2006年	2007年	2008年	2009年	2010年	2011年
106.23	106.50	103.16	132.24	152.83	165.13	142.03
61	47	55	86	77	77	113
47405	45786	32252	58246	64921	64921	69821
335060	342140	404934	407216	470082	566039	588314
144098	343104	190665	496232	631541	509604	701276
36538	114673	95734	107414	123048	140053	149227
142343	160995	100291	121461	139280	154682	164523
127504	150752	93098	113884	130171	144219	154532
46852	53791	59364	66393	99115	82014	83232
42201	50612	54944	62546	93352	79078	77927
29392	31048	28317	32031	37908	41983	48101
5694	4091	2062	2197	2305	5027	7699
363	610	593	639	731	651	569
360.04	528.20	773.87	1269.86	1392.56	1917.70	2613.53
209.83	332.60	468.42	765.10	825.57	1156.59	1581.25
6560.00	10588.00	11992.00	15533.00	20929.00	25732.00	28354.95
476.40	536.00	654.00	749.00	852.00	983.00	1082.64
60.50	65.23	80.00	87.00	101.00	109.83	120.76
68.46	86.61	166.51	238.05	293.51	356.27	396.77
29.30	60.13	65.00	97.50	110.00	109.31	301.21
95	118	114	149	155	163	180
1.26	1.91	1.16	2.04	2.88	3.46	4.76
28.64	35.07	50.10	67.09	89.59	108.86	126.83
317.54	390.69	455.07	451.91	634.59	551.37	649.43
168.02	222.37	233.98	247.61	260.23	263.52	291.58
7555	15508	14919	19331	21986	22372	23393
6717	6789	10988	16192	21395	22066	23083
325	387	576	576	666	682	739
48254	106918	120657	132243	246606	309016	375889
25662	73080	79935	92900	141394	255161	317502
28.96	41.48	53.91	69.09	76.02	27.73	38.69
0.79	0.93	1.18	1.34	1.64	1.53	1.80
28.17	40.55	52.73	67.76	74.38	26.19	36.89

11-1 续表 3

指 标	单 位	2000年	2001年	2002年	2003年	2004年
固定电话用户	万户	15.31	20.00	26.77	36.75	44.53
移动电话用户	万户	10.00	20.64	39.25	44.52	52.12
互联网用户	万户	0.64	1.11	2.12	3.69	4.82
限额以上企业数	个					
批发业	个					
零售业	个					
住宿业	个					
餐饮业	个					
社会消费品零售总额	亿元	35.77	40.40	46.02	55.55	65.08
进出口总额	万美元			975	1174	1114
# 出口	万美元			967	1150	1114
实际外商直接投资额	万美元					
接待入境旅游者人数	万人次	0.04	0.06	0.26		0.05
# 外国人	万人次	0.03	0.04			0.04
国际旅游外汇收入	万美元	8	12			33
国内旅游人数	万人次			220	24	265
国内旅游收入	亿元					4.00
星级饭店数	个			11	13	13
幼儿园数	所	79	79	69	69	136
在园儿童数	万人	5.88	6.50	4.06	4.29	4.71
普通小学学校数	所	5574	4827	4250	3840	3425
普通小学专任教师数	人	19584	18627	19818	20759	20628
普通小学在校学生数	万人	55.22	53.07	50.34	45.57	40.78
普通中学学校数	所	255	269	272	272	274
普通中学专任教师数	人	10011	11210	12689	13892	14757
普通中学在校学生数	万人	22.41	24.27	27.55	30.54	32.44
卫生机构数	个	549	681	498	496	494
卫生机构床位数	张	6274	6595	6804	7045	7090
卫生技术人员	人	7717	8476	8420	8682	8927
# 执业(助理)医师	人	4800	5097	4482	4588	4650
注册护师、护士	人	1573	1695	1705	1882	1951

2005年	2006年	2007年	2008年	2009年	2010年	2011年
55.81	71.58	73.02	63.55	56.34	56.65	59.65
93.63	110.75	160.77	204.63	236.21	260.42	292.66
5.84	5.84	9.87	14.60	19.47	20.16	24.55
				384	443	469
				69	84	92
				184	222	237
				50	50	32
				81	87	108
76.33	91.98	116.02	154.11	172.48	203.51	240.95
1909	1956	2916	4977	3674	8003	10048
1907	1956	2788	4550	3503	7386	7544
		414		660	1950	2090
0.08	0.27	0.11	0.35	0.24	0.26	0.23
0.06	0.20	0.03	0.31	0.23	0.24	0.23
77	124	271	23	12	14	14
279	292	311	350	350	530	675
6.18	9.63	14.08	15.60	18.00	23.00	29.50
13	13	29	29	34	33	31
143	182	192	247	251	363	475
4.55	5.10	5.20	5.94	5.89	7.97	10.27
2630	2087	1590	1163	739	653	593
20262	19815	19775	19702	19248	18886	16362
35.94	32.93	30.36	28.23	26.36	25.02	24.39
273	263	261	252	241	238	231
15635	15979	16447	17001	17186	17363	18910
33.91	33.96	32.11	30.63	28.31	25.34	22.53
486	499	467	457	465	467	5198
7885	8211	9481	10756	11529	13106	14390
9424	9627	10978	10964	12256	13561	15785
4774	4861	5080	4539	4690	4853	4922
2192	2320	2699	2944	3849	4627	5838

11-2 榆阳区经济

指　　标	单 位	2000年	2001年	2002年	2003年	2004年
年底总人口	万人	43.07	43.54	43.69	43.89	44.09
生产总值	万元	233049	263440	320634	383514	445550
第一产业	万元	30290	26900	29700	32900	39847
第二产业	万元	67858	86429	118360	142860	167985
# 工业	万元	52141	66433	87572	110001	131157
第三产业	万元	134901	150111	172574	207754	237718
人均生产总值	元	5768	6353	7566	8822	9923
生产总值指数	上年=100	106.0	110.1	115.7	115.8	119.6
城镇单位在岗职工人数	人	47593	48123	43248	43597	45765
乡村从业人员	人	130400	134400	138500	135400	149800
全社会固定资产投资	万元	258891	232083	289415	295884	299715
地方财政收入	万元	7573	5687	5681	7537	14073
地方财政支出	万元	11558	13949	15446	19776	24714
农村居民人均纯收入	元	1575	1448	1845	1942	2257
城镇居民人均可支配收入	元	4023	4223	4873	5300	5990
城镇单位在岗职工平均工资	元	6268	7747	9912	10454	12062
常用耕地面积	公顷	57549	54786	54324	53581	54324
粮食产量	吨	158797	146027	175278	203654	225005
农林牧渔业总产值	万元	46344	49473	54160	60643	76356
社会消费品零售总额	万元	77628	86841	95331	107639	122785
普通小学专任教师数	人	3025	2545	2747	2944	2937
普通小学在校学生数	人	69268	69865	68440	63374	62787
普通中学专任教师数	人	1814	1764	2048	2268	2433
普通中学在校学生数	人	37138	38287	45522	51567	55728
卫生机构床位数	张	1421	1675	1681	1832	1832
卫生技术人员	人	1852	1958	1854	1862	1931
# 执业(助理)医师	人		992	994	951	998
注册护师、护士	人		406	436	432	468

社会主要指标

2005年	2006年	2007年	2008年	2009年	2010年	2011年
50.27	51.65	52.06	52.24	63.68	63.82	63.83
779220	955045	1061705	1409200	1833140	2489950	3250200
47500	51110	77980	110100	111980	138200	194400
268610	403483	426516	611000	922570	1371450	1895700
221467	340078	350000	522800	822240	1269100	1778500
463110	500452	557210	688100	798590	980300	1160100
15501	18491	20394	26975	35067	47360	50924
114.5	116.0	116.4	126.5	113.8	119.6	113.6
45633	48007	49140	51407	58404	57927	59732
154086	159841	153876	158593	171984	173860	177865
417044	649387	905014	1271416	1547201	2282367	2843940
17100	26022	31281	43524	66293	93249	139158
34250	48326	67258	92711	140059	184757	271719
2416	2920.6	3304.9	4185	5321	6605	8428
6518	7035	8965	12210	15478	18868	22359
15389	18546	25117	30531	35751	39975	45472
52455	52460	50977	51436	51522	51600	51689
180034	153642	215100	221672	236877	258608	222432
82623	88692	134424	190005	200504	232872	330869
131947	159273	206060	275600	312900	364321	425407
2704	2658	2743	2819	2962	2917	2895
58649	57824	56029	54169	52602	53155	53971
2381	2483	2682	3164	3355	3571	3647
59178	61727	63465	66081	64413	58664	53695
2135	2351	2473	2677	2815	3061	3608
2151	2300	3100	3138	3710	3919	4229
1043	1095	1438	1193	1292	1385	1475
576	638	864	1036	1342	1415	1490

11-3 神木县经济

指　　标	单 位	2000年	2001年	2002年	2003年	2004年
年底总人口	万人	37.24	37.49	37.71	37.86	38.05
生产总值	万元	234246	323397	419544	570611	653134
第一产业	万元	18000	10700	19400	24000	31173
第二产业	万元	117613	192909	279664	407019	458838
# 工业	万元	111415	188737	275409	402022	449339
第三产业	万元	98633	119788	120480	139592	163123
人均生产总值	元	6436	8794	11537	15676	17747
生产总值指数	上年=100	139.9	114.1	125.2	119.2	117.6
城镇单位在岗职工人数	人	22172	22435	23289	21967	21184
乡村从业人员	人	134900	139400	145200	140200	152800
全社会固定资产投资	万元	218775	163927	55604	103223	252171
地方财政收入	万元	13302	16098	21646	34210	44281
地方财政支出	万元	16334	20715	28387	39760	51961
农村居民人均纯收入	元	1458	1790	2025	2196	2565
城镇居民人均可支配收入	元					
城镇单位在岗职工平均工资	元	9202	12165	15060	13174	19072
常用耕地面积	公顷	56566	48366	45606	45006	45606
粮食产量	吨	105117	28611	100180	129564	144647
农林牧渔业总产值	万元	32685	19067	31125	42283	57199
社会消费品零售总额	万元	53672	62681	70590	88470	106056
普通小学专任教师数	人	2345	1918	1978	2043	1953
普通小学在校学生数	人	60710	59089	55468	49870	44616
普通中学专任教师数	人	1220	1365	1580	1771	1927
普通中学在校学生数	人	30056	31105	36289	41285	45441
卫生机构床位数	张	654	699	745	829	859
卫生技术人员	人	689	728	645	684	688
# 执业(助理)医师	人				372	393
注册护师、护士	人				153	155

社会主要指标

2005年	2006年	2007年	2008年	2009年	2010年	2011年
39.36	40.53	41.25	41.36	45.47	45.58	45.58
1402509	1911301	2670692	3817531	4526410	6049400	7710100
35900	46500	52680	63600	65170	81000	96700
759396	1055606	1615377	2499770	2997230	4173200	5452700
742254	1042512	1594868	2471530	2966840	4140400	5411800
607213	809194	1002635	1254161	1464010	1795200	2160700
37109	47394	64325	92299	109360	146051	169155
142.9	152.0	121.4	118.2	114.0	116.3	111.7
23537	26966	26104	26333	40240	52358	55651
151200	151008	150783	150729	151065	150946	150341
402165	506679	690143	1340716	1885649	2227331	2742559
68267	67659	100120	164475	209069	268558	420152
76532	112623	156056	236415	276980	392265	528048
2788	3295	5034	6029	7223	8672	10798
		12636	16075	19103	22301	26064
22096	29958	31588	43858	47008	47037	53881
40310	45420	45220	45080	45080	45110	45153
121848	101220	125150	122625	126187	130010	111824
64528	80519	90182	109770	115920	136925	164526
120857	141053	168814	227600	248300	260686	307048
1887	1817	1930	1898	1928	1818	1500
40473	37443	34473	31237	28047	27216	27337
2128	2207	2200	2093	2081	2042	2307
47405	46230	42825	41207	37295	31385	26530
1190	1257	1317	1328	1656	2256	2319
917	1052	1373	1454	1593	2112	2736
464	546	653	664	707	768	714
264	313	314	361	452	679	1073

11-4 府谷县经济

指　　标	单 位	2000年	2001年	2002年	2003年	2004年
年底总人口	万人	22.20	22.28	22.38	22.46	22.56
生产总值	万元	88300	92800	130300	165500	208700
第一产业	万元	6000	2200	7100	10400	10200
第二产业	万元	41700	37800	53800	73000	101800
# 工业	万元	39300	36000	51200	71200	99500
第三产业	万元	40600	52800	69400	82100	96600
人均生产总值	元	4210	4361	6069	7678	9698
生产总值指数	上年=100	110.5	99.1	121.8	120.9	126.1
城镇单位在岗职工人数	人	14490	14411	13166	13467	13375
乡村从业人员	人	85900	84000	86000	82800	80700
全社会固定资产投资	万元	37821	30867	68660	90276	127811
地方财政收入	万元	7156	7833	8405	12113	20995
地方财政支出	万元	10941	12390	13608	20948	27276
农村居民人均纯收入	元	1037	852	1158	1384	1501
城镇居民人均可支配收入	元					
城镇单位在岗职工平均工资	元	6898	8441	9734	10610	11378
常用耕地面积	公顷	47372	47234	42993	42800	42993
粮食产量	吨	22067	1138	38500	62007	61532
农林牧渔业总产值	万元	10469	5889	11387	18395	17510
社会消费品零售总额	万元	40416	44291	48855	57664	67833
普通小学专任教师数	人	1436	1481	1758	1836	1751
普通小学在校学生数	人	34113	32998	31022	29091	25839
普通中学专任教师数	人	802	896	1018	1153	1128
普通中学在校学生数	人	16534	18686	20344	21394	22692
卫生机构床位数	张	505	505	558	562	562
卫生技术人员	人	705	772	652	658	697
# 执业(助理)医师	人					
注册护师、护士	人					

社会主要指标

2005年	2006年	2007年	2008年	2009年	2010年	2011年
23.47	23.89	24.36	24.44	26.03	26.08	26.09
281200	422400	692900	1200600	1625620	2659700	4079500
12200	14500	17300	20700	23750	37500	45400
154100	267800	497400	950500	1326920	2268500	3602500
150500	262000	488200	935900	458580	2237900	3568390
114900	140100	178200	229400	274950	353700	431600
14988	20803	22270	49124	66365	108338	156393
124.1	129.3	132.7	138.1	118.4	122.6	124.3
13342	12921	13787	12367	14417	15248	15697
85383	86338	90771	89427	98259	94124	94116
162498	271605	613877	1020202	1531684	2140650	2709395
21620	21319	33851	66432	105716	176022	236423
32111	40547	57971	109260	136478	254811	297134
1745	2126	2580	4703	5615	7786	9927
		9934	14035	16922	21415	25312
12310	14111	15771	29757	38846	42243	44692
44562	44510	42538	42599	43077	43150	43204
51967	29323	63940	62509	70908	73456	63181
18378	19655	24129	36000	40900	61760	75455
80101	97306	126238	168700	192000	220537	271584
1752	1761	1627	1602	1578	1451	993
22630	21154	20036	19265	17632	17268	16975
1250	1239	1232	1248	1224	1242	1669
22503	22197	21431	20007	19277	17366	15255
534	602	640	731	832	709	809
706	723	866	864	1012	1230	1519
		430	324	385	344	372
		201	236	314	500	687

11-5 横山县经济

指　标	单位	2000年	2001年	2002年	2003年	2004年
年底总人口	万人	32.71	32.94	33.18	33.40	33.60
生产总值	万元	65600	73500	90600	117900	139800
第一产业	万元	14700	17100	22700	29600	32300
第二产业	万元	30500	33500	44600	62300	78700
# 工业	万元	26800	31800	43400	60800	76300
第三产业	万元	20400	22900	23300	26000	28800
人均生产总值	元	2196	2259	2792	3504	4235
生产总值指数	上年=100	153.1	108.7	116.9	117.7	110.4
城镇单位在岗职工人数	人	13838	12865	12649	14131	14636
乡村从业人员	人	147700	147700	147800	147800	152200
全社会固定资产投资	万元	5024	17487	8870	20430	26538
地方财政收入	万元	2763	3192	3581	3881	4987
地方财政支出	万元	7474	11557	13035	14026	17166
农村居民人均纯收入	元	921	981	1186	1197	1389
城镇居民人均可支配收入	元					
城镇单位在岗职工平均工资	元	5544	8271	9454	8835	9710
常用耕地面积	公顷	59221	57189	57189	57230	57189
粮食产量	吨	49056	70080	106930	129424	144858
农林牧渔业总产值	万元	22431	32056	37864	46259	49544
社会消费品零售总额	万元	20560	22553	25475	28206	33036
普通小学专任教师数	人	1239	1411	1487	1629	1613
普通小学在校学生数	人	58843	56440	52835	49152	43427
普通中学专任教师数	人	809	948	1157	1275	1372
普通中学在校学生数	人	20054	22473	25775	28685	29740
卫生机构床位数	张	359	359	370	360	360
卫生技术人员	人	369	356	312	313	304
# 执业(助理)医师	人	151	151	172	162	156
注册护师、护士	人	82	82	59	63	57

社会主要指标

2005年	2006年	2007年	2008年	2009年	2010年	2011年
28.86	28.51	28.54	28.72	28.74	28.83	28.83
237829	290495	347871	618840	607540	830020	931100
34100	38100	54200	70100	71980	93340	108500
123338	168066	198047	416300	361730	526280	559600
118955	162405	191656	405700	347810	507360	536720
80391	84329	95624	132440	173830	210400	263000
8618	10521	12157	21615	21139	28860	32296
112.4	117.7	119.8	123.2	111.0	122.6	112.2
15372	15453	14661	15545	14709	13877	14120
148800	148800	149100	149845	149845	157337	159287
43914	66772	179011	708104	851400	892795	1136591
5694	3520	5189	10530	14985	20992	20295
22029	23198	42913	66322	92015	125072	156051
1520	1839	2250	3381	4215	5264	6701
		8047	12163	14696	17400	20515
11312	12106	20964	26665	30958	36353	41262
57303	58370	58433	58498	59370	59460	59540
115065	108330	134752	133721	153352	164047	141099
55265	60153	90064	117004	124991	157063	184325
38500	49791	67284	92700	105600	146063	201568
1807	1668	1625	1664	1783	1696	1478
37846	33340	29957	28600	26055	24862	22996
1529	1556	1567	1592	1557	1539	1602
33588	33161	30295	28924	26124	23012	20496
390	390	712	712	704	720	859
313	283	426	467	502	488	715
169	147	212	234	250	222	240
62	59	86	93	110	115	230

11-6 靖边县经济

指　　标	单 位	2000年	2001年	2002年	2003年	2004年
年底总人口	万人	28.14	28.33	28.50	28.69	28.86
生产总值	万元	114700	195818	321548	367890	798140
第一产业	万元	17377	22000	23300	24800	28080
第二产业	万元	60296	129804	255247	300766	694344
# 工业	万元	51924	121232	216296	265539	688045
第三产业	万元	37027	44014	43001	42324	75716
人均生产总值	元	4303	7181	11741	13350	28333
生产总值指数	上年=100	143.4	167.5	111.4	112.1	145.2
城镇单位在岗职工人数	人	16033	15816	17589	17184	18551
乡村从业人员	人	108900	108400	117400	127300	131800
全社会固定资产投资	万元	46032	81623	58666	87527	216667
地方财政收入	万元	7265	9728	10497	14953	28769
地方财政支出	万元	11023	15354	18521	25239	37061
农村居民人均纯收入	元	1215	1336	1490	1564	1687
城镇居民人均可支配收入	元					
城镇单位在岗职工平均工资	元	7206	9187	9549	9389	12169
常用耕地面积	公顷	56946	52614	52597	52746	52597
粮食产量	吨	84945	104969	130712	139818	166998
农林牧渔业总产值	万元	27359	34951	38629	42775	52135
社会消费品零售总额	万元	37109	46518	58245	73069	88394
普通小学专任教师数	人	1348	1296	1529	1496	1505
普通小学在校学生数	人	53288	50970	49051	44524	42336
普通中学专任教师数	人	881	1026	1139	1276	1379
普通中学在校学生数	人	19232	21807	25888	28137	31128
卫生机构床位数	张	436	431	493	533	533
卫生技术人员	人	457	483	503	499	529
# 执业(助理)医师	人					
注册护师、护士	人					

社会主要指标

2005年	2006年	2007年	2008年	2009年	2010年	2011年
29.95	30.09	30.57	30.68	35.53	35.62	35.62
1068689	1314561	2056496	2564773	2032930	2403940	2929600
34200	38800	53320	85830	89330	116750	147000
950826	1174300	1872936	2309223	1710130	1986140	2422200
942326	1165600	1863836	2299800	1697260	1966540	2402260
83663	101461	130240	169720	233470	301050	360400
36992	45129	69634	84109	66176	78150	82246
116.8	126.5	120.0	127.5	104.5	119.0	118.6
19302	20124	21733	22447	22970	24229	25142
132235	141269	130260	131071	145502	141973	153579
54752	153550	251751	708456	1022097	1364192	1656764
29504	25550	36175	62448	80078	120083	131051
44745	55027	72304	103602	138538	208167	234968
1842	2022	3007	4850	6031	7599	9689
		9860	14891	18026	21132	24915
14824	16689	22252	29736	34236	39302	44888
53803	57730	73427	75579	77751	77870	77966
159108	149957	195992	200186	230746	245275	210964
63380	77364	106316	149003	159226	199310	251958
112435	131793	159814	211164	228400	287798	335724
1685	1634	1892	1823	1899	1878	1593
38364	35415	33140	31465	30792	28982	29761
1693	1693	1767	1700	1768	1826	1940
33143	33848	31667	29219	28809	26344	24544
533	533	1016	1077	1122	1105	1156
549	562	1142	1203	1252	1286	1328
260	306	433	448	399	413	289
83	119	232	221	325	341	451

11-7 定边县经济

指　　标	单 位	2000年	2001年	2002年	2003年	2004年
年底总人口	万人	31.21	31.39	31.57	31.73	31.89
生产总值	万元	51100	114500	120400	188900	260600
第一产业	万元	14100	20800	26300	29300	34500
第二产业	万元	18900	70500	64300	121100	176100
# 工业	万元	17600	69200	62800	119500	174300
第三产业	万元	18100	23200	29800	38500	50000
人均生产总值	元	1771	3927	4062	6242	8464
生产总值指数	上年=100	110.2	108.4	117.1	121.0	117.3
城镇单位在岗职工人数	人	12638	12546	14109	15169	16065
乡村从业人员	人	113800	114200	120600	130600	136800
全社会固定资产投资	万元	19667	39103	53015	166159	50310
地方财政收入	万元	4915	6193	6505	11365	16158
地方财政支出	万元	10898	14469	17320	24260	27005
农村居民人均纯收入	元	1131	1790	1430	1443	1586
城镇居民人均可支配收入	元					
城镇单位在岗职工平均工资	元	7073	9455	9299	10722	11594
常用耕地面积	公顷	102178	61860	83553	83497	83553
粮食产量	吨	55199	117241	163794	172198	199685
农林牧渔业总产值	万元	26797	35296	46015	47668	49656
社会消费品零售总额	万元	23605	27095	30539	44267	50247
普通小学专任教师数	人	1456	1371	1341	1541	1538
普通小学在校学生数	人	51256	51878	52226	49245	45239
普通中学专任教师数	人	670	784	876	1016	1122
普通中学在校学生数	人	15891	17769	19520	21937	23783
卫生机构床位数	张	297	297	385	297	297
卫生技术人员	人	441	473	466	446	479
# 执业(助理)医师	人					
注册护师、护士	人					

社会主要指标

2005年	2006年	2007年	2008年	2009年	2010年	2011年
29.49	29.52	29.61	29.71	31.89	31.96	31.93
366400	536000	711600	1217300	1288300	1727200	2327700
37100	37100	61400	73300	81240	126600	132900
252100	402200	531200	975300	991610	1339700	1887500
250200	400100	528900	972900	352150	1336800	1882470
77200	96700	119000	168700	215450	260900	307300
12427	18163	24069	41042	43341	58077	72866
134.7	135.6	137.2	125.9	110.3	117.5	117.6
16568	16200	17261	17982	18532	18191	19075
144134	147084	147781	151426	157163	161484	162384
11876	167108	247337	365610	887228	1112980	1313372
16877	13131	26780	55207	71036	107000	132001
30917	33770	60077	86102	142705	193990	230704
1641	1621	2660	3411	4524	6233	8010
		8260	13015	15228	18336	21655
13508	18022	27162	31898	31718	40999	42320
87075	93170	128279	129620	132220	132530	132692
187847	128512	239691	192514	259156	304368	261791
67088	66527	109911	127532	142871	220498	233905
58415	68786	83797	107000	118500	138442	161555
1666	1597	1578	1640	2267	1642	1483
40966	34951	30108	26464	23712	21848	20474
1260	1239	1321	1399	1458	1434	1455
25243	25477	24432	23632	22240	21510	20738
397	417	572	572	711	931	995
497	504	574	573	628	626	865
		272	219	226	220	273
		149	166	184	192	290

11-8 绥德县经济

指　标	单 位	2000年	2001年	2002年	2003年	2004年
年底总人口	万人	35.64	35.80	36.03	36.26	36.49
生产总值	万元	35100	41500	49000	56600	70500
第一产业	万元	9600	9700	14100	9200	18300
第二产业	万元	4700	4300	6900	6200	6700
# 工业	万元	3500	2500	4000	3800	4300
第三产业	万元	20800	27500	28000	41200	45500
人均生产总值	元	990	1200	1400	1700	2000
生产总值指数	上年=100	165.0	115.0	123.0	106.0	114.0
城镇单位在岗职工人数	人	5779	6669	8641	9645	10973
乡村从业人员	人	105900	105200	104100	109900	127300
全社会固定资产投资	万元	4407	9860	17343	16900	7715
地方财政收入	万元	2830	2051	2052	2004	1867
地方财政支出	万元	8272	11541	13787	15202	18198
农村居民人均纯收入	元	1300	888	1285	1223	1566
城镇居民人均可支配收入	元	2986	3673	5005	4868	5435
城镇单位在岗职工平均工资	元	5779	6669	8641	9645	10973
常用耕地面积	公顷	50689	47472	41420	41220	41420
粮食产量	吨	47418	14901	70010	22900	78972
农林牧渔业总产值	万元	15596	12398	22605	13122	25266
社会消费品零售总额	万元	49699	53818	62149	73322	89648
普通小学专任教师数	人	2291	2320	2342	2370	2481
普通小学在校学生数	人	55946	52233	46988	42414	36508
普通中学专任教师数	人	1086	1399	1556	1666	1725
普通中学在校学生数	人	24153	27439	30948	34692	33927
卫生机构床位数	张	978	928	803	1114	1114
卫生技术人员	人	1168	1164	1156	1219	1247
# 执业(助理)医师	人	244	353	327	408	347
注册护师、护士	人	128	274	274	158	474

社会主要指标

2005年	2006年	2007年	2008年	2009年	2010年	2011年
30.94	29.95	29.99	30.09	29.55	29.64	29.65
113816	138297	168557	202000	247790	330490	404700
16900	32700	40100	46000	50680	61900	84300
17236	21772	24085	27400	35500	55400	67500
11736	11414	12701	14600	16210	29400	40150
79680	83825	104373	128600	161610	213190	252900
3251	4543	5625	6724	8229	10969	13652
117.5	114.8	120.2	116.8	121.5	120.1	110.5
12361	12729	21054	24178	11926	15714	15956
127521	126117	128251	134060	139949	141362	143524
6651	12611	37194	179505	201088	299576	303932
2570	2408	2956	3364	3808	4018	5188
22571	30522	46772	68438	90700	122000	158000
1677	2013	2341	2941	3686	4564	5623
5682	5687	7904	11037	14009	16617	19492
12361	12729	21054	24178	32233	37829	39145
41078	40250	40723	41066	41407	41470	41517
60596	82092	81180	77960	90370	93733	80621
26198	49536	59873	72384	82481	99970	136345
112134	136465	174977	220900	231300	270013	322475
2396	2369	2276	2173	2150	1998	1762
31055	28778	25857	24257	21220	18516	17319
1715	1768	1813	1822	1861	1872	2031
34756	35284	33456	31105	26539	23319	20346
804	804	918	1528	1275	1806	1946
1326	1304	1588	1507	1738	1871	2090
348	347	687	652	641	693	681
225	228	445	448	678	816	957

11-9 米脂县经济

指　　标	单 位	2000年	2001年	2002年	2003年	2004年
年底总人口	万人	23.40	23.43	23.48	23.54	23.60
生产总值	万元	32900	26500	33400	38600	56400
第一产业	万元	11100	7300	9800	8300	11300
第二产业	万元	8200	4700	4400	4900	9400
# 工业	万元	6900	3500	3000	2600	4100
第三产业	万元	13600	14500	19200	25400	35700
人均生产总值	元	1581	1272	1607	1854	2696
生产总值指数	上年=100	155.7	76.0	126.4	113.9	140.3
城镇单位在岗职工人数	人	9176	8364	8702	8969	9159
乡村从业人员	人	68800	69500	74600	72200	79800
全社会固定资产投资	万元	6541	9696	7631	14405	48950
地方财政收入	万元	1155	786	879	909	1269
地方财政支出	万元	6863	8997	10606	11608	14220
农村居民人均纯收入	元	898	646	900	872	1306
城镇居民人均可支配收入	元					
城镇单位在岗职工平均工资	元	5194	6838	9404	9052	9812
常用耕地面积	公顷	32410	30796	29966	29589	29966
粮食产量	吨	60000	20849	55244	35163	64538
农林牧渔业总产值	万元	13135	11046	16473	12085	19874
社会消费品零售总额	万元	12959	14563	16789	19411	22444
普通小学专任教师数	人	1544	1480	1563	1534	1450
普通小学在校学生数	人	32827	30163	26653	22850	18999
普通中学专任教师数	人	644	730	766	761	821
普通中学在校学生数	人	13656	15154	16523	17444	18003
卫生机构床位数	张	308	308	301	340	340
卫生技术人员	人	363	372	307	327	357
# 执业(助理)医师	人					
注册护师、护士	人					

社会主要指标

2005年	2006年	2007年	2008年	2009年	2010年	2011年
21.84	21.53	21.61	21.68	15.46	15.51	15.51
67300	96000	153500	209800	226380	271280	335600
10400	15600	21800	30000	32600	40160	47300
9800	17500	48700	67600	65420	72630	95800
4500	12100	43300	62200	58830	66530	88250
47100	62900	83000	112300	128360	158490	192500
3082	4426	7116	9690	10427	12479	21638
111.3	121.7	120.6	119.8	111.1	111.3	114.9
9658	9497	10003	9806	9773	9829	10376
80522	78015	80994	91874	83490	81040	84735
74690	32288	84565	91985	202582	211942	264266
861	1243	2015	2785	3228	4026	4444
18382	23329	36455	52200	70005	97852	111380
1487	1886	2408	3368	4209	5209	6407
		7856	11981	14375	17063	19998
12325	15907	22492	24885	33727	36676	40353
29448	24350	25316	26909	27715	27760	27794
31185	46162	66766	80194	94208	88168	75834
18014	24391	35148	47195	53404	64919	77104
25798	32525	46621	69600	79600	102467	112935
1482	1505	1441	1433	1526	1059	913
15671	12883	10515	9478	8805	8539	8800
847	873	907	958	898	883	978
18301	17176	15213	13436	11529	11092	10246
351	351	465	475	477	487	570
369	359	469	468	471	511	530
		235	203	201	208	215
		116	125	143	155	161

11-10 佳县经济

指　　标	单 位	2000年	2001年	2002年	2003年	2004年
年底总人口	万人	26.44	26.61	26.75	26.88	27.01
生产总值	万元	27600	26900	30300	33800	40200
第一产业	万元	10300	6500	11800	13100	17800
第二产业	万元	4000	5000	2200	2100	2400
# 工业	万元	1900	6500	11800	13100	17800
第三产业	万元	13300	15400	16300	18600	20000
人均生产总值	元	1126	1096	1231	1370	1626
生产总值指数	上年=100	103.6	127.2	113.5	105.0	110.9
城镇单位在岗职工人数	人	8859	9371	9703	9815	9772
乡村从业人员	人	82900	83800	83900	83100	82100
全社会固定资产投资	万元	4217	5106	6932	11061	13242
地方财政收入	万元	1081	793	908	943	630
地方财政支出	万元	6715	8976	10974	12603	13864
农村居民人均纯收入	元	859	627	1027	898	1320
城镇居民人均可支配收入	元					
城镇单位在岗职工平均工资	元	4942	7496	9001	9171	9706
常用耕地面积	公顷	40199	37695	31333	31333	31333
粮食产量	吨	36945	14190	44310	40853	58686
农林牧渔业总产值	万元	13899	10998	18668	17361	26864
社会消费品零售总额	万元	10214	11162	11730	12949	14160
普通小学专任教师数	人	1577	1618	1698	1839	1870
普通小学在校学生数	人	43405	42245	39962	35983	32103
普通中学专任教师数	人	645	633	693	767	802
普通中学在校学生数	人	14745	15740	16842	19937	20456
卫生机构床位数	张	481	481	541	541	541
卫生技术人员	人	469	464	552	573	524
# 执业(助理)医师	人					
注册护师、护士	人					

社会主要指标

2005年	2006年	2007年	2008年	2009年	2010年	2011年
24.66	24.33	24.37	24.45	20.44	20.48	20.42
61000	77900	105600	139700	163190	227310	270100
18200	30000	41000	55200	58580	73730	76900
8800	6200	10000	22300	33240	71000	73700
18200	4500	7500	18700	28350	65740	67990
34000	41700	54600	62200	71370	82580	119500
2420	3180	4300	5720	6666	9274	13208
186.2	118.2	124.8	114.4	111.7	120.0	102.2
9501	9130	9104	8978	8974	9017	9117
89100	93100	96100	96400	96600	93702	90066
20935	15765	30083	43323	52273	103306	301677
721	369	1158	1473	1860	2833	4444
18630	22335	35875	47943	82363	96917	111380
1393	1668	1962	2731	3435	4301	5458
		7597	10403	13018	15545	18262
11083	11860	18087	24184	32789	37745	40449
31333	31330	31334	31333	31333	31330	31346
38270	75174	63331	57908	72889	80600	69325
29848	48874	63212	86852	94649	115940	120924
15506	19027	24041	30400	44700	51222	57140
1746	1691	1602	1603	1554	1513	1291
26498	26056	25074	23412	21921	17909	15581
866	893	897	934	887	900	936
20887	20366	16711	15317	13547	11026	9351
525	444	319	376	499	526	552
503	424	485	425	433	460	475
		263	230	214	211	228
		105	90	107	128	128

11-11 吴堡县经济

指　　标	单 位	2000年	2001年	2002年	2003年	2004年
年底总人口	万人	8.31	8.36	8.40	8.44	8.48
生产总值	万元	11282	10331	11656	13654	24717
第一产业	万元	1462	995	2000	1367	5591
第二产业	万元	4824	3333	1942	3217	3154
# 工业	万元	1462	995	2000	1367	5591
第三产业	万元	4996	6003	7364	9070	15972
人均生产总值	元	1580	1447	1632	1912	3462
生产总值指数	上年=100	119.0	91.5	112.2	107.7	132.7
城镇单位在岗职工人数	人	4854	5022	4820	5082	5262
乡村从业人员	人	20900	20700	20700	20700	24700
全社会固定资产投资	万元	3666	3898	4583	7489	8961
地方财政收入	万元	670	558	691	711	584
地方财政支出	万元	3600	4989	6234	6774	7896
农村居民人均纯收入	元	680	604	874	976	1226
城镇居民人均可支配收入	元					
城镇单位在岗职工平均工资	元	6040	7661	9425	9480	10315
常用耕地面积	公顷	9924	8706	8690	8080	8690
粮食产量	吨	10034	4003	9013	2958	15620
农林牧渔业总产值	万元	2356	1604	3657	2789	7812
社会消费品零售总额	万元	7638	7956	9227	11022	10781
普通小学专任教师数	人	496	539	580	602	593
普通小学在校学生数	人	13588	12905	12030	10547	8568
普通中学专任教师数	人	218	256	309	334	363
普通中学在校学生数	人	4998	5338	6294	7045	7413
卫生机构床位数	张	125	155	155	155	155
卫生技术人员	人	160	195	164	182	191
# 执业(助理)医师	人	98	103	100	106	109
注册护师、护士	人	17	16	27	28	31

社会主要指标

2005年	2006年	2007年	2008年	2009年	2010年	2011年
7.60	7.49	7.52	7.55	7.56	7.58	7.58
31600	40700	50300	58900	76550	96420	115200
3600	7100	9070	12110	13680	14250	19900
6600	9600	13400	15552	28060	38570	44400
3600	7100	9070	12110	18640	29450	30500
21400	24000	27830	31260	34810	43600	50900
3342	4242	5771	7485	10086	12634	15198
127.4	128.7	127.2	128.5	122.8	118.8	109.0
5495	4907	4932	5528	5297	5672	6637
25050	24696	24696	24696	25870	26000	26500
6785	15041	29842	88886	98531	109369	133888
835	700	1025	1156	1387	1656	5429
11288	13130	21462	30171	34816	53703	109301
1386	1767	2077	2706	3515	4403	5582
		7873	10187	13227	16135	18975
10956	11442	23557	25979	33041	34951	34326
8685	8080	8080	8060	8076	8100	8120
5577	12307	12507	13399	17319	19004	16346
6058	10915	13852	19006	21631	22574	31629
14273	18831	24580	32900	43200	49546	55267
550	547	602	630	626	607	589
7325	6550	5677	5017	4799	4726	4746
343	345	344	341	326	305	278
7459	6846	6168	5123	4722	4470	3874
213	249	263	278	333	343	359
186	200	250	233	234	241	242
109	117	125	94	93	98	105
30	30	49	54	48	48	46

11-12 清涧县经济

指　　标	单 位	2000年	2001年	2002年	2003年	2004年
年底总人口	万人	22.07	22.14	22.22	22.32	22.40
生产总值	万元	25600	20400	27600	31000	41200
第一产业	万元	10400	4000	9800	8400	15400
第二产业	万元	4200	4000	5500	6200	6800
# 工业	万元	3500	3100	4700	4400	5100
第三产业	万元	10900	12400	12400	16200	18900
人均生产总值	元	1225	1068	1479	1687	2333
生产总值指数	上年=100	135.6	81.0	114.0	114.6	128.7
城镇单位在岗职工人数	人	11227	10268	9632	8895	10622
乡村从业人员	人	70800	71700	71700	77900	79400
全社会固定资产投资	万元	4512	7349	5690	10356	13668
地方财政收入	万元	1230	942	1071	1181	835
地方财政支出	万元	6134	9641	12093	11478	13214
农村居民人均纯收入	元	689	649	1037	964	1363
城镇居民人均可支配收入	元					
城镇单位在岗职工平均工资	元	5699	6592	7874	9070	9431
常用耕地面积	公顷	41477	34816	27553	25950	27553
粮食产量	吨	42293	10944	55686	30970	59311
农林牧渔业总产值	万元	16476	9633	18960	15036	25990
社会消费品零售总额	万元	11581	12157	13041	18066	19484
普通小学专任教师数	人	1147	1150	1205	1253	1254
普通小学在校学生数	人	30440	29810	26490	23818	18526
普通中学专任教师数	人	644	682	766	764	797
普通中学在校学生数	人	12136	12431	13651	14775	15667
卫生机构床位数	张	358	358	366	321	321
卫生技术人员	人	379	373	396	392	399
# 执业(助理)医师	人			436		
注册护师、护士	人					

社会主要指标

2005年	2006年	2007年	2008年	2009年	2010年	2011年
17.23	17.01	17.05	17.11	12.88	12.90	12.79
70900	91100	99400	135600	161500	203350	261300
14980	28990	31610	52300	57320	75020	92500
17900	17700	17900	24400	34790	48280	68600
14200	13900	14000	19900	29280	42660	61980
38000	44400	49900	58900	69390	80050	100200
3191	3953	4238	6270	9417	11830	20343
130.0	120.6	107.7	122.7	116.6	112.5	114.6
8802	7928	8033	8872	10197	10582	11056
81276	81276	81210	81281	81230	106305	86305
12382	17558	26673	75683	94562	138652	169462
1009	704	1129	1502	1951	2662	3282
16288	22774	34597	49855	65440	93475	107085
1393	1845	1993	2767	3502	4386	5465
		7667	11286	13456	15890	18718
10311	13066	16257	29451	30560	34020	36906
25265	26260	26212	26212	26217	26220	26244
44036	66424	60958	64212	69056	76410	65721
27416	40852	44841	81643	91486	118619	146992
21470	25670	30322	39500	46453	53806	59544
1022	1050	1014	1011	1023	933	858
15992	13281	12337	9555	9278	9420	9670
695	710	681	678	633	609	650
15842	15022	14013	11238	9737	8365	7000
370	370	332	516	607	607	607
406	401	335	261	295	371	538
		119	64	72	76	101
		68	54	77	116	182

11-13 子洲县经济

指　　标	单 位	2000年	2001年	2002年	2003年	2004年
年底总人口	万人	32.12	32.35	32.56	32.74	32.93
生产总值	万元	22651	23451	30122	35303	43982
第一产业	万元	7632	5971	12224	11243	17804
第二产业	万元	3767	4253	4550	4436	3122
# 工业	万元	2486	2582	2565	2703	2421
第三产业	万元	11252	13227	13348	19624	23056
人均生产总值	元	762	766	977	1147	1437
生产总值指数	上年=100	135.8	107.2	120.2	122.4	120.8
城镇单位在岗职工人数	人	8334	8457	8210	8644	8861
乡村从业人员	人	107300	104000	117100	121300	144200
全社会固定资产投资	万元	6183	10229	9295	6349	5129
地方财政收入	万元	1084	1101	1066	1120	1406
地方财政支出	万元	6813	11098	11484	13123	15593
农村居民人均纯收入	元	764	802	1139	985	1381
城镇居民人均可支配收入	元					
城镇单位在岗职工平均工资	元	6317	7380	9149	9748	10084
常用耕地面积	公顷	41887	41874	29374	29374	29374
粮食产量	吨	37093	17231	93735	35822	97289
农林牧渔业总产值	万元	12556	10605	20773	20623	31330
社会消费品零售总额	万元	12653	14383	18236	21448	25929
普通小学专任教师数	人	1680	1498	1590	1672	1683
普通小学在校学生数	人	48556	42081	42267	34809	28837
普通中学专任教师数	人	578	727	781	841	888
普通中学在校学生数	人	15472	16405	17944	18505	20467
卫生机构床位数	张	352	349	406	386	386
卫生技术人员	人	413	412	328	318	340
# 执业(助理)医师	人	132	179	185	193	207
注册护师、护士	人	45	49	50	69	67

社会主要指标

2005年	2006年	2007年	2008年	2009年	2010年	2011年
26.26	25.83	25.87	25.95	17.37	17.41	17.41
75642	93991	109953	161270	233850	277530	335800
16599	20070	27300	41910	44570	63170	73300
16663	19447	23783	41700	100570	106520	126600
15416	17903	21434	37300	98980	91550	110580
42380	54473	58870	77660	88710	107840	135800
2880	3608	4253	6224	9005	10678	19282
114.1	123.9	120.3	128.9	132.6	115.9	109.4
10388	9049	9358	9650	9603	9852	9979
143640	133932	120885	142416	154228	152257	152587
27658	15545	29259	111313	128960	171396	211498
1605	1374	1766	2786	2508	3136	3858
20606	23754	35352	50143	65607	101922	121154
1668	1828	2117	2946	3693	4570	5621
		7956	11360	13644	16103	18921
11275	11748	21722	32428	35382	39012	41364
29398	29400	29398	29689	29689	29730	29735
66791	100611	71485	100246	106713	117621	101167
29607	35336	48404	66005	72010	98330	116523
31785	39081	47350	65000	73857	90179	99289
1565	1518	1445	1406	1508	1374	1007
23946	21658	20415	19395	18704	17799	16284
928	973	1036	1072	1138	1140	1417
20766	22258	21375	21025	18825	16878	13247
443	443	454	486	498	555	610
337	337	370	371	388	446	518
241	240	213	214	210	215	229
73	73	70	60	69	122	143

十二、安康市

资料整理：余国琴　梁珠荣

12-1 安康市经济

指　　标	单 位	2000年	2001年	2002年	2003年	2004年
年底总人口	万人	292.43	293.10	293.24	294.06	294.97
人口自然增长率	‰					
年底总户数	万户	79.24	79.94	80.96	82.76	86.13
生产总值	亿元	74.80	80.74	91.08	105.03	121.97
第一产业	亿元	22.76	23.50	24.59	26.61	31.50
第二产业	亿元	20.29	21.33	24.42	28.72	35.18
# 工业	亿元	12.41	12.72	14.97	18.25	23.14
第三产业	亿元	31.75	35.91	42.07	49.70	55.29
人均生产总值	元	2561	2758	3107	3577	4141
生产总值指数	上年=100	105.8	106.4	108.6	108.6	109.2
第一产业	上年=100	106.0	104.6	101.3	98.8	109.2
第二产业	上年=100	102.8	102.9	110.9	113.1	113.2
# 工业	上年=100	101.4	102.0	114.9	117.9	116.8
第三产业	上年=100	108.9	109.9	112.1	112.1	106.7
人均生产总值指数	上年=100	105.6	106.1	108.5	108.4	108.9
非公有制经济增加值	亿元					
文化产业增加值	亿元					
单位GDP能耗	吨标准煤/万元					
单位GDP能耗比上年增长	%					
单位工业增加值能耗	吨标准煤/万元					
就业人员	万人	135.44	130.73		141.95	
第一产业	万人	87.55	84.55		83.46	
第二产业	万人	8.02	6.35		20.30	
第三产业	万人	39.87	39.83		38.19	
城镇单位就业人员	万人	13.07	13.02	13.13	12.61	12.04
# 国有单位	万人	10.99	11.02	11.08	10.80	10.10
集体单位	万人	1.20	1.12	0.84	0.77	0.90
城镇单位在岗职工人数	万人	12.76	12.78	12.68	12.21	11.64
城镇单位在岗职工平均工资	元	6766	8156	9215	10005	11237

社会主要指标

2005年	2006年	2007年	2008年	2009年	2010年	2011年
264.81	265.01	265.25	265.71	263.24	263.08	263.07
1.55	1.93	2.20	2.15	2.10	2.78	2.57
88.05	90.45	92.66	94.71	97.02	98.96	100.54
143.76	163.57	191.37	241.24	274.95	327.06	407.17
36.71	42.44	48.69	63.79	65.59	67.07	72.01
42.83	49.05	60.71	79.42	96.83	130.95	183.13
28.23	32.26	40.03	50.40	60.36	86.15	127.13
64.22	72.08	81.97	98.03	112.53	129.04	152.03
5413	6175	7218	9087	10341	12428	15477
109.8	110.4	112.8	115.4	115.0	115.0	115.5
110.4	108.0	106.3	107.7	106.2	106.4	106.5
109.1	112.5	116.5	121.6	120.2	121.5	122.9
108.0	111.1	118.0	119.4	116.4	123.3	126.0
109.9	110.4	113.9	115.2	115.5	113.9	112.6
109.6	110.7	112.7	115.3	114.8	115.0	115.5
60.58	72.06	85.58	110.62	128.81	156.53	198.52
			2.39	2.79	3.78	4.91
1.380	1.340	1.276	1.198	1.148	1.103	0.889
	-2.90	-4.75	-6.15	-4.20	-3.89	-3.50
2.080	1.840	1.583	1.259	1.079	0.952	0.825
		155.52	149.72	150.92	153.10	152.06
		76.40	137.57	72.32	69.60	66.58
		31.74	2.09	37.45	39.30	40.87
		47.38	10.08	41.15	44.20	44.61
12.15	12.00	11.85	12.35	12.27	12.87	13.91
10.23	10.04	10.05	10.28	9.52	9.83	9.78
0.78	0.81	0.63	0.70	0.68	0.78	0.84
11.89	11.58	11.31	11.63	11.47	11.95	13.01
11953	13485	18266	22864	27447	32903	37802

12-1 续表 1

指　标	单 位	2000年	2001年	2002年	2003年	2004年
全社会固定资产投资	亿元	27.77	30.55	42.06	50.28	56.75
# 房地产开发	亿元	3.36	4.48	5.75	6.70	7.28
商品房销售面积	万平方米	10.81	29.87	29.99	42.34	40.02
# 住宅	万平方米	10.01	28.09	27.73	40.87	38.37
地方财政收入	亿元	3.36	3.72	3.76	4.05	4.31
地方财政支出	亿元	9.70	11.92	13.81	14.73	16.18
金融机构人民币各项存款余额	亿元	78.25	87.72	100.66	114.99	139.36
金融机构人民币各项贷款余额	亿元	78.27	81.77	88.98	99.42	100.70
农村居民人均总收入	元	1685	1719	1914	1929	2129
农村居民人均纯收入	元	1248	1324	1417	1505	1652
工资性收入	元	429	498	610	665	761
家庭经营收入	元	735	718	705	714	755
财产性收入	元	12	34	19	26	20
转移性收入	元	71	75	83	99	116
农村居民人均生活消费支出	元	1168	1237	1457	1367	1647
# 食品支出	元	678	673	766	678	804
城镇居民人均总收入	元	4312	4686	5485	5821	6180
工资性收入	元	2963	3375	3858	3951	4406
经营性收入	元	249	272	276	313	352
财产性收入	元	95	34	26	116	33
转移性收入	元	1004	1005	1326	1441	1389
城镇居民人均可支配收入	元	4305	4665	5302	5625	5942
城镇居民人均生活消费性支出	元	3636	3813	4145	4270	4553
# 食品支出	元	1425	1408	1534	1639	1826
城镇人均住房使用面积	平方米	20.4	20.5	20.9	25.4	25.8
农村人均住房面积	平方米	23.3	23.9	26.1	26.1	28.0
城市人均公园绿地面积	平方米					
城市人均道路面积	平方米		5.6	4.5	12.6	12.8
城市用水普及率	%		68.9	86.1	92.5	94.8
城市用气普及率	%		76.6	78.8	67.1	71.1
常用耕地面积	千公顷	225.86	211.81	199.43	191.65	194.44
农林牧渔业总产值	亿元	39.29	41.77	44.25	43.96	53.53
农作物总播种面积	千公顷	492.15	459.88	400.15	380.02	453.52
# 粮食作物	千公顷	398.80	364.40	301.53	247.78	320.41

2005年	2006年	2007年	2008年	2009年	2010年	2011年
60.57	108.28	147.74	200.69	272.77	360.05	304.49
6.58	6.53	6.32	9.78	12.67	16.65	22.32
50.72	57.72	69.33	82.24	103.13	119.05	133.14
48.73	54.34	67.19	77.71	95.36	107.19	124.36
3.46	4.06	5.81	7.49	9.72	13.23	17.34
19.16	24.84	34.90	58.18	78.54	110.25	127.15
163.58	195.82	225.43	300.16	383.13	475.54	567.38
97.47	109.32	125.50	138.81	177.39	211.34	258.59
2385	2540	2953	3616	4227	4969	6278
1799	1953	2256	2770	3313	3976	5009
825	964	1134	1412	1740	2131	2762
845	813	917	1076	1194	1410	1745
18	31	34	41	57	77	98
111	145	171	241	322	359	401
1838	1939	2213	2785	3172	3536	3940
956	943	1061	1342	1453	1575	1777
6713	7097	8357	10782	13144	15278	18203
4561	4743	5240	7124	8872	10592	12670
354	523	656	714	876	937	1064
44	65	86	285	366	409	455
1754	1766	2376	2659	3030	3340	4014
6388	6860	8051	10150	12525	14642	17365
4882	5226	6226	7672	9097	10469	11921
1975	1998	2562	3311	3670	4192	4876
25.4	28.9	26.3	24.2	26.6	26.5	26.7
29.9	30.7	31.1	32.8	34.7	35.0	35.4
	9.4	12.5	11.2	10.1	10.0	10.6
14.0	17.1	16.7	15.0	13.7	13.9	13.9
95.2	96.0	96.3	86.4	81.6	84.7	80.7
73.4	66.2	70.4	63.2	59.5	59.6	81.5
192.40	192.24	191.48	193.21	194.33	195.54	197.10
62.34	71.37	82.55	108.16	112.64	115.69	124.67
452.54	453.69	401.78	421.30	439.29	453.80	440.64
319.57	319.16	266.33	272.95	278.00	287.45	267.81

12-1 续表 2

指　　标	单 位	2000年	2001年	2002年	2003年	2004年
粮食产量	万吨	98.24	99.84	84.10	77.26	90.38
棉花产量	吨	69	51	30	21	22
油料产量	吨	40243	40437	45738	50611	61642
蔬菜产量	吨	255900	266664	417706	440143	551607
水果产量	吨	34463	36246	48781	52255	69070
# 苹果	吨	2323	1419	1762	2379	3449
肉类产量	吨	87908	92702	99012	109880	123704
# 猪牛羊肉	吨	83726	88134	93490	103775	115549
奶类产量	吨	255	327	389	419	770
# 牛奶	吨	255	327	389	419	764
禽蛋产量	吨	7949	7324	8077	10035	10901
水产品产量	吨	4060	4549	3185	3787	4239
规模以上工业企业单位数	个	135	135	133	132	138
规模以上工业总产值	亿元	20.06	20.63	25.03	30.45	37.71
规模以上工业增加值	亿元	9.13	7.91	9.77	12.14	15.03
原煤产量	万吨	1.29	2.07	2.00	3.23	13.23
发电量	亿千瓦小时	30.97	23.95	23.50	39.69	32.83
水泥产量	万吨	23.77	24.62	53.02	58.35	68.04
建筑业企业单位数	个	58	58	62	54	51
建筑业企业年末从业人员	万人	0.96	1.09	1.45	1.60	1.31
建筑业总产值	亿元	3.21	5.05	6.48	6.78	6.92
房屋建筑施工面积	万平方米	104.16	117.61	147.03	167.57	149.32
房屋建筑竣工面积	万平方米	47.34	59.97	74.86	74.11	79.71
公路里程	公里	5597	5364	5484	5764	6119
# 等级公路	公里	4699	4172	4349	4646	5002
# 高速公路	公里					
民用汽车拥有量	辆	10473	16607	18062	22662	29478
# 私人汽车	辆	2686	3797	4616	6998	11441
邮电业务总量	亿元	3.29	3.76	5.25	6.29	9.89
邮政业务总量	亿元	0.39	0.77	0.87	0.95	0.83
电信业务总量	亿元	2.90	2.99	4.38	5.34	9.07

2005年	2006年	2007年	2008年	2009年	2010年	2011年
99.88	95.70	75.23	82.12	88.46	93.09	80.13
26	16	14	23	51	44	47
72788	77929	79606	94859	108611	108611	125759
630214	721987	723592	847424	977270	1083087	1137575
83009	98197	117205	138560	155521	167647	189243
3693	3795	3776	4123	4356	4526	5133
144176	171348	147899	165600	192159	236389	249971
134457	160079	130470	151328	176247	218518	229449
577	747	572	592	246	330	320
577	747	572	592	246	330	320
13799	17166	20801	23554	27448	30440	34052
4968	5746	1841	2002	3048	15197	28496
152	173	159	187	264	282	304
43.57	56.28	81.56	97.48	132.47	192.15	309.22
15.79	23.48	35.71	40.86	50.75	75.15	125.48
14.36	28.24	50.63	52.77	56.69	58.00	75.01
40.24	28.98	41.35	43.21	56.07	54.36	67.83
69.77	87.38	106.75	126.23	421.87	617.23	660.91
51	54	53	52	53	54	74
1.20	1.53	1.07	1.34	1.78	2.01	2.29
7.35	9.31	10.19	15.70	22.12	30.23	41.06
151.89	143.77	134.37	234.81	282.06	315.23	464.32
78.14	71.55	59.19	127.51	99.02	115.74	138.73
6369	15088	15806	17211	19458	19973	20859
5252	3905	9639	11734	15482	16550	17619
		91	93	151	349	499
25844	31748	39406	42728	53797	63592	73098
17118	24165	33166	29510	38928	47771	56562
12.46	17.42	22.18	27.56	26.39	11.89	16.26
0.91	1.18	1.26	1.45	1.63	1.54	1.80
11.54	16.25	20.92	26.12	24.76	10.35	14.46

12-1 续表 3

指 标	单 位	2000年	2001年	2002年	2003年	2004年
固定电话用户	万户	16.11	18.59	23.75	32.68	39.34
移动电话用户	万户	4.76	10.86	19.20	25.08	39.15
互联网用户	万户	0.78	1.07	1.51	1.52	2.47
限额以上企业数	个					
批发业	个					
零售业	个					
住宿业	个					
餐饮业	个					
社会消费品零售总额	亿元	27.68	29.88	32.36	36.06	41.19
进出口总额	万美元			72	189	189
# 出口	万美元			72	157	189
实际外商直接投资额	万美元	31	25		75	173
接待入境旅游者人数	万人次	0.18	0.21	0.26	0.39	0.50
# 外国人	万人次	0.18	0.07	0.08	0.39	0.50
国际旅游外汇收入	万美元	54	56	44	66	85
国内旅游人数	万人次	51	60	72	75	108
国内旅游收入	亿元					3.50
星级饭店数	个			8	12	12
幼儿园数	所	32	25	23	33	64
在园儿童数	万人	3.49	3.40	2.83	3.02	3.00
普通小学学校数	所	2677	2272	2168	1958	1879
普通小学专任教师数	人	15023	16482	17107	16644	16380
普通小学在校学生数	万人	38.25	37.22	34.89	32.36	29.84
普通中学学校数	所	210	215	216	216	222
普通中学专任教师数	人	7030	8207	8841	9010	9569
普通中学在校学生数	万人	13.96	13.96	17.54	18.66	19.37
卫生机构数	个	479	469	428	414	436
卫生机构床位数	张	4607	4982	5121	4956	5123
卫生技术人员	人	7900	8021	7802	7282	7629
# 执业(助理)医师	人	4333	4528	4068	3841	3968
注册护师、护士	人	1693	1775	1928	1635	1855

2005年	2006年	2007年	2008年	2009年	2010年	2011年
40.46	46.77	52.96	49.88	44.62	43.31	40.05
40.26	52.14	75.94	89.83	107.08	119.85	134.41
3.33	4.68	6.97	10.65	11.30	15.75	19.39
					180	220
					31	36
					84	106
					32	33
					33	45
46.75	53.83	64.12	80.72	93.56	110.78	129.72
119	271	350	1043	1687	1651	1740
118	271	349	1032	1687	1651	1740
	203	2054	3025	575	564	847
0.51	0.60	0.80	1.10	1.31	1.46	1.80
0.51	0.36	0.42	0.52	0.76	0.22	0.27
86	103	144	200	239	263	360
130	160	206	312	600	1218	1560
4.16	5.60	7.21	11.22	21.83	47.50	63.15
12	12	21	21	23	26	27
74	78	98	137	153	199	295
3.25	3.18	3.33	3.76	3.99	4.88	6.31
1724	1487	1303	1175	1000	886	839
16101	15849	15755	15307	14866	14364	12432
27.86	26.38	24.97	23.36	21.96	20.84	19.95
222	225	225	222	216	209	199
9878	10233	10879	11147	11334	11366	12461
19.73	20.09	20.38	19.79	19.13	18.27	17.47
448	451	382	373	373	368	3189
5281	5702	6290	6791	7592	8059	8598
7739	7999	7609	7540	8570	9142	9966
3972	4345	3691	3528	3612	3605	3906
1869	1734	1967	1998	2466	2715	3162

12-2 汉滨区经济

指　　标	单 位	2000年	2001年	2002年	2003年	2004年
年底总人口	万人	93.12	93.52	93.93	94.57	94.78
生产总值	万元	279640	309800	354183	400576	461889
第一产业	万元	49192	53085	52963	55435	67899
第二产业	万元	87843	92129	108979	128362	144774
# 工业	万元	55563	54656	65489	82144	93064
第三产业	万元	142605	164586	192241	216779	249216
人均生产总值	元	3019	3320	3779	4250	4879
生产总值指数	上年=100	110.4	107.9	110.8	112.8	110.5
城镇单位在岗职工人数	人	56300	55243	55653	51316	48272
乡村从业人员	人	355300	344500	381100	380600	384758
全社会固定资产投资	万元	95874	110613	132482	156404	180466
地方财政收入	万元	9205	10127	10192	10802	12231
地方财政支出	万元	20353	24265	30575	32747	33559
农村居民人均纯收入	元	1237	1349	1450	1547	1708
城镇居民人均可支配收入	元	4700	4822	5019	5580	5774
城镇单位在岗职工平均工资	元	7155	8194	9317	10224	11763
常用耕地面积	公顷	48471	45606	42335	41664	41722
粮食产量	吨	260386	269572	250226	232890	262899
农林牧渔业总产值	万元	72635	81909	82054	98151	120536
社会消费品零售总额	万元	125801	135125	142608	157658	180501
普通小学专任教师数	人	4637	5064	5527	5435	5346
普通小学在校学生数	人	132121	128099	119713	111086	102238
普通中学专任教师数	人	2427	2633	2834	2938	3123
普通中学在校学生数	人	48384	55306	62167	66351	69292
卫生机构床位数	张	1954	2308	2444	2485	2379
卫生技术人员	人	3801	3535	3472	3460	3313
# 执业(助理)医师	人	1183	1215	1681	1445	1630
注册护师、护士	人	811	780	1055	964	975

社会主要指标

2005年	2006年	2007年	2008年	2009年	2010年	2011年
88.17	88.28	88.36	88.52	86.91	87.04	87.03
530981	608680	702883	855960	962350	1141960	1369500
87767	99780	114850	148390	150290	152860	165520
169889	192445	223084	273980	305250	395130	546960
110629	123457	137299	155490	159950	212430	312660
273325	316455	364949	433590	506810	593970	657020
6057	6899	7958	9679	10859	13130	15735
109.3	109.1	112.7	114.2	114.8	114.7	114.8
49161	46752	47169	49274	46502	47249	52421
395561	404415	411718	434677	425506	422567	425310
194752	230614	288156	358994	459023	568407	703867
8237	9490	12650	15090	18165	22152	29790
38956	47308	73516	110493	162875	225967	261279
1861	2013	2295	2821	3364	4020	5099
6365	7090	8360	10491	13268	15683	18710
12356	14364	18762	22184	28366	31321	36584
41699	42230	42525	42902	43122	43137	43457
278788	171529	195349	212912	225418	242364	206118
144850	164687	192142	246281	251298	257321	277629
205965	237813	286578	361615	415107	527087	618102
5219	5135	5196	5145	4997	4833	4642
97450	93659	90919	86644	82747	79425	76613
3283	3385	3732	3817	3855	3806	4528
70611	70773	70493	67761	65378	63058	61624
2265	2403	2644	3046	3437	3599	3804
3222	2849	3269	3416	3814	4156	4578
1654	1966	1599	1636	1756	1797	1815
965	832	977	1053	1195	1353	1641

12-3 汉阴县经济

指　　标	单 位	2000年	2001年	2002年	2003年	2004年
年底总人口	万人	28.79	28.91	28.96	28.89	29.20
生产总值	万元	52948	58396	67637	81165	98694
第一产业	万元	23777	24818	27591	31416	36337
第二产业	万元	9861	11406	13634	16903	23943
# 工业	万元	5809	7161	8886	11083	17264
第三产业	万元	19310	22171	26412	32847	38414
人均生产总值	元	1634	1848	2024	2338	3388
生产总值指数	上年=100	115.7	104.4	109.7	115.1	113.5
城镇单位在岗职工人数	人	9002	8669	8663	8909	9237
乡村从业人员	人	129802	131000	134200	136700	145000
全社会固定资产投资	万元	22891	23299	24983	31835	43226
地方财政收入	万元	2518	2870	2845	2860	3080
地方财政支出	万元	7847	10505	11075	11826	13029
农村居民人均纯收入	元	1206	1282	1408	1498	1668
城镇居民人均可支配收入	元				5868	6200
城镇单位在岗职工平均工资	元	6248	7963	8924	9433	9766
常用耕地面积	公顷	19853	19679	22418	20906	20941
粮食产量	吨	92358	95583	85782	79628	91735
农林牧渔业总产值	万元	39817	44628	49000	52033	60901
社会消费品零售总额	万元	15999	16832	17599	19201	29420
普通小学专任教师数	人	1255	1675	1803	1819	1824
普通小学在校学生数	人	37600	35900	32500	30000	28000
普通中学专任教师数	人	624	825	963	963	1038
普通中学在校学生数	人	13500	15900	16900	19100	20500
卫生机构床位数	张	314	350	346	346	336
卫生技术人员	人	468	484	463	453	450
# 执业(助理)医师	人	238	252	265	284	306
注册护师、护士	人	90	92	94	96	102

社会主要指标

2005年	2006年	2007年	2008年	2009年	2010年	2011年
24.83	24.86	24.88	24.92	24.60	24.62	24.62
112800	132200	156640	201090	238320	284480	351130
44760	51770	59840	77570	80880	83530	88840
26010	32220	39380	53840	74610	101540	146760
18800	24220	30120	41130	58680	80610	120570
42030	48210	57420	69680	82830	99410	115530
3855	5312	6304	8089	9551	11558	14261
112.2	111.3	112.9	116.2	116.3	114.9	115.6
8532	8604	8091	8629	8745	9461	10316
147407	151824	150742	152879	155711	158157	162404
49014	56273	81302	122614	172150	223190	243699
1836	2039	3002	4015	6433	8047	10898
14901	22548	30073	51506	64728	82360	106689
1839	1990	2285	2772	3322	4053	5123
6593	6957	7961	9988	12323	14590	17289
10549	11597	17121	21288	28550	33273	38263
20997	20991	21206	21800	22749	22941	23279
109878	103119	84700	93728	102374	110219	92555
73607	85135	100142	128917	136150	141242	150879
32910	37502	43778	55124	65975	73843	86042
1805	1775	1716	1632	1587	1496	1438
26500	25700	24600	23700	23100	22268	21730
1040	1032	1009	1300	1057	1034	1073
21100	20200	19200	14100	17800	16845	16304
336	388	407	435	438	491	650
445	504	516	545	597	618	758
327	351	363	392	417	436	461
113	120	134	154	180	218	248

12-4 石泉县经济

指　　标	单 位	2000年	2001年	2002年	2003年	2004年
年底总人口	万人	18.26	18.26	18.17	18.12	18.36
生产总值	万元	45869	51901	58990	68126	82704
第一产业	万元	11777	13957	14808	16192	21606
第二产业	万元	16431	16949	19897	24577	29838
# 工业	万元	9771	10028	10162	14695	17944
第三产业	万元	17661	20995	24285	27357	31260
人均生产总值	元	2520	2840	3239	3754	4533
生产总值指数	上年=100	114.0	105.0	109.8	112.2	112.4
城镇单位在岗职工人数	人	8367	8036	8015	7863	7530
乡村从业人员	人	61687	61200	64600	68600	81000
全社会固定资产投资	万元	36747	28478	36808	49842	73884
地方财政收入	万元	1837	2096	2049	2223	2157
地方财政支出	万元	5602	6904	8337	9190	11129
农村居民人均纯收入	元	1227	1285	1325	1415	1539
城镇居民人均可支配收入	元	3860	4727	5490	5825	6210
城镇单位在岗职工平均工资	元	6238	8313	9460	10344	11939
常用耕地面积	公顷	15764	13234	13105	11543	14340
粮食产量	吨	67915	66279	56856	57026	67258
农林牧渔业总产值	万元	22685	24379	25533	26678	36906
社会消费品零售总额	万元	13322	14412	15755	17972	21344
普通小学专任教师数	人	1059	1026	1077	1043	1008
普通小学在校学生数	人	21471	20477	19400	17598	17210
普通中学专任教师数	人	452	502	567	588	619
普通中学在校学生数	人	8669	9717	10538	10510	10842
卫生机构床位数	张	297	330	315	390	255
卫生技术人员	人	413	422	410	467	397
# 执业(助理)医师	人	178	180	171	183	179
注册护师、护士	人	96	95	95	110	99

社会主要指标

2005年	2006年	2007年	2008年	2009年	2010年	2011年
17.49	17.48	17.50	17.53	17.04	17.12	17.13
95047	112993	136080	178570	224430	270030	336530
24890	29110	33680	43630	44570	45930	50760
34031	42146	53976	78450	111860	149520	201990
20800	26500	35300	52911	82730	113220	160570
36126	41737	48424	56490	68000	74580	83780
5335	6516	7783	10197	12793	15814	19656
112.1	114.5	115.8	118.1	118.4	116.1	116.9
7219	6930	6470	6584	6911	7387	7473
81710	82228	83203	82837	84498	85823	87018
85477	111603	104666	167934	195181	231250	236336
1358	1548	2923	3600	4499	5430	6853
12737	16856	22100	41795	50084	68310	80695
1666	1961	2179	2722	3338	4026	5101
6662	7082	8030	10132	12666	14794	17573
13330	15033	20934	26597	33491	37287	42398
14341	13966	12640	12924	12980	13036	13051
73528	78179	59031	64954	69430	72011	62700
42858	50138	58838	74730	76985	79063	87323
24140	27675	32775	41193	49337	53490	62751
985	952	923	923	917	888	868
16399	15935	15046	14238	13229	12378	11535
643	660	681	711	718	741	750
10837	11309	11628	11194	10990	10437	10552
403	493	541	575	571	580	562
425	422	415	387	382	392	517
195	191	182	138	168	195	186
98	111	113	224	105	113	112

12-5 宁陕县经济

指　标	单位	2000年	2001年	2002年	2003年	2004年
年底总人口	万人	7.37	7.40	7.45	7.47	7.47
生产总值	万元	31579	26477	26817	30715	36421
第一产业	万元	13127	10983	10413	11013	12316
第二产业	万元	8953	4457	6120	7718	10432
# 工业	万元	6339	1783	2059	2581	3342
第三产业	万元	9499	11038	10284	11983	13673
人均生产总值	元	4308	3588	3609	4117	4750
生产总值指数	上年=100	103.4	81.4	96.1	106.2	112.8
城镇单位在岗职工人数	人	4436	4020	3873	3833	3610
乡村从业人员	人	28800	28121	30500	30309	32102
全社会固定资产投资	万元	12513	7593	27505	14910	16505
地方财政收入	万元	1222	1210	911	871	819
地方财政支出	万元	4789	5187	6370	6890	6773
农村居民人均纯收入	元	1210	964	1110	1199	1352
城镇居民人均可支配收入	元	4539	4544	4680	4850	5067
城镇单位在岗职工平均工资	元	6984	8940	9148	10663	11756
常用耕地面积	公顷	5679	4938	3703	3365	3426
粮食产量	吨	34618	28953	20817	20245	22136
农林牧渔业总产值	万元	20568	19216	18540	19258	21207
社会消费品零售总额	万元	10596	10608	10430	10137	10154
普通小学专任教师数	人	530	522	523	512	505
普通小学在校学生数	人	8695	8153	7513	6921	6209
普通中学专任教师数	人	170	202	203	222	229
普通中学在校学生数	人	3162	3591	4005	4219	4622
卫生机构床位数	张	219	220	193	193	198
卫生技术人员	人	248	246	248	258	213
# 执业(助理)医师	人	121	151	140	143	99
注册护师、护士	人	51	62	56	64	60

社会主要指标

2005年	2006年	2007年	2008年	2009年	2010年	2011年
7.03	7.04	7.04	7.06	7.10	7.05	7.05
41640	49570	60650	82990	98040	116120	146610
13690	16520	19140	24510	25670	26730	29910
12990	15600	20780	32980	42350	53480	75220
3788	4950	7910	16260	20770	25100	41430
14960	17450	20730	25500	30020	35910	41480
5583	7216	8585	11702	13885	16418	20807
111.2	113.3	114.9	116.4	115.8	114.9	116.1
3647	3648	3443	3478	3359	3644	4461
32806	32813	32836	32602	32273	32406	33159
17139	23739	44772	75890	103126	129104	105963
736	875	1201	1524	2246	3075	3858
8125	9806	15225	23821	31944	44886	50504
1511	1662	1940	2431	3201	3812	4815
5683	6178	7426	9253	12020	14196	16794
11959	12382	17819	23606	26215	34173	37859
3212	3216	3238	3294	3283	3316	3372
21882	23213	17446	18708	21070	21869	19049
23071	27846	32346	42451	45421	47152	52611
11183	12706	14997	18783	22504	25639	29747
507	468	437	432	412	420	344
6210	5452	4270	3974	3741	3601	3559
214	243	264	251	256	246	256
4732	4772	4603	4341	4079	3823	3579
187	188	216	221	252	262	280
226	225	248	282	318	310	308
97	90	112	112	119	110	106
55	50	61	82	84	84	83

12-6 紫阳县经济

指 标	单 位	2000年	2001年	2002年	2003年	2004年
年底总人口	万人	34.12	34.07	33.77	33.77	33.70
生产总值	万元	57712	58897	72184	83705	104703
第一产业	万元	31089	28629	31927	35137	44498
第二产业	万元	7986	7982	9860	12184	16284
# 工业	万元	3807	3420	3854	5118	8465
第三产业	万元	18637	22286	30397	36384	43921
人均生产总值	元	1673	1727	2128	2479	3104
生产总值指数	上年=100	104.5	107.9	106.1	109.8	110.1
城镇单位在岗职工人数	人	10518	10847	10142	9815	9978
乡村从业人员	人	143681	137900	144800	148800	154900
全社会固定资产投资	万元	18380	22573	29334	35076	42587
地方财政收入	万元	2413	2594	2395	2349	2612
地方财政支出	万元	8468	11379	11908	12564	13945
农村居民人均纯收入	元	1147	1164	1259	1344	1508
城镇居民人均可支配收入	元					5752
城镇单位在岗职工平均工资	元	6628	8219	8873	9669	10277
常用耕地面积	公顷	28055	26561	26228	26053	26199
粮食产量	吨	105318	106934	88886	104619	122556
农林牧渔业总产值	万元	45057	48419	53459	56886	71927
社会消费品零售总额	万元	19858	21194	22472	29000	37596
普通小学专任教师数	人	1954	1889	1903	1812	1740
普通小学在校学生数	人	44542	42055	40201	38481	35368
普通中学专任教师数	人	640	435	927	815	972
普通中学在校学生数	人	11417	13156	14161	14802	14553
卫生机构床位数	张	715	715	715	715	715
卫生技术人员	人	507	493	487	474	465
# 执业(助理)医师	人	310	324	352	358	361
注册护师、护士	人	90	95	98	101	104

社会主要指标

2005年	2006年	2007年	2008年	2009年	2010年	2011年
28.76	28.79	28.81	28.86	28.45	28.41	28.39
121700	139540	166590	207577	237040	281050	353630
51610	58390	70880	84970	88740	89050	94920
19340	24180	30730	47200	60610	85690	134430
9600	11820	14470	22090	31850	45990	84030
50790	56970	64980	75465	87690	106310	124280
3621	4849	5784	7198	8208	9887	12452
109.1	110.3	111.9	115.2	116.0	116.3	116.2
9977	9978	8799	8145	8672	9809	10066
156925	157827	155956	152000	150572	150733	163898
48521	58017	89597	143212	203329	289208	256773
1609	1871	3258	6009	8036	10100	13308
16334	20456	31507	57107	69063	112511	110864
1669	1837	2167	2667	3267	4032	5112
6182	6559	7740	9868	12159	14311	17130
11350	12502	18300	26406	30573	32434	37507
26183	25096	24658	24397	24262	24224	24277
123006	116447	91612	102045	111747	117128	100798
84277	95388	109681	140074	148769	153838	165342
42684	49042	58052	73275	85791	96828	113902
1728	1667	1675	1606	1548	1483	1429
33376	31460	30940	29190	27349	25357	23590
1002	1030	1034	1092	1107	1128	1269
15197	15875	16022	14995	14008	18000	17035
715	715	715	715	715	795	596
457	455	469	463	466	483	625
376	384	402	416	430	373	375
104	112	119	121	127	100	96

12-7 岚皋县经济

指　　标	单 位	2000年	2001年	2002年	2003年	2004年
年底总人口	万人	16.71	16.70	16.66	16.83	16.82
生产总值	万元	38005	41497	45973	53552	61700
第一产业	万元	15725	15237	16951	18873	22900
第二产业	万元	8217	10283	11435	14054	16700
# 工业	万元	5864	4810	4965	5375	8300
第三产业	万元	14063	15977	17587	20625	22100
人均生产总值	元	2234	2428	2687	3141	3667
生产总值指数	上年=100	109.1	107.8	107.3	111.1	109.4
城镇单位在岗职工人数	人	8036	8127	7853	7941	6604
乡村从业人员	人	63355	61879	64490	70215	74349
全社会固定资产投资	万元	19680	25380	29963	43950	44158
地方财政收入	万元	1918	1812	1780	1922	2018
地方财政支出	万元	6818	7530	9179	9554	10784
农村居民人均纯收入	元	1305	1351	1432	1527	1685
城镇居民人均可支配收入	元	5300	6677	7346	5191	5718
城镇单位在岗职工平均工资	元	5300	5425	7346	7998	8989
常用耕地面积	公顷	17941	15995	15503	15452	15374
粮食产量	吨	65696	69373	63360	57694	67456
农林牧渔业总产值	万元	25317	25476	29233	33221	40724
社会消费品零售总额	万元	10608	11413	12247	13398	20673
普通小学专任教师数	人	963	889	939	856	822
普通小学在校学生数	人	19000	17000	16000	15000	14000
普通中学专任教师数	人	445	411	422	432	431
普通中学在校学生数	人	7000	8000	9000	9000	9000
卫生机构床位数	张	439	439	439	439	439
卫生技术人员	人	385	391	403	405	410
# 执业(助理)医师	人	129	129	134	136	125
注册护师、护士	人	84	84	89	89	91

社会主要指标

2005年	2006年	2007年	2008年	2009年	2010年	2011年
15.45	15.43	15.45	15.48	15.39	15.42	15.42
68100	78700	88800	114770	132940	163050	198070
25000	30200	33900	41410	42480	43580	46750
18500	19900	21000	28600	37990	61430	86140
9700	10300	10200	13810	20960	38700	58240
24600	28600	33900	44760	52470	58040	65180
4025	5097	5751	7425	8583	10584	12844
109.5	112.8	107.4	118.4	116.3	116.7	115.2
7399	7532	7601	7443	6811	7253	7580
76214	77686	79460	79993	81206	82954	83020
44920	47190	54326	102995	160112	207022	155095
1280	1428	1802	2346	3516	4516	5648
13218	15698	25920	37949	46856	79278	79249
1810	1961	2152	2648	3240	3936	4948
6310	6878	7722	9830	12549	14783	17552
9007	9668	12713	17070	23394	27216	31827
15372	15299	15160	15485	15363	16141	16844
77748	58891	55261	60920	67080	69171	60598
44222	51906	55261	71710	74424	75573	81412
22638	25022	28112	33145	43753	46962	55067
827	825	844	888	859	784	681
13000	12000	11000	10000	10000	9611	9857
440	455	467	491	497	514	560
9000	9000	9000	9000	9000	8476	7997
464	464	468	468	483	463	510
410	425	440	441	443	474	459
125	139	147	148	152	110	131
91	94	98	93	101	108	112

12-8 平利县经济

指 标	单 位	2000年	2001年	2002年	2003年	2004年
年底总人口	万人	22.85	22.83	22.84	22.88	22.96
生产总值	万元	45477	49971	54700	63225	75810
第一产业	万元	22483	22368	22836	26493	32819
第二产业	万元	7032	9457	11093	14012	17347
# 工业	万元	4641	5598	4891	7394	10993
第三产业	万元	15962	18146	20771	22720	25644
人均生产总值	元	2401	2063	2286	2631	3116
生产总值指数	上年=100	107.8	105.8	107.5	111.0	108.9
城镇单位在岗职工人数	人	8605	8462	8271	8463	8007
乡村从业人员	人	81678	81000	85800	88200	92000
全社会固定资产投资	万元	12224	18539	35714	40650	43544
地方财政收入	万元	2411	2499	2852	3091	2756
地方财政支出	万元	6779	8213	9982	10813	12980
农村居民人均纯收入	元	1146	1266	1353	1480	1646
城镇居民人均可支配收入	元	3688	4316	4934	5481	5831
城镇单位在岗职工平均工资	元	6385	7540	8222	8895	10221
常用耕地面积	公顷	21034	21212	18117	17802	18190
粮食产量	吨	79550	78327	72888	71423	82086
农林牧渔业总产值	万元	43488	43641	46118	46448	59403
社会消费品零售总额	万元	12728	13255	13887	15046	23566
普通小学专任教师数	人	1318	1284	1311	1227	1196
普通小学在校学生数	人	28263	27032	24851	22419	20131
普通中学专任教师数	人	463	469	531	526	527
普通中学在校学生数	人	29492	10899	11716	11942	11640
卫生机构床位数	张	264	274	316	263	272
卫生技术人员	人	380	445	440	467	455
# 执业(助理)医师	人	191	218	254	219	201
注册护师、护士	人	82	119	116	111	120

社会主要指标

2005年	2006年	2007年	2008年	2009年	2010年	2011年
19.07	19.09	19.11	19.15	19.40	19.30	19.30
89100	112000	129400	165850	196560	239020	293260
35980	42900	49000	63890	66030	67650	71530
20200	26700	34600	46200	70620	105590	148110
13100	18500	23700	30800	53730	85580	125520
33000	42400	45800	55800	59910	65780	73620
3785	5425	6438	8254	10258	12354	15191
110.4	114.4	114.1	116.5	116.9	116.1	117.4
8462	7904	7785	8193	8361	8420	9521
92406	92692	95881	98104	94801	96954	96502
43520	49448	78144	118761	150145	189103	205904
1742	1908	2599	3303	4529	5450	6860
14173	19046	28720	43269	57361	82846	91805
1776	2085	2400	2914	3544	4272	5362
6284	6868	7933	10031	12340	14487	17159
11248	13164	19611	23103	28446	33948	38678
17623	18087	18249	18241	18305	18302	18149
86780	94315	67901	72584	77037	79868	69502
63455	73821	90610	113174	119266	122193	129839
26393	30223	35350	43999	52694	59688	70063
1174	1244	1154	1120	1102	1072	1051
18284	17543	17314	15756	14307	13034	12246
612	686	703	697	742	773	827
11385	12009	11044	10297	8866	11674	11361
309	358	364	433	486	492	522
450	468	436	464	502	640	604
202	218	194	191	186	183	224
116	115	111	129	131	171	186

12-9 镇坪县经济

指　　标	单位	2000年	2001年	2002年	2003年	2004年
年底总人口	万人	5.74	5.75	5.75	5.68	5.75
生产总值	万元	14135	15720	17921	20605	24607
第一产业	万元	4688	4895	5786	6863	9101
第二产业	万元	3283	3793	4309	4872	5751
# 工业	万元	2016	2239	2538	2729	3248
第三产业	万元	6164	7032	7826	8870	9755
人均生产总值	元	2471	2739	3117	3602	4302
生产总值指数	上年=100	109.7	109.6	110.3	111.6	110.9
城镇单位在岗职工人数	人	3717	3620	3607	3630	3438
乡村从业人员	人	23063	25100	26800	28053	28681
全社会固定资产投资	万元	6550	8094	10279	14002	17526
地方财政收入	万元	800	885	670	754	834
地方财政支出	万元	3326	4181	4842	5182	5816
农村居民人均纯收入	元	1242	1297	1374	1468	1637
城镇居民人均可支配收入	元	4981	4593	5239	5610	5996
城镇单位在岗职工平均工资	元	6273	7953	8874	9566	11223
常用耕地面积	公顷	5981	6043	4939	4752	4922
粮食产量	吨	25271	27688	24072	22335	26031
农林牧渔业总产值	万元	8281	8731	10471	11596	15790
社会消费品零售总额	万元	5283	5609	5998	6362	7173
普通小学专任教师数	人	427	437	451	445	439
普通小学在校学生数	人	6400	6100	5900	5600	5200
普通中学专任教师数	人	141	143	134	159	166
普通中学在校学生数	人	2600	2800	2700	3100	3300
卫生机构床位数	张	136	136	118	126	144
卫生技术人员	人	148	154	155	145	163
# 执业(助理)医师	人	110	119	72	71	75
注册护师、护士	人	34	24	36	37	34

社会主要指标

2005年	2006年	2007年	2008年	2009年	2010年	2011年
4.89	4.90	4.90	4.91	5.13	5.10	5.10
27880	31650	38350	49250	57080	68130	87010
10610	11480	13670	17520	18130	19330	20970
6320	7200	8950	12380	15620	20720	32370
3700	4330	5690	7890	10640	14920	25150
10950	12970	15730	19350	23300	28080	33670
5528	6468	7653	10034	11607	13324	17060
109.7	111.4	113.9	114.8	115.6	114.4	115.6
3752	3458	3185	3291	3316	3474	3533
28222	27242	27709	27450	27507	27118	26257
17682	20846	27827	39724	51004	65328	65480
760	872	1759	1700	2200	2640	3308
6524	8744	12142	18480	25708	34632	39349
1777	1901	2183	2646	3215	3835	4828
6476	7096	7988	10069	12356	14395	17154
11669	12729	19616	25178	32274	38991	47892
4874	4875	4893	4920	4927	4931	4936
28393	29631	23454	25893	28780	30393	26047
18481	20010	24050	32777	34334	35716	38838
7797	8362	9771	12013	14380	17048	19999
439	448	438	440	425	419	335
4800	4900	4700	4500	4400	4314	4199
173	190	194	219	222	223	220
3400	3300	3400	3500	3600	3616	3626
164	164	153	156	242	171	244
159	169	170	171	199	192	188
82	90	70	71	52	70	53
43	43	39	41	51	50	50

12-10　旬阳县经济

指　标	单 位	2000年	2001年	2002年	2003年	2004年
年底总人口	万人	44.81	44.97	45.03	45.09	45.12
生产总值	万元	130102	140863	158490	178864	203183
第一产业	万元	37519	40055	44212	41276	46433
第二产业	万元	46760	47085	51469	64155	72383
# 工业	万元	33267	34953	40390	51063	59675
第三产业	万元	45823	53723	62809	73433	84367
人均生产总值	元	2911	3073	3223	3603	4026
生产总值指数	上年=100	115.0	106.0	105.1	111.9	111.9
城镇单位在岗职工人数	人	14351	14435	14501	14213	15016
乡村从业人员	人	186630	178600	181400	203230	206000
全社会固定资产投资	万元	35897	33460	40828	56210	67353
地方财政收入	万元	6124	6871	7325	7608	7625
地方财政支出	万元	12859	16468	19050	19779	22525
农村居民人均纯收入	元	1217	1380	1535	1602	1703
城镇居民人均可支配收入	元	4456	4584	5456	5730	6198
城镇单位在岗职工平均工资	元	7353	8768	10369	10908	12040
常用耕地面积	公顷	44610	42411	37554	36374	35566
粮食产量	吨	171211	174138	140058	100071	126785
农林牧渔业总产值	万元	64479	68810	75920	68013	78075
社会消费品零售总额	万元	29374	31333	33372	36409	48391
普通小学专任教师数	人	2005	2181	2204	2208	2195
普通小学在校学生数	人	54500	52900	50500	47800	44500
普通中学专任教师数	人	1247	1374	1440	1511	1569
普通中学在校学生数	人	26900	28400	30400	32400	34000
卫生机构床位数	张	515	499	492	483	553
卫生技术人员	人	902	899	828	862	847
# 执业(助理)医师	人	471	467	478	497	502
注册护师、护士	人	185	183	180	184	185

社会主要指标

2005年	2006年	2007年	2008年	2009年	2010年	2011年
42.69	42.72	42.76	42.83	42.73	42.68	42.68
223510	257930	327770	411300	470190	554400	677730
48100	53570	60960	87910	89920	91860	96650
77200	94280	139010	175490	203270	247440	341060
57970	70050	108870	131300	131240	171440	249890
98210	110070	127800	147900	177010	215100	240020
4974	6071	7632	9459	10971	12983	15879
109.8	111.5	113.7	115.1	113.6	113.6	115.1
14772	14938	14480	15142	15563	16247	18027
205495	209153	212972	204689	197021	190596	194247
85075	116484	160189	284550	400006	412773	448665
7180	6661	8618	12102	16388	21102	28524
26920	33437	43605	72518	98640	133367	176552
1859	1980	2298	2819	3357	4017	5096
6618	6940	8061	10223	12690	14809	17697
12765	13889	18472	23785	28204	34372	37291
34308	34672	35108	35451	35539	35709	35891
143276	137294	106984	113638	123465	127488	111346
81835	91152	105597	151126	156766	159372	170433
66165	76216	89699	112314	134410	149606	174526
2181	2162	2135	1960	1916	1852	1782
40600	37100	32500	28900	26200	24618	23366
1611	1697	1763	1757	1769	1740	1865
34700	36500	37700	36900	36200	30299	27315
599	731	745	827	905	1006	1042
824	857	930	928	1177	1283	1523
469	473	540	477	390	388	548
195	200	215	223	370	422	462

12-11 白河县经济

指　标	单 位	2000年	2001年	2002年	2003年	2004年
年底总人口	万人	20.67	20.67	20.67	20.75	20.81
生产总值	万元	38981	43519	51793	60669	69878
第一产业	万元	17433	18076	19577	22725	25110
第二产业	万元	5825	6877	8675	10417	14316
# 工业	万元	3375	3657	4422	5561	9039
第三产业	万元	15723	18566	23541	27527	30452
人均生产总值	元	1890	2105	2506	2929	2605
生产总值指数	上年=100	111.6	109.3	111.9	112.1	111.4
城镇单位在岗职工人数	人	6404	6328	6183	6187	6209
乡村从业人员	人	99700	94600	85100	95900	102800
全社会固定资产投资	万元	8446	12727	23636	29224	32587
地方财政收入	万元	2009	2317	2558	2759	1858
地方财政支出	万元	6556	8349	9777	10906	10962
农村居民人均纯收入	元	1297	1415	1443	1539	1698
城镇居民人均可支配收入	元				5628	5772
城镇单位在岗职工平均工资	元	6129	8699	10033	10967	11360
常用耕地面积	公顷	19577	16130	14625	13729	13760
粮食产量	吨	80107	81523	38103	26703	34902
农林牧渔业总产值	万元	30597	33723	36448	38218	41278
社会消费品零售总额	万元	13594	15234	17250	19863	22962
普通小学专任教师数	人	1060	1515	1369	1286	1305
普通小学在校学生数	人	29449	33999	32129	28366	25773
普通中学专任教师数	人	428	811	772	691	896
普通中学在校学生数	人	8012	12123	12001	14958	15882
卫生机构床位数	张	284	284	297	300	297
卫生技术人员	人	269	266	257	267	264
# 执业(助理)医师	人	188	200	191	173	176
注册护师、护士	人	62	57	62	71	66

社会主要指标

2005年	2006年	2007年	2008年	2009年	2010年	2011年
16.43	16.41	16.43	16.46	16.51	16.35	16.35
79110	96166	116680	136980	164350	200410	254890
28308	32490	37470	48130	49150	50180	54200
15933	22506	32774	37050	49120	74430	115360
9955	15424	23948	26740	36080	57510	93320
34869	41171	46435	51800	66080	75800	85330
3822	5856	7105	8330	9977	12201	15594
110.4	112.6	113.0	114.3	116.9	114.1	116.1
5997	6088	6076	6107	6489	6523	6673
110400	109551	108409	108463	107291	108442	109689
36998	37935	62482	95086	145157	202874	181184
1689	2178	3208	3828	4519	5428	7088
13355	17578	25219	38088	54800	77488	88511
1786	1901	2221	2739	3302	3980	5007
6466	6875	7903	10028	12316	14410	17033
12741	14414	18652	24863	31500	37164	43692
13772	13801	13801	13801	13801	13806	13840
55782	63681	50604	55238	58174	60356	52597
46737	53655	62139	80387	82990	85398	92371
25823	29574	34835	43820	51665	57654	67017
1248	1262	1237	1216	1153	1117	1004
23178	21150	18842	16553	14655	13790	12776
938	966	1031	1072	1111	1169	1113
15299	16033	16723	16536	16633	16480	15286
297	306	306	364	384	384	388
258	254	314	319	342	377	406
185	142	135	147	159	160	179
64	69	75	89	102	109	129

十三、商洛市

资料整理：王 琨 王 丹 孙士梅

13-1 商洛市经济

指　　标	单 位	2000年	2001年	2002年	2003年	2004年
年底总人口	万人	236.72	236.46	236.77	237.50	240.62
人口自然增长率	‰					
年底总户数	万户	62.20	62.75	64.18	65.49	66.70
生产总值	亿元	56.35	59.52	67.10	92.43	105.03
第一产业	亿元	16.66	17.29	17.29	18.71	22.92
第二产业	亿元	20.08	17.88	21.74	32.43	35.47
# 工业	亿元	8.22	6.94	9.36	15.13	17.15
第三产业	亿元	19.61	24.35	28.07	41.29	46.64
人均生产总值	元	2382	2529	2842	3902	4393
生产总值指数	上年=100	111.2	110.5	111.0	109.8	109.4
第一产业	上年=100	104.5	102.3	104.0	105.4	107.7
第二产业	上年=100	118.5	114.6	113.6	114.0	108.0
# 工业	上年=100	115.0	108.9	126.1	115.4	110.2
第三产业	上年=100	110.8	113.3	113.6	108.5	111.4
人均生产总值指数	上年=100	110.9	110.4	110.6	109.4	109.2
非公有制经济增加值						
文化产业增加值						
单位GDP能耗	吨标准煤/万元					
单位GDP能耗比上年增长	%					
单位工业增加值能耗	吨标准煤/万元					
就业人员	万人	103.20	102.63	105.10	106.49	107.10
第一产业	万人	72.11	68.15	69.74	65.71	65.40
第二产业	万人	2.72	11.71	6.90	11.45	8.60
第三产业	万人	28.37	22.77	28.46	29.33	33.10
城镇单位就业人员	万人	10.37	10.48	10.03	10.24	10.26
# 国有单位	万人	8.45	8.62	8.19	8.14	8.26
集体单位	万人	0.68	0.64	0.61	0.60	0.60
城镇单位在岗职工人数	万人	9.97	10.10	10.03	10.24	10.26
城镇单位在岗职工平均工资	元	6185	7800	8488	9061	9769

社会主要指标

2005年	2006年	2007年	2008年	2009年	2010年	2011年
237.91	237.73	238.45	238.96	234.61	234.29	233.62
3.06	3.07	3.04	3.01	2.99	3.18	3.15
68.78	69.66	69.30	70.74	72.07	73.03	74.77
114.43	137.77	160.40	197.45	224.47	285.90	362.95
25.43	28.31	33.87	44.57	46.65	58.05	70.61
37.25	46.64	55.19	71.18	83.75	117.82	163.03
17.87	20.98	26.69	35.58	40.09	64.49	96.38
51.75	62.82	71.34	81.70	94.07	110.03	129.31
4800	5787	6737	8272	9383	12197	15513
109.9	110.8	112.8	115.8	114.1	114.9	115.1
107.7	106.5	106.3	107.2	106.4	106.5	106.5
110.4	111.2	114.6	119.9	115.8	119.5	121.2
110.3	112.7	116.3	118.7	107.6	122.6	124.4
110.6	112.6	114.5	116.6	115.8	114.7	113.1
109.6	110.5	112.5	115.5	113.8	115.3	115.3
44.28	62.00	75.15	93.05	107.56	138.93	180.09
			1.68	2.08	2.76	3.63
1.080	1.066	1.024	0.975	0.926	0.896	0.575
	-1.30	-3.96	-4.78	-5.01	-3.20	-3.51
2.050	2.410	2.400	2.071	2.015	1.729	0.799
107.56	107.80	108.69	110.96	111.44	110.75	111.33
67.71	63.77	64.55	65.34	65.81	58.20	59.30
9.55	10.60	9.81	10.51	10.10	18.90	18.40
30.30	33.43	34.33	35.11	35.53	33.65	33.63
10.83	10.75	11.99	11.89	12.48	12.60	13.88
8.52	8.70	9.14	8.95	9.14	9.15	9.88
0.60	0.64	0.75	0.78	0.94	0.95	0.98
10.83	10.75	11.41	11.25	11.74	11.96	12.89
10426	11619	14431	18675	22203	26171	30287

13-1 续表 1

指　　标	单 位	2000年	2001年	2002年	2003年	2004年
全社会固定资产投资	亿元	23.27	22.38	25.70	29.53	32.75
# 房地产开发	亿元	0.21	0.20	0.65	0.79	1.63
商品房销售面积	万平方米	2.55	1.79	4.58	6.85	2.82
# 住宅	万平方米	2.55	1.79	4.58	6.85	2.82
地方财政收入	亿元	2.78	3.02	2.72	2.93	2.99
地方财政支出	亿元	7.73	9.77	10.80	11.98	13.15
金融机构人民币各项存款余额	亿元	67.35	74.73	80.55	90.75	106.92
金融机构人民币各项贷款余额	亿元	54.07	54.38	57.92	63.76	66.59
农村居民人均总收入	元	1922	1559	1778	1444	1511
农村居民人均纯收入	元	1128	1172	1258	1321	1420
工资性收入	元	396	460	495	504	593
家庭经营收入	元	532	575	612	680	690
财产性收入	元	101	28	34	22	14
转移性收入	元	99	109	117	115	123
农村居民人均生活消费支出	元	1230	1027	1253	1020	1105
# 食品支出	元	230	495	549	314	344
城镇居民人均总收入	元			6080	6048	6892
工资性收入	元			5268	5165	5832
经营性收入	元			245	180	176
财产性收入	元			50	68	37
转移性收入	元			517	634	848
城镇居民人均可支配收入	元	4551	4896	5916	6302	6641
城镇居民人均生活消费性支出	元			4931	4264	4655
# 食品支出	元			1270	1383	1515
城镇人均住房使用面积	平方米			20.0	22.0	22.7
农村人均住房面积	平方米	23.6	24.2	24.0	28.5	29.5
城市人均公园绿地面积	平方米					
城市人均道路面积	平方米		7.0	8.8	9.2	9.0
城市用水普及率	%		84.4	82.6	82.4	82.4
城市用气普及率	%		49.0	47.8	47.1	52.1
常用耕地面积	千公顷	146.46	144.68	130.14	128.33	128.00
农林牧渔业总产值	亿元	29.49	31.24	33.22	33.88	39.02
农作物总播种面积	千公顷	307.93	297.06	284.96	267.67	288.95
# 粮食作物	千公顷	269.44	254.91	237.75	204.16	224.98

2005年	2006年	2007年	2008年	2009年	2010年	2011年
40.32	99.97	133.19	164.65	220.34	290.07	308.36
1.77	1.92	2.32	5.45	5.94	8.22	10.98
11.82	13.08	13.66	21.49	27.41	34.56	43.60
10.63	12.87	13.56	21.49	27.26	32.02	41.97
2.46	3.37	4.94	6.82	8.96	12.01	16.49
15.40	20.30	32.16	47.59	65.07	90.20	106.78
132.03	166.95	205.16	256.32	319.96	382.91	446.66
66.54	72.52	86.01	97.41	131.91	155.47	187.49
1693	1721	2157	2653	3300	4815	5770
1513	1609	1850	2491	3002	3605	4586
610	790	960	1297	1556	1828	2405
716	638	709	951	1183	1328	1658
15	67	70	55	38	120	140
172	113	112	188	225	329	383
1295	1409	1648	2106	2427	2711	3569
378	410	689	913	938	1060	1343
7315	8142	10291	11043	13380	15613	17913
6227	7232	8898	8758	10456	11817	13618
226	100	334	989	1297	1485	1701
52	39	79	294	335	403	442
810	771	979	1002	1292	1908	2151
7038	7770	8870	10444	12857	14811	17344
4846	5806	6704	7047	8292	9169	10826
1570	1895	2250	2442	3123	3306	3914
23.4	27.7	25.6	28.1	30.0	26.72	34.7
28.7	30.8	32.4	33.2	35.2	34.6	35.8
	7.8	8.5	8.9	10.2	10.0	11.4
9.4	9.5	11.3	11.9	13.7	13.9	14.1
85.7	89.2	90.1	85.7	96.6	84.7	76.0
67.2	91.7	93.3	85.0	75.2	59.6	61.4
129.26	128.01	129.85	131.05	131.58	132.27	133.23
43.33	47.99	57.80	76.09	81.56	100.35	124.76
302.04	303.95	258.31	271.02	282.49	286.20	275.25
238.59	242.31	201.48	209.89	216.66	221.86	208.44

13-1 续表 2

指　标	单 位	2000年	2001年	2002年	2003年	2004年
粮食产量	万吨	74.72	76.80	70.99	62.17	66.76
棉花产量	吨	48	33	36	28	27
油料产量	吨	12555	12471	11301	11592	11145
蔬菜产量	吨	171000	167141	215227	251888	300402
水果产量	吨	41791	25708	44309	45744	49137
# 苹果	吨	5463	4629	6540	6892	7421
肉类产量	吨	88259	92878	98273	105271	118056
# 猪牛羊肉	吨	84957	89271	94529	100922	113081
奶类产量	吨	1036	892	851	1271	899
# 牛奶	吨	524	683	608	834	716
禽蛋产量	吨	29504	30078	31039	33243	35456
水产品产量	吨	1200	1256	1342		1267
规模以上工业企业单位数	个	71	73	78	92	93
规模以上工业总产值	亿元	11.47	14.19	16.40	22.00	26.82
规模以上工业增加值	亿元	4.14	5.44	6.97	9.08	7.97
原煤产量	万吨	26.20	11.47	14.27	18.27	6.45
发电量	亿千瓦小时	0.69	0.24	0.54	0.73	0.78
水泥产量	万吨	52.25	46.87	49.65	68.78	73.96
建筑业企业单位数	个	68	65	60	49	50
建筑业企业年末从业人员	万人	1.14	1.46	1.84	1.81	1.74
建筑业总产值	亿元	3.76	4.83	8.11	8.40	9.33
房屋建筑施工面积	万平方米	84.46	87.97	113.89	113.43	142.11
房屋建筑竣工面积	万平方米	43.83	48.32	61.52	67.59	61.51
公路里程	公里	4899	5293	5400	5705	6047
# 等级公路	公里	4153	4609	4738	5085	5426
# 高速公路	公里					
民用汽车拥有量	辆	6511	16421	18001	22601	27721
# 私人汽车	辆	3420	3965	4872	6588	9098
邮电业务总量	亿元	1.90	2.45	3.40	3.80	6.15
邮政业务总量	亿元	0.27	0.50	0.58	0.73	0.84
电信业务总量	亿元	1.64	1.95	2.82	3.08	5.31

2005年	2006年	2007年	2008年	2009年	2010年	2011年
70.62	74.94	50.13	59.46	67.65	71.05	59.80
25	26	17	20	17	12	12
11545	13036	12125	16084	18482	18482	21603
312773	328720	298579	311969	369858	440049	410457
53995	56088	56381	61865	65339	64174	69847
8778	9137	9235	10081	10652	10741	9701
128651	136566	81273	93051	110474	124291	134281
122478	130189	74071	87235	102379	115005	123428
978	967	1056	1270	1509	1647	1660
812	772	768	852	1127	1530	1598
37315	37861	33329	37802	45125	51488	61961
1444	1363	1328	1385	1562	1896	1900
100	80	87	113	127	136	120
32.76	41.39	60.08	74.43	104.56	176.99	265.07
10.25	11.72	19.18	24.19	28.63	49.65	75.17
15.00	15.94	13.24	10.55	11.71	11.62	6.37
0.78	1.36	1.30	1.31	2.40	2.93	4.03
68.50	111.00	161.00	202.90	229.23	215.60	210.19
51	52	52	52	54	54	53
1.76	1.66	2.18	2.43	2.43	3.10	4.00
11.30	13.26	19.30	28.67	39.01	59.39	82.20
184.67	187.84	216.30	240.61	294.77	320.97	412.31
98.00	99.25	122.42	136.65	151.20	190.52	245.32
6167	10873	9268	9943	11759	11871	12107
5546	4863	7395	8634	10852	11198	11520
		13	247	341	347	315
11022	24982	33428	36537	43136	49643	55004
4715	21609	30629	28309	34463	40301	45059
7.47	10.99	14.65	17.96	17.99	7.77	10.89
0.90	1.17	1.35	1.52	1.67	1.32	1.49
6.57	9.83	13.30	16.43	16.32	6.45	9.40

13-1 续表 3

指　　标	单 位	2000年	2001年	2002年	2003年	2004年
固定电话用户	万户	11.64	14.44	18.49	23.39	27.11
移动电话用户	万户	2.38	5.83	11.19	14.21	36.11
互联网用户	万户	0.25	0.52	0.91	2.88	3.84
限额以上企业数	个					
批发业	个					
零售业	个					
住宿业	个					
餐饮业	个					
社会消费品零售总额	亿元	19.91	22.59	25.40	28.65	32.71
进出口总额	万美元			294	454	109
# 出口	万美元			266	454	109
实际外商直接投资额	万美元			27	96	12
接待入境旅游者人数	万人次	1.21	0.20	0.03	0.13	0.23
# 外国人	万人次	1.00	0.12	0.01	0.02	0.11
国际旅游外汇收入	万美元	273	102	10	8	6
国内旅游人数	万人次	50	56	62	48	67
国内旅游收入	亿元	0.75	0.80	0.93	0.71	1.33
星级饭店数	个			10	10	10
幼儿园数	所	70	34	37	45	61
在园儿童数	万人	2.50	1.85	1.30	1.74	2.04
普通小学学校数	所	4237	3632	3208	2997	2725
普通小学专任教师数	人	12853	12517	12303	12180	11717
普通小学在校学生数	万人	36.51	35.56	33.40	30.69	27.58
普通中学学校数	所	178	186	189	189	187
普通中学专任教师数	人	7074	7664	8381	9100	9615
普通中学在校学生数	万人	12.24	12.24	16.55	18.44	19.14
卫生机构数(不含个体)	个	360	365	366	373	322
卫生机构床位数	张	4009	4276	4156	3882	4150
卫生技术人员	人	5898	5983	6076	6184	6208
# 执业(助理)医师	人	3615	3793	3126	3208	3010
注册护师、护士	人	1082	1136	1195	1117	1164

2005年	2006年	2007年	2008年	2009年	2010年	2011年
30.29	36.98	39.93	40.18	38.19	35.67	33.84
23.42	32.84	46.31	59.88	76.76	85.32	99.55
4.42	2.95	3.91	7.76	7.25	9.46	12.33
				44	65	73
				5	10	12
				16	24	29
				19	26	24
				4	5	8
35.97	40.01	46.22	56.70	66.79	79.19	92.18
122	317	882	2674	10680	30754	33666
122	317	315	1077	431	5186	395
	278	310	2633	4014	5867	6600
0.23	0.25	0.25	0.60	1.73	1.20	1.23
0.10	0.10	0.11	0.60	1.73	0.58	0.66
6	9	9	23	78	76	98
73	117	260	453	734	1270	1703
1.46	2.40	5.33	10.46	23.10	48.26	68.12
10	10	10	10	10	12	12
88	95	116	106	129	181	296
2.26	2.23	1.91	2.50	2.76	3.02	5.46
2479	2228	2112	1928	1614	1306	1130
11447	11339	11263	11068	10880	10823	9894
24.80	23.06	21.65	20.02	18.73	17.75	17.15
187	187	187	187	186	183	180
9905	10204	10590	10771	10931	11003	11644
19.43	19.57	19.05	18.15	17.29	16.44	15.65
324	321	309	277	258	261	2616
4432	4504	5055	5786	6071	6701	7998
6236	6286	6682	6905	7104	7933	9401
3007	3083	3208	2840	2856	2909	3217
1226	1259	1434	1841	1969	2177	2713

13-2 商州区经济

指 标	单 位	2000年	2001年	2002年	2003年	2004年
年底总人口	万人	54.19	54.20	54.32	54.48	54.50
生产总值	万元	106670	122100	141040	169740	219100
第一产业	万元	26040	26730	29060	31140	34900
第二产业	万元	41010	47930	55580	70150	85800
# 工业	万元	20390	23880	25030	30230	41600
第三产业	万元	39620	47440	56400	68450	98400
人均生产总值	元	1977	2253	2599	3120	4021
生产总值指数	上年=100	114.8	112.9	116.9	110.6	113.4
城镇单位在岗职工人数	人	28968	29069	29322	31208	30217
乡村从业人员	人	194565	193800	196200	195300	196900
全社会固定资产投资	万元	56957	55502	73484	83636	85684
地方财政收入	万元	4845	5638	5660	5729	5700
地方财政支出	万元	11992	16206	17987	18629	19967
农村居民人均纯收入	元	1097	1143	1212	1272	1351
城镇居民人均可支配收入	元	4437	4683	5411	5828	6559
城镇单位在岗职工平均工资	元	6903	8043	8643	9060	9774
常用耕地面积	公顷	25647	25000	24913	24846	23116
粮食产量	吨	124732	131842	122159	118511	124522
农林牧渔业总产值	万元	44325	45202	48818	51225	57675
社会消费品零售总额	万元	51691	58115	64777	72246	81734
普通小学专任教师数	人	3058	3030	3057	2956	2952
普通小学在校学生数	人	78528	76661	71428	66111	58427
普通中学专任教师数	人	1676	1729	1852	1948	2036
普通中学在校学生数	人	30407	33406	37410	39069	39437
卫生机构床位数	张	1456	1367	1437	1289	1345
卫生技术人员	人	1680	1734	1719	1722	1723
# 执业(助理)医师	人	744	955	950	870	786
注册护师、护士	人					463

社会主要指标

2005年	2006年	2007年	2008年	2009年	2010年	2011年
54.56	54.52	54.69	54.78	53.92	53.19	53.04
263700	306300	355500	463800	525330	675910	830280
38400	46200	56400	73300	76850	93690	111460
89700	114900	129300	175600	199320	290700	375400
40600	50100	55900	75100	80120	150800	203600
135600	145200	169800	214900	249160	291520	343420
4804	5546	6472	8474	9567	12280	15632
110.2	114.3	113.4	116.0	114.3	115.1	115.7
32980	33724	35278	35843	37088	37362	42209
197969	197451	195597	195647	196595	194358	197655
93329	105395	149400	223800	418700	513300	696695
4258	5807	8236	11282	15603	20271	26407
22003	30106	44798	68566	91649	108157	141135
1451	1570	1806	2384	2993	3594	4584
6916	7875	9104	11007	13281	15539	18194
10790	12653	15962	20436	24277	27824	29934
23059	22629	22583	22263	21913	21714	21609
126257	140818	94821	115984	121716	118523	99556
66277	77878	95096	122946	131770	156501	190741
90028	100045	114218	139697	164632	195321	227298
2907	2861	2812	2682	2646	2565	2359
53418	50933	49609	46696	43856	41076	40048
2103	2212	2270	2288	2301	2316	2545
39366	41573	40111	37802	37439	34971	34325
1371	1419	1553	1724	1925	2060	2481
1750	1735	1916	2277	2156	2447	2647
818	798	863	787	851	969	999
496	545	578	734	763	875	1013

13-3 洛南县经济

指　　标	单 位	2000年	2001年	2002年	2003年	2004年
年底总人口	万人	45.00	45.02	45.06	45.16	45.17
生产总值	万元	104700	109100	121400	139500	157300
第一产业	万元	40000	39500	41600	45000	48300
第二产业	万元	37500	38400	43500	52900	60700
# 工业	万元	22200	21400	26700	30400	36500
第三产业	万元	27200	31200	36300	41600	48300
人均生产总值	元	2351	2424	2695	3092	3503
生产总值指数	上年=100	116.4	103.3	110.4	112.5	111.9
城镇单位在岗职工人数	人	18588	18501	18755	18020	18633
乡村从业人员	人	166000	167000	179500	177300	184000
全社会固定资产投资	万元	40162	31764	31770	41100	43000
地方财政收入	万元	6103	5552	4804	5052	5224
地方财政支出	万元	12938	16297	17624	19474	20483
农村居民人均纯收入	元	1219	1230	1252	1280	1381
城镇居民人均可支配收入	元	4669	5108	5732	5953	6812
城镇单位在岗职工平均工资	元	6080	7868	8365	9641	10157
常用耕地面积	公顷	32064	31820	31825	31260	31336
粮食产量	吨	178527	179646	175690	162612	164311
农林牧渔业总产值	万元	65061	68823	72814	71416	85014
社会消费品零售总额	万元	40570	44586	48612	54367	60544
普通小学专任教师数	人	2649	2708	2615	2522	2451
普通小学在校学生数	人	71400	69400	64600	57600	51500
普通中学专任教师数	人	1480	1564	1665	1742	1813
普通中学在校学生数	人	23500	27100	31300	34700	35500
卫生机构床位数	张	690	692	661	829	676
卫生技术人员	人	982	994	972	1184	956
# 执业(助理)医师	人	482	486	491	612	491
注册护师、护士	人	173	178	182	213	173

社会主要指标

2005年	2006年	2007年	2008年	2009年	2010年	2011年
45.28	45.25	45.48	45.57	44.69	44.18	44.06
192200	221800	259900	334100	381470	476100	585880
50300	56600	68600	99000	103490	125700	152530
73200	87100	98900	120900	146170	195000	248700
46900	58400	64500	72700	85970	124000	160500
68700	78100	92400	114200	131810	155400	184650
4259	4900	5729	7339	8366	10716	13279
110.2	111.0	113.5	116.2	114.0	114.7	114.8
18491	18371	18297	18347	18087	18090	17337
185866	186089	186758	169864	170239	177203	176190
46743	53200	73484	137347	258600	386300	418900
3926	5282	7542	11827	15165	19342	27219
24565	29403	44916	80427	89504	109833	157805
1482	1605	1844	2499	3041	3710	4719
7222	7631	9005	10894	13089	15065	17707
10215	10474	12662	16009	20581	23979	30847
31330	31242	31263	31286	31286	31202	31296
170121	172720	117141	126733	160038	178364	150530
93411	102576	124751	175263	188057	221357	271748
67688	76582	89831	102636	120700	143106	166401
2350	2269	2315	2181	2157	2080	1861
45000	40800	41300	33500	29600	28726	28355
1805	1870	1878	4323	2050	2098	2469
36100	36200	36500	33900	31200	30229	27783
714	728	1112	949	980	877	1607
897	912	1342	1232	1104	1334	1457
459	472	685	582	569	404	411
181	184	230	249	265	231	428

13-4 丹凤县经济

指　　标	单 位	2000年	2001年	2002年	2003年	2004年
年底总人口	万人	29.27	29.23	29.32	29.66	30.21
生产总值	万元	58300	66700	74800	89900	104500
第一产业	万元	25600	26900	28200	30900	33600
第二产业	万元	12800	15000	17600	22900	26700
# 工业	万元	6803	7475	8023	9151	10000
第三产业	万元	19900	24800	29000	36100	44200
人均生产总值	元	1992	2282	2551	3031	3491
生产总值指数	上年=100	113.5	112.8	113.0	116.7	113.7
城镇单位在岗职工人数	人	8231	8643	8659	8770	8875
乡村从业人员	人	115030	114900	117400	118552	119400
全社会固定资产投资	万元	15456	18510	22397	26531	30839
地方财政收入	万元	3003	3362	3007	3021	2996
地方财政支出	万元	8119	10965	11225	12768	14278
农村居民人均纯收入	元	998	1102	1198	1303	1418
城镇居民人均可支配收入	元	4041	4463	4851	5277	5696
城镇单位在岗职工平均工资	元	5515	7658	8591	9382	10203
常用耕地面积	公顷	14680	14680	12589	12003	12049
粮食产量	吨	81289	82125	76851	70541	79638
农林牧渔业总产值	万元	36939	40010	41970	47751	52110
社会消费品零售总额	万元	25521	28981	32574	36655	41882
普通小学专任教师数	人	1526	1564	1497	1794	1499
普通小学在校学生数	人	45200	45700	44100	48900	38400
普通中学专任教师数	人	810	829	1166	1280	1250
普通中学在校学生数	人	14200	17700	19400	21500	22600
卫生机构床位数	张	450	450	470	470	482
卫生技术人员	人	439	443	464	464	467
# 执业(助理)医师	人	177	197	217	237	237
注册护师、护士	人	56	62	70	78	78

社会主要指标

2005年	2006年	2007年	2008年	2009年	2010年	2011年
30.13	30.11	30.16	30.23	29.72	29.55	29.47
135800	152000	180300	243300	274440	333290	431800
35100	37100	43600	61400	64330	74020	90900
37500	42600	54200	83400	97510	125500	176700
14800	16500	22800	38800	43110	57000	89900
63200	72300	82500	98500	112600	133770	164200
4454	5046	5890	8059	9062	11245	16434
112.6	111.2	113.4	115.9	114.1	114.9	116.0
8980	8756	9323	8988	9367	9581	9774
121992	119429	121466	122490	120582	122616	119149
45197	40186	63900	121500	227400	246600	329300
2391	3350	4724	6545	7553	11457	16101
17317	24519	34131	49345	62623	101099	119188
1540	1661	1906	2617	3051	3661	4664
6279	6844	8872	10678	12863	15204	17788
10817	11459	14011	18892	23738	26208	30802
12404	12442	12312	12319	12307	12307	12307
84581	84791	51605	57008	67889	72820	61370
57983	62757	75029	106659	114338	130436	165999
46824	53023	62118	77500	92655	107577	125382
1548	1445	1899	1651	1347	1281	1248
37400	35000	32400	28300	25700	22970	20589
1332	1307	1562	1326	1346	1499	1470
27200	24600	24700	23200	22400	26512	26174
483	503	613	668	722	804	871
462	576	612	630	668	1136	1180
256	267	274	289	324	531	541
91	100	110	135	142	219	233

13-5 商南县经济

指　　标	单 位	2000年	2001年	2002年	2003年	2004年
年底总人口	万人	22.85	22.75	22.74	22.70	23.12
生产总值	万元	45200	51600	58300	67800	82200
第一产业	万元	17300	19600	19500	22600	26400
第二产业	万元	11600	13000	15600	18000	20900
# 工业	万元	5900	6800	7300	8100	9700
第三产业	万元	16300	19000	23200	27200	34900
人均生产总值	元	1973	2263	2568	2986	3686
生产总值指数	上年=100	118.1	89.3	114.1	116.9	125.6
城镇单位在岗职工人数	人	9355	9249	9151	9205	9193
乡村从业人员	人	110378	110300	111500	110061	112600
全社会固定资产投资	万元	12960	17429	19769	26145	22700
地方财政收入	万元	3001	3305	2956	3106	2820
地方财政支出	万元	7761	9990	11008	12333	13520
农村居民人均纯收入	元	1115	1221	1283	1347	1412
城镇居民人均可支配收入	元					5648
城镇单位在岗职工平均工资	元	6196	7832	8546	9156	10101
常用耕地面积	公顷	13329	13209	13090	13003	12995
粮食产量	吨	70590	79228	74190	62481	68884
农林牧渔业总产值	万元	28671	33038	34312	36030	43717
社会消费品零售总额	万元	12591	13738	14896	20760	29409
普通小学专任教师数	人	1187	829	1047	1100	952
普通小学在校学生数	人	36900	33300	29000	26700	24700
普通中学专任教师数	人	934	1735	1227	1465	1195
普通中学在校学生数	人	14700	17200	20300	25100	22900
卫生机构床位数	张	363	393	335	425	395
卫生技术人员	人	546	519	348	376	422
# 执业(助理)医师	人	230	179	155	141	126
注册护师、护士	人	86	99	54	55	38

社会主要指标

2005年	2006年	2007年	2008年	2009年	2010年	2011年
21.93	21.91	21.97	22.04	21.65	22.17	22.10
110200	135400	163500	200300	230700	296100	388220
29900	33900	41800	57900	60500	81700	97820
25700	38600	47300	52900	67300	97200	152800
13200	21700	25500	29600	38260	60900	106800
54600	62900	74400	89500	102900	117200	137600
4697	5762	6899	8416	9669	12379	16126
111.5	110.6	113.4	115.9	114.3	114.7	114.9
9334	9400	10041	10041	11011	10175	11448
110957	111130	110524	98893	97526	103004	104474
42826	60504	92788	116552	222300	337600	309900
2115	2732	3990	6369	8988	14058	19647
16347	21748	31072	44679	62036	85410	120861
1485	1580	1822	2408	2998	3681	4678
6872	7602	8780	10587	12743	14653	17327
11401	10736	13929	17976	20894	25109	29420
13057	12791	12742	13442	14048	14084	14224
71683	76655	40203	54711	63153	69399	57476
51893	56659	70590	96715	103581	148408	182457
32882	37221	43857	54809	65723	70815	82533
1034	968	921	892	870	922	967
20800	19400	18000	17100	16500	16403	16006
1188	1211	1063	1070	1182	1248	1104
21800	21900	20400	18800	17400	16534	15152
422	450	450	504	504	576	599
417	456	463	693	693	706	897
130	134	193	199	199	231	294
44	46	102	173	173	150	238

13-6 山阳县经济

指 标	单 位	2000年	2001年	2002年	2003年	2004年
年底总人口	万人	41.87	41.82	41.89	41.95	43.80
生产总值	万元	74900	105800	116200	130200	142200
第一产业	万元	28500	30900	32900	34900	35700
第二产业	万元	20400	27800	30600	35600	39900
# 工业	万元	7900	8500	9900	12000	16600
第三产业	万元	26000	47100	52700	59700	66600
人均生产总值	元	1787	2057	2282	2593	3316
生产总值指数	上年=100	111.3	111.9	109.4	109.5	109.7
城镇单位在岗职工人数	人	13039	13217	12007	12901	13862
乡村从业人员	人	158366	158700	165300	161139	162500
全社会固定资产投资	万元	24359	27274	30173	31612	36109
地方财政收入	万元	3401	3603	2851	3354	3168
地方财政支出	万元	10642	12570	14443	16222	18923
农村居民人均纯收入	元	1110	1167	1238	1308	1405
城镇居民人均可支配收入	元	4186	4688	5253	5598	6158
城镇单位在岗职工平均工资	元	5865	7143	8440	8660	8945
常用耕地面积	公顷	26104	25989	23497	22938	23497
粮食产量	吨	124916	126373	107512	65478	80655
农林牧渔业总产值	万元	50628	52213	55810	53952	57666
社会消费品零售总额	万元	28220	32870	37586	43916	50741
普通小学专任教师数	人	2170	2113	2128	2008	1905
普通小学在校学生数	人	72100	71400	68900	63400	56400
普通中学专任教师数	人	1008	1138	1339	1423	1584
普通中学在校学生数	人	20100	24900	29200	33700	36100
卫生机构床位数	张	425	425	585	535	559
卫生技术人员	人	656	654	780	769	763
# 执业(助理)医师	人	257	257	430	413	422
注册护师、护士	人	85	91	132	115	117

社会主要指标

2005年	2006年	2007年	2008年	2009年	2010年	2011年
42.93	42.90	42.99	43.08	42.19	42.25	42.13
160300	186400	223700	276400	317970	403800	524900
36500	40500	48300	61100	63880	84300	107600
49400	58100	71300	93700	112890	154800	222900
23600	30500	37800	51400	60290	88300	139300
74400	87800	104100	121600	141200	164700	194400
3718	4343	5208	6423	7382	9566	12442
110.1	110.7	113.1	116.0	114.4	114.8	115.8
17592	15693	16703	16852	18712	19574	20971
163007	162853	160317	164551	164804	169717	170893
40347	45578	69941	110400	223000	261500	350742
2482	3450	4728	6320	9760	13200	17807
21687	28134	42408	61114	86179	139200	151231
1503	1620	1858	2391	2956	3693	4723
6613	7639	8777	10568	12696	14624	17098
9645	12512	15159	19299	22015	26570	30396
23525	23519	23519	23605	23688	23943	24005
98917	117035	73619	101087	117808	121300	101795
60486	67813	80562	101214	108400	138200	176457
55657	61747	72577	89592	105423	124900	145438
1832	1789	1824	1798	1738	1879	1727
49500	44400	41200	39300	38100	36178	34795
1659	1687	1869	1917	1947	1908	2145
37100	37100	36500	35100	33300	31227	28869
522	613	677	840	892	1002	1169
793	798	928	896	873	953	1362
414	421	500	535	529	294	339
110	110	105	208	213	283	335

13-7 镇安县经济

指　标	单 位	2000年	2001年	2002年	2003年	2004年
年底总人口	万人	28.67	28.36	28.08	28.33	28.66
生产总值	万元	84700	94600	107500	123000	142800
第一产业	万元	31100	32100	33600	35200	40600
第二产业	万元	23500	28400	33100	40100	46300
# 工业	万元	8600	9000	8900	9800	10600
第三产业	万元	30100	34100	40800	47700	55900
人均生产总值	元	2961	3325	3809	4361	5011
生产总值指数	上年=100	112.6	106.0	104.8	109.7	109.5
城镇单位在岗职工人数	人	12471	13072	12976	13603	13262
乡村从业人员	人	124200	124200	117100	124600	126600
全社会固定资产投资	万元	43384	48105	48287	56078	63150
地方财政收入	万元	3710	3895	3418	3621	3568
地方财政支出	万元	8802	10807	12686	14215	15545
农村居民人均纯收入	元	1369	1323	1364	1373	1465
城镇居民人均可支配收入	元	4740	5080	5446	5660	6100
城镇单位在岗职工平均工资	元	5717	7761	8086	8375	9407
常用耕地面积	公顷	14438	16170	16099	16321	17031
粮食产量	吨	117126	118350	104444	99147	107553
农林牧渔业总产值	万元	52100	53400	57100	59900	69100
社会消费品零售总额	万元	25065	28532	32023	36213	41487
普通小学专任教师数	人	1346	1336	1230	1182	1016
普通小学在校学生数	人	37652	37024	34877	31812	28272
普通中学专任教师数	人	773	896	1000	1101	1138
普通中学在校学生数	人	12698	14990	19174	20328	22385
卫生机构床位数	张	437	380	463	463	524
卫生技术人员	人	623	677	808	670	681
# 执业(助理)医师	人	268	285	308	325	355
注册护师、护士	人	75	79	88	105	145

社会主要指标

2005年	2006年	2007年	2008年	2009年	2010年	2011年
27.57	27.54	27.62	27.69	27.26	27.60	27.52
160100	181200	217900	256100	296170	373710	470340
45400	47400	57600	61200	64130	78800	96730
51700	62600	77100	102200	124570	169400	225900
12300	16100	20700	28000	32170	53900	80600
63000	71200	83200	92700	107470	125510	147710
5794	6575	7899	9260	10671	13433	17066
109.9	111.0	112.4	114.6	114.0	115.4	114.8
11926	10836	11912	11860	12734	12871	13578
120074	126183	132768	133165	133145	122521	122486
70301	79300	98400	132200	248800	244200	326100
2526	3208	4918	6452	8250	10388	14189
17350	23312	38639	56596	73878	101415	131414
1576	1654	1852	2384	3003	3718	4721
6500	7000	8761	10543	12668	14831	17452
10285	11312	13617	18309	20579	25194	31106
17933	17493	19684	20232	20278	20723	21324
114144	113777	90203	96809	100000	104223	87688
72200	79101	91887	106031	113665	137811	172292
45812	51120	57747	70324	83052	98534	114747
1011	1027	1164	1229	1229	1213	1232
25330	23277	21292	19757	18610	17775	17821
1174	1201	1242	1281	1317	1308	1195
22774	22153	21535	21255	20140	18414	16865
528	540	608	693	693	693	923
691	704	734	847	856	1016	1072
378	405	425	440	470	486	511
170	185	215	249	266	295	299

13-8 柞水县经济

指　标	单 位	2000年	2001年	2002年	2003年	2004年
年底总人口	万人	16.15	15.50	15.47	15.54	15.54
生产总值	万元	41300	49300	60600	71700	87140
第一产业	万元	11100	11600	12300	13800	16800
第二产业	万元	11000	14600	20200	24300	28600
# 工业	万元	8200	9900	12700	15400	18300
第三产业	万元	19200	23100	28100	33600	41740
人均生产总值	元	2565	3181	3917	4614	5605
生产总值指数	上年=100	119.2	115.1	112.6	113.7	113.6
城镇单位在岗职工人数	人	9097	9275	9385	7992	8555
乡村从业人员	人	58200	58900	59200	61000	59100
全社会固定资产投资	万元	13400	17797	18404	22501	27989
地方财政收入	万元	2010	2114	1960	2508	2658
地方财政支出	万元	6238	7204	9354	10088	11401
农村居民人均纯收入	元	919	980	1043	1111	1227
城镇居民人均可支配收入	元	4180	4932	5336	5816	6310
城镇单位在岗职工平均工资	元	5786	8002	8708	9042	9247
常用耕地面积	公顷	8110	7735	8122	7961	7978
粮食产量	吨	50050	50437	49022	42894	42000
农林牧渔业总产值	万元	16876	18693	20333	21131	27763
社会消费品零售总额	万元	12080	13970	15970	18320	21260
普通小学专任教师数	人	862	318	827	989	942
普通小学在校学生数	人	23000	21000	21000	19000	18000
普通中学专任教师数	人	375	395	460	464	490
普通中学在校学生数	人	5000	7000	8000	9000	8000
卫生机构床位数	张	255	306	279	235	240
卫生技术人员	人	376	368	363	346	364
# 执业(助理)医师	人	232	248	245	213	215
注册护师、护士	人	73	77	62	72	68

社会主要指标

2005年	2006年	2007年	2008年	2009年	2010年	2011年
15.51	15.50	15.54	15.57	15.18	15.35	15.30
107320	143430	159960	200530	226300	299740	404770
17800	19800	23870	31830	33300	42230	49080
32520	41900	55880	83000	95290	145600	227200
21300	28200	34730	59040	74660	90100	182400
57000	81730	80210	85700	97710	111910	128490
6916	9246	10307	12890	14609	19351	26412
110.8	112.4	113.9	116.9	114.6	115.5	116.3
9003	10761	13300	11313	11248	11968	13565
60653	61995	69694	62583	62495	62665	62765
31408	47555	66100	123500	228800	330100	296020
2218	3069	4068	5829	7506	10689	14868
13188	17938	28156	39902	51792	66230	89255
1373	1506	1734	2380	2995	3597	4580
6860	7613	8755	10555	12708	14898	17459
9853	10027	13273	17292	21388	25578	30044
7956	7895	7746	7901	8059	8301	8467
43470	43612	45007	41627	45849	46551	39615
29465	33126	40015	52026	55772	70782	87920
23770	26100	30300	37000	43500	51654	60039
872	708	887	913	893	883	866
16000	12000	16000	15600	15000	14389	13907
501	533	527	529	560	760	806
9000	9000	9000	8000	8000	11076	11295
265	274	460	394	422	567	471
367	375	3	412	425	441	491
199	202	267	1392	390	245	360
75	76	116	85	100	156	148

十四、杨凌示范区

资料整理：王淑红　李雯佳

14-1 杨凌示范区

指　　标	单 位	2000年	2001年	2002年	2003年	2004年
年底总人口	万人	13.27	13.42	13.99	14.09	14.23
人口自然增长率	‰	4.75	3.27	3.35	3.41	2.85
年底总户数	万户	2.88	3.11	3.13	3.24	3.25
生产总值	亿元	6.20	7.71	9.29	12.33	15.39
第一产业	亿元	0.83	0.89	0.94	1.06	1.31
第二产业	亿元	2.06	2.63	3.47	5.23	7.19
# 工业	亿元	0.61	1.03	1.34	3.47	5.36
第三产业	亿元	3.31	4.19	4.88	6.04	6.89
人均生产总值	元	4941	5887	6796	8805	10125
生产总值指数	上年=100	117.7	123.8	117.5	121.0	116.7
第一产业	上年=100	105.3	105.9	104.2	106.7	115.5
第二产业	上年=100	110.9	127.3	127.8	131.8	127.0
# 工业	上年=100	135.8	166.4	128.9	211.0	143.9
第三产业	上年=100	125.0	126.2	113.8	116.1	108.6
人均生产总值指数	上年=100	113.4	118.5	112.6	118.1	115.9
非公有制经济增加值	亿元					
文化产业增加值	亿元					
单位GDP能耗	吨标准煤/万元					
单位GDP能耗比上年增长	%					
单位工业增加值能耗	吨标准煤/万元					
城镇单位就业人员	万人	1.60	1.72	1.96	2.18	2.35
# 国有单位	万人	1.49	1.38	1.46	1.47	1.16
集体单位	万人	0.03	0.02	0.03	0.03	0.04
城镇单位在岗职工人数	万人	1.58	1.71	1.92	2.16	2.34
城镇单位在岗职工平均工资	元	9323	9915	11069	11688	13627
全社会固定资产投资	亿元	6.95	6.98	13.80	9.79	9.95
# 房地产开发	亿元	0.18	1.31	1.14	1.40	1.92
商品房销售面积	万平方米	6.41		7.28	11.21	9.35
# 住宅	万平方米	6.41		7.25	10.24	8.57

经济社会主要指标

2005年	2006年	2007年	2008年	2009年	2010年	2011年
15.51	15.68	16.02	16.11	20.08	20.13	20.17
4.16	4.20	4.15	4.24	4.22	3.69	4.16
3.42	3.68	4.72	3.97	4.62	4.76	4.96
17.36	20.75	26.66	33.67	40.68	47.29	60.85
1.42	1.83	2.21	2.78	3.01	3.75	5.31
8.05	9.46	12.73	16.51	20.61	23.50	31.54
5.75	7.00	9.53	12.20	14.66	16.24	22.44
7.89	9.46	11.72	14.38	17.06	20.04	24.00
11193	13233	16642	20952	20392	23524	30199
115.1	113.4	119.4	117.2	115.0	115.5	116.5
114.2	114.8	106.7	106.9	106.7	108.0	108.1
117.6	108.2	117.9	115.4	118.0	119.1	120.4
116.3	110.3	115.9	114.0	109.1	121.6	122.3
112.9	118.4	122.9	120.3	113.5	114.0	113.6
112.8	112.1	116.8	116.5	92.6	114.6	116.3
7.61	9.33	12.20	16.01	18.72	23.05	29.68
			0.34	0.43	0.58	0.81
0.710	0.695	0.670	0.628	0.597	0.582	0.393
	-2.10	-3.65	-6.22	-5.00	-2.48	-3.20
1.590	1.620	1.204	0.352	0.277	0.304	0.130
2.54	2.56	2.74	2.83	2.96	3.23	3.42
1.28	1.29	1.28	1.27	1.28	1.41	1.52
0.04	0.04	0.04	0.04	0.02	0.04	0.04
2.51	2.52	2.71	2.79	2.86	3.19	3.35
14684	17544	21579	26312	29253	32900	37626
10.88	8.61	11.46	16.05	22.26	36.33	55.01
1.48	1.87	2.17	1.96	2.39	3.25	6.60
15.04	11.44	10.88	18.71	17.76	24.21	37.01
14.55	9.78	10.15	17.49	16.12	22.40	36.61

14-1 续表 1

指　标	单 位	2000年	2001年	2002年	2003年	2004年
地方财政收入	亿元	0.37	0.48	0.55	0.76	0.91
地方财政支出	亿元	1.86	1.58	1.54	1.56	1.77
金融机构人民币各项存款余额	亿元	13.97	16.89	19.08	22.62	24.08
金融机构人民币各项贷款余额	亿元	7.44	8.62	9.52	10.91	16.28
农村居民人均总收入	元					
农村居民人均纯收入	元	1805	2142	2486	2843	3169
工资性收入	元				654	784
家庭经营收入	元				2009	2199
财产性收入	元				54	56
转移性收入	元				126	130
农村居民人均生活消费支出	元					
# 食品支出	元					
城镇居民人均总收入	元					
工资性收入	元					
经营性收入	元					
财产性收入	元					
转移性收入	元					
城镇居民人均可支配收入	元					
城镇居民人均生活消费性支出	元					
# 食品支出	元					
常用耕地面积	千公顷	5.04	5.04	5.04	5.02	5.00
农林牧渔业总产值	亿元	1.29	1.35	1.48	1.60	1.93
农作物总播种面积	千公顷	8.22	8.11	7.95	7.64	7.34
# 粮食作物	千公顷	7.79	7.56	7.33	6.96	6.57
粮食产量	万吨	3.82	3.72	3.61	3.39	3.88
棉花产量	吨					
油料产量	吨	140	125	128	120	236
蔬菜产量	吨	8800	11756	14769	15881	17173
水果产量	吨	8251	7274	7661	16090	16645
# 苹果	吨	5178	4312	4022	6552	6070
肉类产量	吨	3037	2823	2880	2921	2179
# 猪牛羊肉	吨	2442	2311	2325	2357	1837
奶类产量	吨	3740	4691	5173	13836	14637
# 牛奶	吨	3300	4227	4653	13296	14058
禽蛋产量	吨	3474	3719	3709	3718	1536
规模以上工业企业单位数	个	27	30	34	39	
规模以上工业总产值	亿元	2.07	3.58	5.52	13.34	16.29
规模以上工业增加值	亿元	0.67	0.92	1.47	3.64	4.44

2005年	2006年	2007年	2008年	2009年	2010年	2011年
0.98	1.14	1.39	1.70	2.02	2.51	3.54
1.94	2.98	3.62	5.04	6.18	11.12	14.49
26.28	31.27	37.27	46.16	64.65	82.23	93.59
15.26	15.56	16.05	14.91	16.23	22.10	27.55
		5110	5396	6690	8423	10821
3526	3820	4210	4736	5744	7128	9110
923	1135	1323	1678	1766	1988	2313
2437	2494	2670	2725	3471	4598	6079
50	61	69	109	138	154	189
116	130	148	224	369	388	530
					2365	3288
			17052	20753	23765	27580
			10958	13688	15795	18405
			1403	1541	1669	1874
			913	979	1044	1165
			3778	4545	5258	6136
	11640	13200	15866	19372	22297	25999
			10288	12204	13717	16021
			3574	4345	4828	5703
4.84	4.35	4.25	4.16	6.25	6.13	5.79
2.31	2.86	3.57	4.48	4.80	5.99	8.77
7.31	7.35		7.06	9.86	9.14	7.31
6.54	6.67		6.44	9.03	7.88	5.16
3.88	4.13	4.91	4.50	5.81	5.24	3.05
9		1				
227	74	65	78	91	91	54
18020	18423	17117	21221	46269	90889	105827
17191	17534	24022	24399	27121	29172	34552
6837	7180	7223	7480	9133	5862	5128
2578	2625	2696	2884	3829	4039	4415
2129	2204	2855	2485	3295	3462	3875
15174	16756	20020	23023	24375	25070	26320
14899	16143	18840	22152	24355	25070	26320
1847	1850	1831	2002	2236	2338	2224
38	43	44	42	54	64	49
16.53	19.57	28.17	34.74	40.30	40.09	60.26
4.12	5.93	10.93	10.93	13.38	14.74	19.83

14-1 续表 2

指 标	单 位	2000年	2001年	2002年	2003年	2004年
建筑业企业单位数	个	5	5	5	7	7
建筑业企业年末从业人员	万人	0.47	0.52	0.44	0.49	0.52
建筑业总产值	亿元	2.11	2.53	3.58	3.95	4.85
房屋建筑施工面积	万平方米	12.26	30.44	38.29	38.79	26.72
房屋建筑竣工面积	万平方米	5.35	11.75	19.67	31.33	7.88
民用汽车拥有量	辆					
# 私人汽车	辆					
限额以上企业数	个					
批发业	个					
零售业	个					
住宿业	个					
餐饮业	个					
社会消费品零售总额	亿元	1.77	2.01	2.35	2.79	3.38
进出口总额	万美元			893	5392	6623
# 出口	万美元			569	4365	5181
实际外商直接投资额	万美元			169	15	394
接待入境旅游者人数	万人次	2.98	3.07	3.26	3.02	3.68
# 外国人	万人次	1.10	1.40	1.50	1.36	1.60
国际旅游外汇收入	万美元	387	420	457	390	476
国内旅游人数	万人次	109	124	143	120	125
国内旅游收入	万元	1.41	1.57	1.70	1.46	1.73
星级饭店数	个			4	5	5
幼儿园数	所	2	10	5	4	5
在园儿童数	万人	0.03	0.11	0.07	0.21	0.21
普通小学学校数	所	50	45	42	40	32
普通小学专任教师数	人	764	814	826	822	761
普通小学在校学生数	万人	1.52	1.45	1.49	1.29	1.23
普通中学学校数	所	7	7	8	8	8
普通中学专任教师数	人	593	659	648	827	818
普通中学在校学生数	万人	0.91	1.06	1.03	1.24	1.35
卫生机构数	个	11	11	11	10	11
卫生机构床位数	张	203	203	253	338	338
卫生技术人员	人	366	365	447	401	411
# 执业(助理)医师	人	166	163	225	213	225
注册护师、护士	人	73	78	102	105	106

2005年	2006年	2007年	2008年	2009年	2010年	2011年
7	6	6	7	7	7	12
0.46	0.67	0.80	0.71	0.59	0.87	0.95
4.57	5.40	8.23	11.82	23.74	36.99	50.36
31.08	23.23	30.16	31.51	103.10	86.40	83.57
20.81	8.62	4.10	12.84	27.43	41.64	29.82
						32796
						26636
				15	19	20
				2	2	2
				4	8	9
				4	4	4
				5	5	5
3.62	3.92	4.57	5.40	6.29	7.51	8.71
7721	9322	17754	18650	8752	11527	3442
6260	8992	16845	15787	7914	8770	2282
345	1026	1696	2242		3416	3024
4.60	5.20	6.16	6.84	7.60	240.00	290.00
1.68	1.73	1.83	1.97	2.10	4.34	5.24
517	588	676	751	863	2016	390
130	147	161	183	203	236	287.6
1.93	2.17	2.41	2.71	3.11	2.83	4.73
5	5	6	6	6	6	6
5	4	4	4	4	21	24
0.21	0.21	0.10	0.20	0.25	0.46	0.56
31	32	27	26	34	31	31
761	768	727	685	815	714	694
1.24	1.30	1.29	1.26	1.55	1.35	1.33
8	8	8	7	8	8	8
846	879	843	923	969	818	826
1.30	1.13	1.33	1.38	1.46	1.33	1.33
11	11	11	9	14	16	174
439	508	440	405	477	667	792
419	437	607	576	675	850	973
234	250	252	210	254	300	305
94	109	223	260	274	320	428

中国统计出版社最新图书简目

（仅供参考，以最后出书为准）

统计资料

中国统计年鉴-2012　中国统计摘要-2012　国际统计年鉴-2012
2012中国发展报告　中国第三产业统计年鉴-2012　中国区域经济统计年鉴-2012
中国劳动统计年鉴-2012　中国社会统计年鉴-2012　中国城市统计年鉴-2009
中国建筑业统计年鉴-2012　中国人口和就业统计年鉴-2012　中国工业经济统计年鉴-2012
中国商品交易市场统计年鉴-2012　中国房地产统计年鉴-2012　中国能源统计年鉴-2012
中国民政统计年鉴-2012　中国贸易外经统计年鉴-2012　2012中国地区经济监测报告
中国科技统计年鉴-2012　中国农村统计年鉴-2012　中国农产品价格调查年鉴-2012
中国高技术产业统计年鉴-2012　中国教育经费统计年鉴-2010　中国农村贫困监测报告-2012
全国农产品成本收益资料汇编-2012　中国科学技术协会统计年鉴-2012　工业企业科技活动资料-2012
大中型批发零售和住宿餐饮企业统计年鉴-2012　中国城市(镇)生活与价格年鉴-2012
中国县（市）社会经济统计年鉴-2012　中国农村住户调查年鉴-2012（中、英文）　中国农村全面建设小康监测报告-2012
第二次全国R&D资源清查资料汇编—综合卷　第二次全国R&D资源清查资料汇编—工业企业卷　中国零售和餐饮连锁企业统计年鉴-2012
中国民族统计年鉴2011、2012　2010年中国第六次人口普查公报

2012年省级综合统计年鉴系列

北京 天津 河北 山西 内蒙古　辽宁 吉林 黑龙江 上海 江苏　浙江 安徽 福建 江西 山东
河南 湖北 湖南 广东 广西　海南 重庆 四川 贵州 云南　西藏 陕西 甘肃 青海 宁夏
新疆 新疆生产建设兵团

2012年市(县)级综合统计年鉴系列

天津滨海新区　石家庄 唐山 邯郸 太原 大同　长治 阳泉 晋城 朔州 晋中
运城 忻州 临汾 呼和浩特　包头 沈阳 大连 长春 吉林市　四平 哈尔滨 黑龙江垦区
上海浦东新区　苏州 无锡 常州 徐州 南通　盐城 镇江 江阴 丹阳
杭州 宁波 绍兴 台州 温州　金华 嘉兴 衢州　福州 福州经济技术开发区
厦门经济特区 南昌 上饶　济南 青岛 潍坊 郑州　洛阳 三门峡 南阳 武汉 宜昌
十堰 荆州 咸宁 长沙 广州　东莞 惠州 深圳 桂林 南宁　柳州 来宾 河池 海口 成都 绵阳
贵阳 昆明 庆阳 西安　兰州 银川 乌鲁木齐

2010年人口普查资料系列

中国2010年人口普查资料　北京 天津 河北 山西 内蒙古　辽宁 吉林 黑龙江 上海 江苏
浙江 安徽 福建 江西 山东　河南 湖北 湖南 广东 广西　海南 重庆 四川 贵州 云南
西藏 陕西 甘肃 青海 宁夏　新疆 新疆生产建设兵团　河南省各市2010年人口普查资料丛书
中国分县2010年人口普查资料　中国分乡镇、街道2010年人口普查资料　中国分民族2010年人口普查资料

“十一五”规划教材

非参数统计　医学统计学　概率论与数理统计　统计学　现代金融投资统计分析
多元统计分析　经济计量学教程　应用时间序列分析　统计指数理论及应用
统计数据处理概论　质量管理统计方法　社会统计学　多元统计分析实验
企业经营管理统计　市场调查与预测　统计学原理（非统计专业使用）
统计学:从数据到结论　国民经济核算教程(国民经济统计学)　概率论与数理统计(经济、管理类专业使用)

重点图书

挑大学选专业2012—高考志愿填报指南　挑大学选专业2012—考研择校指南